重残儿童送教上门的模式与机制建构研究

陈青云　陆灵俊　著

苏州大学出版社
Soochow University Press

图书在版编目(CIP)数据

重残儿童送教上门的模式与机制建构研究／陈青云，陆灵俊著.－－苏州：苏州大学出版社，2023.12
ISBN 978-7-5672-4679-9

Ⅰ.①重… Ⅱ.①陈… ②陆… Ⅲ.①残疾人-儿童教育-特殊教育-教育模式-研究-江苏 Ⅳ.①G76

中国国家版本馆 CIP 数据核字(2024)第 015194 号

重残儿童送教上门的模式与机制建构研究
ZHONGCANERTONG SONGJIAOSHANGMEN DE MOSHI YU JIZHI JIANGOU YANJIU
陈青云　陆灵俊　著
责任编辑　万才兰

苏州大学出版社出版发行
(地址：苏州市十梓街 1 号　邮编：215006)
苏州市深广印刷有限公司印装
(地址：苏州市高新区浒关工业园青花路 6 号 2 号厂房　邮编：215151)

开本 787 mm×1 092 mm　1/16　印张 12.75　字数 311 千
2023 年 12 月第 1 版　2023 年 12 月第 1 次印刷
ISBN 978-7-5672-4679-9　定价：58.00 元

图书若有印装错误，本社负责调换
苏州大学出版社营销部　电话：0512-67481020
苏州大学出版社网址　http://www.sudapress.com
苏州大学出版社邮箱　sdcbs@suda.edu.cn

序

作为江苏省基础教育前瞻性教学改革实验项目的结项成果，南通市教育科学研究院特殊教育教研员陈青云与南通市通州区特殊教育学校校长陆灵俊合作撰写的《重残儿童送教上门的模式与机制建构研究》正式付梓出版。该书不仅系统阐述了重残儿童送教上门工作的理论基础，而且精心建构了重残儿童送教上门的实施模式与运行机制，标志着我国重残儿童送教上门研究取得了重大进展。这是南通特殊教育史上的一件具有里程碑意义的大事，将激励广大特殊教育教师以更强烈的使命感、更饱满的热情和更有效的举措投入重残儿童送教上门工作中去。

送教上门是党和政府关心、社会关注、百姓关切的重点工作。作为特殊教育的重要组成部分，它是保障适龄重度残疾儿童少年的受教育权、提升重度残疾儿童少年的生活质量和促进教育公平的重要举措。2008年3月，中共中央、国务院在《关于促进残疾人事业发展的意见》中首次提出"逐步解决重度肢体残疾、重度智力残疾、失明、失聪、脑瘫、孤独症等残疾儿童少年的教育问题"，此后"重残儿童"相关词汇在教育政策文件中出现的频率越来越高。2009年，教育部等部门发布的《关于进一步加快特殊教育事业发展的意见》的第一条就明确指出要"积极创造条件，以多种形式对重度肢体残疾、重度智力残疾、孤独症、脑瘫和多重残疾儿童少年等实施义务教育，保障儿童福利机构适龄残疾儿童少年接受义务教育"。2011年发布的《中国残疾人事业"十二五"发展纲要》具体规定了"送教上门"的教育形式。此后，《特殊教育提升计划（2014—2016年）》《第二期特殊教育提升计划（2017—2020年）》《"十四五"特殊教育发展提升行动计划》延续了对送教上门的关注，并在制度、经济、人力资源等方面进行了健全优化，共同保障这项工作的开展。由此可见，国家对送教上门的重视程度逐年增加，相关政策从"无"到"有"，从"泛"到"细"，无不体现出社会文明的进步，生动诠释着"一个都不能少"的教育使命。

南通特殊教育的历史源远流长。生于江苏南通的清末状元，近代著名实业家、教育家张謇先生于1916年在南通创办了全国第一所由中国人自办自教的特殊教育学校。南通关于重残儿童的送教上门研究发端于2014年，海门市特殊教育学校率先开展重度残障学生送教上门工作，并总结经验、提炼思想，申报江苏省教育科学"十二五"规划2015年度课题"重度残障儿童'送教上门'实践研究"并顺利立项。随后，南通市各县（市、区）纷纷开展送教上门工作，且各具特色。2018年，通州区特殊教育学校申报的"架设远程同步课堂，提升送教上门质效"项目被列为江苏省特殊教育发展工程项目。南通特教人以超前的意识、开拓创新的精神和敬业的态度对待送教上门工作，在摸索中前进，在实践中创新，走出了一条具有区域特色的送教上门之路。

《重残儿童送教上门的模式与机制建构研究》一书就是对南通近十年来重残儿童送教上门诸多探索的总结性成果。该书紧扣"重残儿童送教上门"这一主题，以从理论到实践、从一般到特殊为写作思路，共分为六章：第一章为政策解读，通过对国内外关于送教上门的系列文件的解读，彰显送教上门的意义与价值；第二章为理论基础，基于社会建设、儿童身心发展、医教结合、融合教育等理论视角，揭示这些理论对重残儿童送教上门工作的启示；第三章为模式建构，依托全国各地成熟的送教模式，对重残儿童送教上门模式进行建构和创新；第四章为机制建设，探讨在送教队伍建设与协调管理、课程区域统筹与协调开发、诊断与评估、保障与激励等方面的机制建设情况；第五章为经验介绍，以江苏省南通市为例，精心提炼南通各县（市、区）重残儿童送教上门工作的经验；第六章为典型案例，记录前述模式与机制在一线送教上门工作中的实际运用。从全书内容来看，作者基于前期大量的扎实工作与实践探索，注重将实践经验转换成理论思考，使该书具有了较强的理论性、现实性、实践性和创新性，从而成为同类作品中的上乘之作。

一是理论性。该书全面回顾了美国、日本和法国等特殊教育发展较好国家重残儿童送教上门的实践经验，还研究了人口大国——印度的相关政策，为我国重残儿童送教上门提供借鉴。此外，依托社会学、心理学等学科的成熟理论和医教结合理论，梳理出关于重残儿童送教上门的理论基础，帮助教育工作者更好地看待送教上门问题，理解送教上门的内核，并以此为依据进行模式建构，从而使教育改进与创新有理可循。

二是现实性。送教上门是一项长期的特殊教育工作，平凡而又艰辛，任重道远。该书围绕重残儿童区别于其他障碍类型儿童的身心发展特征，着力解决当前重残儿童送教上门工作中师资力量紧张、教育机制不完善、教学资源匮乏等现实难题。

三是实践性。该书以重残儿童送教上门理论为指导，进行本土化实践创新，将模式与机制建构运用于实践，并结合区域特点，提炼县域经验，精选典型案例，对一线送教上门工作具有较强的借鉴意义。

四是创新性。与送教上门方面的其他书籍不同，该书跳出了"送教上门只是特殊教育教师的工作"的局限视野，将送教上门置于融合教育的大背景中，提倡家庭、学校和社会协同参与，普通学校、特殊教育学校和医院密切配合，从而传递出送教上门工作的浓浓温情。

总之，该书以严谨求实的科学态度，从政策导向、理论基础、模式探究、机制建构、经验总结等维度构建重残儿童送教上门工作的理论框架，思路清晰，结构合理，内容丰富，语言流畅，是一部兼具学术价值和现实意义的创新力作。虽然我国的特殊教育发展与国外特殊教育发达地区相比仍有一定差距，送教上门工作还有很长的路要走，但作为新时代的特殊教育工作者，我们应该有信心、有底气、有能力，共同创造更加美好的明天！

（王灿明）
中国心理卫生协会资深专家，南通大学情境教育研究院院长、教授
2023 年 11 月 1 日

目 录

第一章 重残儿童送教上门的政策与基本做法 ………………………… 001
- 第一节 重残儿童送教上门概述 ……………………………………… 001
- 第二节 国外送教上门的政策与基本做法 …………………………… 003
- 第三节 国内送教上门的政策与基本做法 …………………………… 009
- 第四节 国内外送教上门的政策与做法比较 ………………………… 023

第二章 重残儿童送教上门的理论基础 ……………………………… 025
- 第一节 社会学理论基础 ……………………………………………… 025
- 第二节 心理学理论基础 ……………………………………………… 030
- 第三节 医教结合理论基础 …………………………………………… 035
- 第四节 其他理论基础 ………………………………………………… 043

第三章 重残儿童送教上门的模式建构 ……………………………… 049
- 第一节 我国各地送教上门的实践经验 ……………………………… 049
- 第二节 我国成型的送教上门模式 …………………………………… 053
- 第三节 南通市重残儿童送教上门的实施情况 ……………………… 061
- 第四节 南通市重残儿童送教上门模式的区域再构 ………………… 063

第四章 重残儿童送教上门的机制建设 ……………………………… 070
- 第一节 送教上门的送教队伍建设与协调管理机制 ………………… 070
- 第二节 送教上门的课程区域统筹与协调开发研究机制 …………… 074
- 第三节 送教上门的多元协作机制 …………………………………… 081
- 第四节 送教上门的教育诊断与评估机制 …………………………… 085
- 第五节 送教上门的保障与激励机制 ………………………………… 091

第五章　南通市重残儿童送教上门的县域经验 ······ 095

第一节　构建"五全"模式　提升送教质量——通州区送教上门经验介绍 ······ 095

第二节　融爱共育　打造送教上门新模式——海门区送教上门经验介绍 ······ 099

第三节　保障重残儿童受教育权　助推特教普惠融合发展——崇川区送教上门经验介绍 ······ 102

第四节　构建"345"联动工作机制　提升送教上门服务质量——海安市送教上门经验介绍 ······ 107

第五节　送教上门普惠发展的如皋样态——如皋市送教上门经验介绍 ······ 110

第六节　以问题为导向的送教上门如东模式——如东县送教上门经验介绍 ······ 115

第七节　让行走之光润泽生命的生长——启东市送教上门经验介绍 ······ 119

第六章　南通市重残儿童送教上门的典型案例 ······ 122

第一节　个性训练篇："一生一案"点光明 ······ 122

第二节　联动送教篇：普特共赢促发展 ······ 131

第三节　家校共育篇：家校协同护成长 ······ 139

第四节　师生情谊篇：暖心陪伴感人心 ······ 146

参考文献 ······ 154

附录 ······ 157

附录一　南通市历年重残儿童送教上门荣誉汇总 ······ 157

附录二　南通市历年重残儿童送教上门科研成果汇总 ······ 158

附录三　重残儿童送教上门制度手册 ······ 159

附录四　重残儿童远程课堂指导手册 ······ 162

附录五　重残儿童送教上门评价手册 ······ 166

附录六　重残儿童送教上门个别化教育手册 ······ 179

第一章 重残儿童送教上门的政策与基本做法

教育是国之大计、党之大计。送教上门是特殊教育的重要组成部分，是建设高质量教育体系、实现教育公平的重要内容，是国家关心、人民关注的重点工作。教育政策是党和政府在一定历史时期为教育工作制定的基本要求和行动准则。随着社会的发展与文明程度的提升，重残儿童送教上门的相关政策文件逐步出台与落实，这对保障重残儿童的受教育权、帮助其平等且积极参与社会生活具有重要的意义。本章一是围绕送教上门的定义与发展历程，说明了其与普通学校随班就读、特殊教育学校就读的联系与区别，阐明了送教上门对于重残儿童的独特意义；二是介绍了联合国及美国、日本、法国、印度等国家制定的与送教上门相关的政策法规，并总结了送教上门政策与实践发展的国际经验，为我国送教上门政策的制定提供了参考；三是回顾了我国送教上门的相关法律、政策，并总结了送教上门政策的中国特色；四是对国内外的送教上门政策文件进行了比较，从融合教育、学段覆盖、技术支持、家校合作等视角出发，为我国重残儿童送教上门工作的开展提供了启示。

第一节 重残儿童送教上门概述

一、送教上门的含义

送教上门是残疾儿童教育安置的一种重要补充形式，是指为有重度残疾或多重残疾的学生（多为生活无法自理、认知功能极为低下的学生）进行上门教育的教学方式。[①] 它是教育行政部门依据实际情况统筹安排送教主体（普通学校教师、特殊教育学校教师、医院医务工作者、社区人员、志愿者等）把送教内容（除了基本的文化知识外，还要根据中重度残疾儿童本身的特点，量身定制合适的内容，如康复知识、生活自理知识、社交知识等）传递给送教对象，使送教对象除了具有基本的生活自理能力外，还能

---

① 刘菁菁，关文军. 政策工具视角下我国地方"送教上门"政策文本分析 [J]. 中国特殊教育，2022 (11)：25-35.

够学会生存,适应社会生活,有尊严地生活、成长。①

二、送教上门的发展历程

送教上门的发展是基于特殊教育理念的不断更新和社会融合理念的推动,体现了"一个都不能少"的教育观,并为每个个体提供平等的教育机会和更好的学习环境。

20世纪初,关于残疾人的教育开始起步,他们通常在特殊教育学校或机构接受教育,处于一种"隔离"状态。虽然学校或机构为他们提供了基础的教育和康复服务,但他们缺乏与社会互动和接触的机会。

到了20世纪中叶,全纳教育理念深入人心。社会呼吁将残疾学生纳入普通学校的教育体系中,普通学校开始接纳残疾学生入学,为残疾学生提供了更为广泛的学习机会,并使其与外界有了更多接触。

20世纪末至21世纪初,个性化教育开始兴起。特殊教育学校或机构开始关注残疾学生的个体需求,提供更加个性化的教育服务,以满足残疾学生的学习需求,并提供适当的支持和辅助技术,这也为送教上门的兴起做了铺垫。

近年来,重残儿童送教上门逐渐成为重要安置形式。随着社会对重残群体教育权益的重视,越来越多的地区开始为重残儿童提供专项的送教上门服务,将教育资源带到残疾儿童的家或社区中,使得重残儿童足不出户就能接受教育,解决重残儿童因交通、身体状况等难以入学的难题,个性化的学习方式也使得重残儿童有了个性化的发展。

三、送教上门对于重残儿童的独特价值

普通学校随班就读、特殊教育学校就读、送教上门是我国三种重要的特殊儿童安置形式,它们互为补充,又相互关联。

普通学校随班就读,是将残疾学生纳入普通学校的教育体系,使其与普通学生一起学习,并共同参与校园活动。随班就读可以促进残疾学生与普通学生的社交互动,增强普通学生对个体多样性和包容性的认识。但受环境与普通学校的教学实际限制,普通学校随班就读对学生的适应能力与认知发展有一定的要求。对于重残儿童(尤其是重度脑瘫儿童)而言,虽然部分学生的认知未出现较大程度的滞后,但他们可能无法适应普通学校集体教育与活动的环境,具有一定的不便性。

特殊教育学校就读,是将残疾儿童安置在专门的特殊教育学校或机构接受教育,针对不同类型的残疾儿童提供专门的教育课程和支持。与普通学校随班就读相比,特殊教育学校通常拥有专业的教育师资和特殊教育资源,能够更好地满足残疾儿童的学习和特殊支持需求。同时,特殊教育学校具备更多的无障碍措施,能够更好地帮助学生适应环境。特殊教育学校虽然能针对不同的学生提供分层教学,但受各方面条件的限制,对于认知能力较好或障碍程度极重的重残学生而言,无法实现其最优个性化发展。

送教上门,是一种为残疾儿童提供教育服务的方式,是指教师直接到残疾儿童的家中或社区进行教学。此种教学形式满足了重残儿童的环境适应、身体状况、认知发展等方面的需求,不仅为学生提供了便利的学习环境,而且可以根据个体的具体情况制订个性化学习方案,实现个体的最优发展。

---

① 戴慧群,等.障碍儿童特殊教育"送教上门"理论与实践研究 [M].北京:中国纺织出版社有限公司,2022:13-16.

综上所述，与其他两种安置形式相比，送教上门的便利性与个性化对于重残儿童具有独特的价值。一方面，重残儿童可能受身体状况、交通不便或其他因素的限制无法到校接受教育，而送教上门可以解决这些难题，将教育资源和教师直接带到儿童的家中或社区，打造更加便利的学习环境。另一方面，重残儿童可能需要额外的支持和康复服务，如语言治疗、物理治疗或作业治疗等，送教上门可以将教育和康复服务结合起来，通过个性化的教育服务，为其提供更全面的支持，满足其个性需求。

第二节　国外送教上门的政策与基本做法

国外较早关注到重残儿童的教育权益，许多西方国家制定了关于送教上门的系列政策法规。这些政策法规的出台为保障重残儿童平等地获取接受教育的权利与机会提供了政策与法律依据，对特殊教育的发展起到了极大的促进作用。下文主要对联合国及美国、日本、法国、印度等国的保障重残儿童受教育权及送教上门的有关政策与文件进行解读。

一、联合国关于重残儿童教育权益的政策

在世界残疾人事业发展的路途中，联合国出台了各种国际公约与条例。其中虽然没有关于重残儿童送教上门的专门性政策文件，但多个公约与条例凸显了国际上对于重残儿童教育权益和基本人权的关注与重视。

（一）一般性条约

1948年12月10日，联合国大会通过了第217A（Ⅲ）号决议，并颁布了《世界人权宣言》（*Universal Declaration of Human Rights*）。该宣言第二十六条提及，人人都有受教育的权利，教育的目的在于充分发展人的个性并加强对人权和基本自由的尊重。这是第一份保护儿童的基本权利的世界性文件。虽然宣言中指向的对象是"人人"，但它已体现出对教育公平的关注，给予了重残儿童与其他儿童一样的受教育的权利。1960年12月14日，联合国教科文组织颁布了《取缔教育歧视公约》（*Convention Against Discrimination in Education*）。公约回顾了《世界人权宣言》的不歧视原则与"人人都有受教育的权利"的相关条约。公约还对四点"歧视"的重要内容进行了强调：① 禁止任何人或任何一群人接受任何种类或任何级别的教育；② 限制任何人或任何一群人只能接受低标准的教育；③ 对某些人或某群人设立或维持分开的教育制度或学校，但公约第二条的规定不在此限；④ 对任何人或任何一群人加以违反人类尊严的条件。这是第一个专门针对受教育权的国际公约，对消除重残儿童的教育歧视、维护重残儿童的受教育权具有促进作用。

（二）专门性条约

在上述的《世界人权宣言》《取缔教育歧视公约》中，对重残儿童教育权益的保护是内含在面向所有人的教育公平的一般性条款之中的。从20世纪70年代开始出现面向重残群体的专门性公约。

1971年12月20日，联合国大会颁布《智力迟钝者权利宣言》（*Declaration on the Rights of Mentally Retarded Persons*）。宣言指出：智力迟钝的人所享有的权利，在最大可

能范围内,与其他的人相同。他们有权享有适当的医药照顾和物理治疗,并受到可以发展其能力和最大潜能的教育、训练、康复及指导。他们于可能时应与其亲属或养父母同住,并参加各种社区生活。同住的家庭准予领受协助。此外,当智力迟钝的人因有严重残缺而不能明确行使各项权利或必须对其一部分或全部权利加以限制或剥夺时,用以限制或剥夺权利的程序务必含有适当的法律保障,以免发生任何流弊。智力障碍是重残儿童常见的障碍之一,《智力迟钝者权利宣言》无疑在政策上保护了其教育、医疗、康复、法律权益,具有十分重要的意义。1982年12月3日,联合国大会第三十七届会议颁布了《关于残疾人的世界行动纲领》(World Programme of Action Concerning Disabled Persons),纲领中提出,要使残疾人得以"充分参与"社会生活和发展,并享有"平等地位",各项康复方案应使残疾人可以参加设计和组织他们本人与家庭认为必要的各种服务。1993年12月20日,联合国大会第四十八届会议通过了《残疾人机会均等标准规则》(Standard Rules on the Equalization of Opportunities for Persons with Disabilities),其中规定各国应确认患有残疾的儿童、青年和成年人应能在混合班环境中享有平等的初级、中级和高级教育机会的原则,应确保残疾人教育成为其教育系统的一个组成部分。1994年6月,世界特殊需要教育大会通过了《萨拉曼卡宣言》(Salamanca Statement),重申了《世界人权宣言》中提出的"人人享有受教育的权利"的要求。2006年12月13日,联合国大会通过了《残疾人权利国际公约》(Convention on the Rights of Persons with Disabilities)。公约重申一切人权和基本自由都是普遍、不可分割、相互依存和相互关联的,必须保障残疾人不受歧视地充分享有这些权利和自由。

从上述联合国的相关宣言与公约可知,国际对于重残儿童的重视程度愈发上升,从"医学模式"向"社会模式"转变,将重残儿童视作社会的一部分,认为其应享受同样的权利与自由,促使重残群体得到应有的尊重。这些国际公约的出台与生效,也极大地推动了我国的残疾人事业发展,促进了我国的残疾人权益保障立法改革。

二、美国送教上门的政策与基本做法

美国关于送教上门的实践有着悠久的历史。一般来说,送教上门制度起源于美国,送教上门虽然没有统一的称谓,但均有"在家教育"的含义。美国政策文件中的相关词汇有"home teaching""home/hospital instruction""home schooling""home bound program"等,并将送教上门定义为"一种包含在临时替代性教育安置形式中,为残疾学生或患病学生提供个别化辅导的公共教育服务模式"(Interim Alternative Educational Setting,简称IAES)。

(一)美国送教上门工作的各州早期实践

纵观美国送教上门的发展历程,最早的送教上门实践可以追溯到20世纪30年代。1938年,美国加利福尼亚州的洛杉矶公立学校为不能正常到校参与班级学习的残疾儿童提供名为"home teaching"的教育服务,具体实施时则由教师进入儿童家庭进行每周一个半小时的教学辅导。随后,美国各州开始以电话为主要媒介开启送教工作。1939年,艾奥瓦州以电话为传输工具对残疾儿童进行送教。1941年,艾奥瓦州发明了家校电话服务系统来帮助更多的残疾儿童在家接受教育。相关学者的调查研究显示,电话教学在当时得到了广泛应用,有近30个州采用了该手段为在家的残疾儿童提供教育服务。1945年,美国出台相关法律,规定对于21岁以下的残疾学生,学校可为其提供特殊教育课程、治疗康复课程、在家或医院服务等三种教育服务方式。1958 年，为确保送教上门中相关教育服务的质量，美国特殊儿童委员会（Council for Exceptional Children，简称 CEC）对以上的教育服务形式进行了正式分类，并有相关机构对在家教育教师所需资格做出了规定。此外，为推动送教上门工作的顺利开展，加利福尼亚州颁布了"在家/医院教育计划"，CEC 专门成立了送教上门教育者协会（Association of Educators of Home Bound and Hospitalized Children）。由此可见，在早期，美国有关送教上门的相关政策是由各州分别制定及自主实施或实践的，并没有一个统一的、国家层面的专门性政策法规。

（二）美国《所有残疾儿童教育法》等系列法案的颁布与修订

1975 年，美国国会通过了第 142 项联邦法令《所有残疾儿童教育法》（*Education for All Handicapped Children Act of* 1975，即公法 PL 94-142）。该法令被认为是关于美国残疾儿童教育的第一部最完整、最重要的立法。[①] 其中，与重残儿童教育权益有关的内容见表 1-1。

表 1-1　美国《所有残疾儿童教育法》中有关重残儿童教育权益的内容

序号	内容
1	各州要根据残疾儿童的特点提供相应课程
2	各州须成立由残疾儿童、教师及家长等人组成的顾问委员会，主要功能是为各种需要、条例及评估程序等提供建议
3	学校须提供诉讼程序来保护儿童，并提供合适的教育环境及课程，父母及其他监护人有权查看有关文件
4	校方须为每一个残疾儿童准备个别化的教育计划，该计划须由校方代表、教师、家长或监护人联合制订，儿童本人也可参与制订
5	评估残疾儿童所用的测验方法必须用儿童的母语，不得含有文化和种族等歧视性的内容，也不可只凭一种测验或评估程序来完全决定儿童的教育计划
6	为残疾儿童提供交通工具及有关服务，如语言治疗、听觉及心理咨询、身体及专业诊断、康复、辅导及为评估所需要的医疗服务
7	如果残疾儿童不能与其他儿童一起接受教育，他们须在家、医院或其他地方接受教育
8	联邦政府要负责残疾儿童所需教育费用的 40%。如果州政府不按照法律行事，联邦政府会在警告和通告后取消对州政府的经济援助或减少教育财政拨款
9	如果校方没有能力或不愿意按照法律行事，州政府可以取消对学校的经济援助，直接向残疾儿童提供教育资助

由此可见，《所有残疾儿童教育法》从教育评估、教育环境、教育参与者及教育合

[①] 朱宗顺. 特殊教育史 [M]. 北京：北京大学出版社，2011：157.

法性上，对美国各州的重残儿童教育提出了新的要求，体现了六大原则①：第一，免费的、适当的公立教育原则。这是该法令的核心要求，也是美国历史上第一次真正保证所有儿童（无论有何种障碍、无论障碍程度如何）都有获得免费和适当公立教育的权利的法令条款。第二，"零拒绝"原则，要求各州残疾儿童入学为"零拒绝"，严禁学校将任何一个残疾儿童排除在教育之外，要求各州和地方教育机构为那些以往被排除在教育和服务之外的、被认为是不可教育的重残儿童提供相应的服务。这也是第一个明确提出保障重残儿童的受教育权的法令条款。第三，非歧视性评估原则。为了保证评估过程的科学性、公平性和准确性，对特殊儿童的评估过程必须是公平的、不带任何歧视性质的。同时，评估人员需要经过专门的培训，并由多学科人员组成评估小组，使用多种测评工具。这为重残儿童接受最适宜的教育提供了科学保障。第四，最少受限制环境原则。只有在普通班级各种支持措施和服务不能取得满意效果的情况下，学生才可以被安置到特殊班、特殊学校或其他具有隔离性质的机构。换言之，无论残疾儿童的障碍情况如何，必须给予其与普通儿童一同学习的机会。第五，合法程序原则。当重残家庭在有关学生的教育问题上产生分歧时，如果家长不同意学生的教育安置场所，他们可以与学校进行交涉。如果家长和校方无法协商解决，家长可以通过由教育主管部门组织的听证会进行调解，或者进入诉讼程序直至通过法庭仲裁解决问题。这保障了重残儿童的受教育权，并为重残儿童家庭寻求法律保护提供了依据。第六，家长参与原则。各州必须为每一个接受教育的残疾儿童制订个别化教育计划。学生的个别化教育计划由地方机构代表、教育专家、教师、家长（必要时儿童本人也参加）一起研究制订。家长有权了解个别化教育计划的内容和进程，有权保护和查询学生的教育档案、学习记录和成绩。学校或机构如果想改变学生的现有个别化教育计划，则必须征得家长和学生本人的同意。个别化教育计划的提出，保障了残疾儿童接受最适合的教育，改变了美国残疾儿童的传统安置形式和教育形式。在该法令的引领下，南卡罗来纳州（1975年）、佐治亚州（1981年）、佛罗里达州（1983年）等州的教育部陆续响应文件精神，制定地方性送教上门指导手册。②

《所有残疾儿童教育法》虽然是美国特殊教育立法的里程碑，但仍存在障碍类型不完善、学生学段年龄有限制、配套经费不足等问题。在随后的几十年中，美国联邦政府数次修订了相关法令。比如，1986年，颁布了《残障者教育法修正案》（*Education of the Handicapped Act Amendments*，即公法 PL 99-457），增加了对0—5岁残疾婴幼儿接受早期干预教育服务计划的相关描述，并对"残疾婴幼儿"做出明确界定，提出了"个别化家庭服务计划"（Individualized Family Service Plan，简称IFSP），该计划是针对3岁以下的残疾婴幼儿、学步期儿童设计的，其目的是指导专业团队制订个别化家庭服务计划，保证残疾儿童及其家庭获得完善的教育服务。1990年，美国国会通过了《残疾人教育法》（*Individuals with Disabilities Education Act*，简称IDEA，即公法 PL 101-476），用"残疾"（Disabilities）替换了此前法令使用的"残障"（Handicapped）。此外，该法

---

① 肖非，傅王倩. 所有残疾儿童教育法 [EB/OL]. (2022-12-21) [2023-09-21]. https://www.zgbk.com/ecph/words?SiteID=1&ID=567030.

② 付佳. 邛崃市义务教育学校开展送教上门工作现状的调查研究 [D]. 成都：四川师范大学，2017.

案还补充了残疾类别，增加了"孤独症"（Autism）和"创伤性脑外伤"（Traumatic Brain Injury）两个新类别，并拓展了新的教育学段，为0—5岁的残疾婴幼儿及18—21岁的残疾青少年提供教育服务。1997年，美国国会对IDEA进行了修正，出台了《残疾人教育法修正案》（*Individuals with Disabilities Education Act Amendments of 1997*，即公法PL 105-17），对原先IDEA中的条款进行了合并简化，并扩充了教育对象范围，将多重障碍、身体病弱的儿童划为义务教育对象。1999年，美国发布了IDEA实施条令，对残疾儿童安置体系做了具体说明，即为普通学校普通班教育、普通学校特殊班教育、特殊教育学校教育、在家教育、医院教育和机构教育。这也是美国第一次将"在家教育"明确写进残疾儿童的安置体系。此外，该条令还规定学校应当为有需要的学生及其家庭提供教学辅助设备，为重残儿童接受教育提供硬件物质保障。

进入21世纪，随着重残儿童的障碍类型与学段的增加，美国愈发关注重残儿童家庭教育的作用与影响，延续了IDEA中关于保障重残儿童父母权益的相关规定。2004年，美国国会再一次对IDEA进行了修正，通过了《残疾人教育促进法》（*Individuals with Disabilities Education Improvement Act of 2004*，简称IDEIA，即公法PL 108-446），法案名称增加了"促进"（improvement）一词，并强调了以家庭为中心的原则，规定干预人员应为重残儿童及其家庭拟定IFSP，并在家庭等自然环境中提供相关服务，规定在早期干预服务中还须包括家庭培训、咨询和家访。2012年，奥巴马在"美国残疾人法案周年纪念"的总统公告中宣布，未来美国将继续采取行动帮助所有儿童学习和成长，并开设必要课程，使他们能够掌握各种工具，在学校内外都取得成功。

三、日本送教上门的政策与基本做法

日本是亚洲特殊教育发展的代表性国家之一。日本义务教育阶段的特殊教育学校主要有盲校、聋校、养护学校，其中，养护学校包括智障儿童养护学校、中枢神经性肢体残障儿童养护学校、病虚体弱儿童养护学校等。[①] 对于送教上门，日本将其称为"访问教育"。1947年，日本出台了《学校教育法》，其第七十一条规定"访问教育是养护学校的一种教育形式"。可见访问教育是养护学校教育的延伸，是对难以就学的重度或重复残疾儿童学生进行的一种教育性援助。[②] 1970年，日本文部省在特殊教育研究指定中加入了相关访问指导。1979年，日本实现了访问教育制度化。随着日本国内特殊教育学校高年级学生或特殊班学生数量的减少，以及学生残障类型和程度的增加，重残儿童接受教育的现实性与紧迫性日益凸显。2001年，日本发布了《二十一世纪特殊教育的理想方法——根据每个障碍儿童的需要进行特别支援的理想方法》，该报告强调不应当再对障碍儿童进行划分，而是应适应每个障碍儿童的教育需要，给予他们特别的教育支持。后期，日本内阁府颁布了《令和元年[③]残疾人白皮书》，指出在为残疾儿童学生提供多样学习场所的实践中，访问教育至关重要。随后，日本发布了《令和3年版人权教育·启发白皮书》，提出要普及无论是否残疾，国民之间相互尊重、相互支持的"共生社会"理念，让残疾儿童与其他儿童一样可以共同接受教育。2017年，日本第39次残

---

① 朱宗顺. 特殊教育史［M］. 北京：北京大学出版社，2011：181.
② 刘毅宁. 日本访问教育探究及对中国送教上门的启示［J］. 佳木斯职业学院学报，2022，38（1）：67-70.
③ 令和元年即为2019年。

疾人政策委员会提出，对难以实现通学的学生施行访问教育，以保障其基本受教育权。可见日本的访问教育呈现思想化、制度化与政策化。

日本访问教育包含家庭访问、机构访问及医院访问。日本全国访问教育研究会会长西村圭也，曾从健康、运动、游戏与学习、日常生活等维度，对日本访问教育的内容进行了总结，具体见表1-2。

表1-2 日本的访问教育内容①（根据西村圭也观点整理）

维度	内容
健康	将儿童健康置于首位。与儿童的主治医生、护士等医护人员相配合，与儿童的父母合作，记录学生的病情发作、体温、饮食、排泄等情况
运动	与理疗人员等专业人员配合，营造愉快的氛围，缓解肌肉紧张、改善呼吸状态，进行合理的舒缓运动
游戏与学习	与能使儿童产生愉快感觉的视觉、听觉、触觉、震动感觉等方面相结合，制作游戏和编制教材。设置游戏，培养儿童的感觉能力。可通过身体接触，尝试与儿童交流，培养儿童的交往能力。此外，还可根据儿童的身体情况，适当地增加户外活动
日常生活	与儿童的父母、专业人员合作，处理儿童的饮食、排泄、穿衣、洗浴等日常生活问题，改善儿童的生活方式与生活环境

四、法国送教上门的政策与基本做法

法国是世界上最早发展特殊教育的国家之一，突出表现在盲校、聋校、培智学校的次第兴办及特殊教育实验的首创，为世界视障、听障、培智学校教育的实践探索做出了重要贡献。② 法国对重残儿童的教育权益十分重视。2019年，法国国民教育部发布了《特殊儿童与青少年学校教育指南》，对重残儿童的教育权益做出了部分政策说明。在教育路径方面，该指南明确指出，法国残疾学生的教育主要有特殊教育学校教育、普通学校教育、社会医疗机构教育、医院教育和远程教育等路径。如果学生需要长期住院或疗养，则会派遣专业教师进行干预，并与原学校保持联系；对于那些因残疾或疾病无法接受常规教育的学生，成立国家远程教育中心，提供适应性解决方案。在教育内容方面，该指南重申了"无论学生有何特殊需求，学校都应为其提供适合的教育"这一教育原则，并针对不同类别的特殊学生设置了对应的个性化教育项目，涉及学校、医院、社会等多方力量，旨在为所有有特殊需要的儿童和青少年提供适合的个性化教育。

此外，突破教育环境的时空界限是法国重残儿童教育的一大特色。第一，法国兼顾了不同年龄段重残学生的教育需求。国家远程教育中心作为一个公共教育机构，通过各种方式为所有不能到校就学的学生提供教育和职业培训，提供从6岁开始的适应性学校课程。第二，法国充分给予重残学生家庭选择教育形式的权力。远程教学的选择，既可以是残疾人权利和自治委员会的定向决定，也可以由家庭向相关部门提出相应的需求。

---

① 西村圭也. 日本的访问教育［J］. 现代特殊教育，2002（3）：46-47.
② 汤广全. 特殊教育发端于法国的原因探析［J］. 南昌师范学院学报，2017，38（5）：134-140.

远程教学并不只是残疾学生接受教育的唯一方式,学生可以在接受远程教学的同时,在学校、医疗机构中交替学习。第三,法国重视重残学生的远程学习效果。学生在接受远程教学之后,国家远程教育中心会定期将学生的学习成果向其所在学校通报,从而保证多时空、多场域下学生的学习质量与效果,促进学生的个人发展。①

五、印度送教上门的政策与基本做法

印度也对重残儿童送教上门进行了本土化实践。印度早在孔雀王朝时期,就为残疾人和穷人建立了收养院和医院。进入20世纪,印度志愿者团体及市、自治区、州政府支持进行一般性教育。同时,作为人口大国,印度也提出了适合本国国情的"家庭培训计划",计划提及在像印度这样的国家,对智障儿童开展家庭培训计划是有价值的。智障儿童的教师大约每周两次到儿童家中访问,教导他们约一个小时,对与学校课程相关的后续学习进行指导,并帮助儿童增强其社会适应能力②。1986年,印度政府颁布《国家教育政策》,对重残儿童的家庭支持做了重点说明,如通过激励、对话、定期培训和评估来为每个有残疾儿童的家庭提供支持,父母小组和社区教育小组应该建立起来;可以通过不同形式——正式的、非正式的、开放学校、家庭学校、职业教育中心等对残疾儿童进行教育。③ 可见印度将对重残儿童的访问教育视作学校教育的延伸,辅助重残儿童提高在校学习效率,同时十分重视家长在教育中的作用。

第三节 国内送教上门的政策与基本做法

送教上门保障了因重度残疾而不能到校就读残疾儿童少年的受教育权。我国重残儿童送教上门起步晚,但随着时代的发展,送教上门逐渐成为我国重残儿童的一种重要的教育安置形式。下文基于历史视角,梳理了我国关于重残儿童教育权益与送教上门的政策文件,并对我国各地区的地方性文件进行了解读。

一、我国送教上门的总体政策与基本做法

(一) 我国送教上门的历史回顾

1. 古代

《礼记·礼运》中记载"人不独亲其亲,不独子其子;使老有所终,壮有所用,幼有所长,矜寡、孤独、废疾者皆有所养"④。从史料来看,我国古代对残疾人的政策主要可分为宽疾、养疾、救疾。第一,宽疾政策。晋律规定:"侏儒、笃疾、癃残,非犯死罪,皆颂系之。"⑤ 可见古代我国在徭役赋税、衡量定罪等方面,对待重残群体有着一定的免除与宽恕。第二,养疾政策。早在春秋战国,部分诸侯国对残疾人采取"收而养之,官给衣食"的政策。隋唐时期,佛教鼎盛,僧人开始在寺庙创办"悲田养病坊",收养包括残疾人在内的弱势群体;武则天统治期间,国家开始设立不同规模的

---

① 梅越,欧玉琦,王琳琳.法国《特殊儿童与青少年学校教育指南》解读及启示[J].现代特殊教育,2022(23):76-79.
② BANERJEE G R. Care of the mentally retarded [J]. Indian Journal of Social Work, 1955, 16 (1): 75-82.
③ RAHMAN H. History of special education in India [M]. Delhi: Sanjay Prakashan, 2005: 114-118.
④ 阮元.十三经注疏:下[M].北京:中华书局,1980:1414.
⑤ 杜佑.通典[M].杭州:浙江古籍出版社,1988:868.

"悲田养病坊"，其性质由民间慈善机构逐渐向官办转变。后期，这一举措在历朝历代均有延续。第三，救疾政策。我国古代对于重残群体给予特殊医疗照顾。《周礼·天官》规定："医师掌医之政令，聚毒药以共医事。凡邦之有疾病者、疕疡者造焉，则使医分而治之。"① 此外，历朝均对重残群体提供了完备的救助政策。《明史·食货志》记载："初，太祖设养济院收无告者，月给粮。"②

由此可见，自古以来，我国就表现出了对重残群体的仁慈与关心。但这些宽疾、养疾、救疾政策仅仅停留在对于重残群体的关心层面，基于的是经济等物质条件维度的支持，虽能帮助残疾群体维持日常生活，但并未关注他们的精神世界。值得注意的是，先秦时期的人们已经能够认识到，只要经过合适的途径，每个人都可以接受教育。例如，孔子提出"因材施教"，虽并未明确指向重残群体，但包含了送教上门的个性化属性，对如今的送教上门有着重要的启示。

2. 近代

第一次鸦片战争后，中国沦为半殖民地半封建社会，社会动荡不安，国民教育水平很低，特殊教育更是举步维艰。③ 此时，我国特殊教育的关注点更多的是聋哑教育，对于重残群体的教育较为忽视。1903 年颁布的《奏定初等小学堂章程》明确规定："学龄儿童，如有患疯癫痼疾，或五官不具不能就学者，本乡村绅董可禀明地方官，经其察实，准免其就学；学龄儿童，如有届应使就学之期，或病弱，或发育较迟，不能就学者，本乡村绅耆可禀明地方官，经其察实，准暂缓就学……学龄儿童如有患传染病症，或性行不良，有妨儿童之教育者，小学堂校长可命其停止上学。"④ 可见在近代我国教育体系中，缺乏对重残群体接受教育的应有保护。

3. 现代

中华民国临时政府成立后，仍延续近代我国对重残群体教育权益的忽视态度。1912 年 9 月颁布的《小学校令》第二十八条规定"小学校校长察知儿童中有患传染病及有可虞之情状者，或性行不良、妨碍他儿童之教育者，得停止其出席"⑤。1915 年 7 月颁布的《国民学校令》第二十四条规定："学龄儿童如以疯癫、白痴或残废不能就学者，区董报经县知事认可后，得免除其父母或监护人之义务。"⑥ "停止""免除"词眼显示出对重残群体受教育权利的剥夺。

到中华民国后期，政府开始对特殊教育有了部分简单的规定。1922 年颁布的《学校系统改革案》第二十九条规定："对于精神上或身体上有缺陷者，应施以相当之特种教育。"⑦ 1929 年初颁布的《学校卫生实施方案》将"疾病畸形矫治"纳入其中，其中，第一部分"学校卫生服务人员"中规定，学校卫生医员的职责包含"协助学校卫生医员或校医，完成学童畸形疾病之矫治"和"访问学生家庭，联络学校与家庭，促

---

① 阮元. 十三经注疏：上 [M]. 北京：中华书局，1980：666.
② 张廷玉. 明史 [M]. 北京：中华书局，1974：1888.
③ 黄培森. 中国特殊教育史略 [M]. 成都：西南交通大学出版社，2015：47.
④ 舒新城. 中国近代史资料：中册 [M]. 2 版. 北京：人民教育出版社，1981：423-424.
⑤ 舒新城. 中国近代史资料：中册 [M]. 2 版. 北京：人民教育出版社，1981：447.
⑥ 舒新城. 中国近代史资料：中册 [M]. 2 版. 北京：人民教育出版社，1981：461.
⑦ 中国第二历史档案馆编. 中华民国史档案资料汇编·第 3 辑·教育 [M]. 南京：凤凰出版社，1991：106.

进畸形疾病之预防及矫治"。① 可见此时"医教结合"的思想已显露雏形，开始关注重残群体机体矫治工作。

1937年8月颁布的《各省市失学民众强迫入学暂行办法》规定："凡身心衰弱，经指定医师证明并经当地强迫入学委员会证明属实者，得准其缓学。但健康恢复时，仍督令入学。""凡身心有痼疾或肢体残疾，经指定医师证明不堪入学，并经当地强迫入学委员会证明属实者，得准其免学。如当地或邻近各地有特殊教育机关，仍应劝令其入学受特殊教育。"② 可见此时我国虽对重残儿童教育仍采用"免学"或"缓学"的词眼，但是增加了医师鉴定的步骤，使得重残儿童的教育评估更具专业性。同时，各项规定中也补充了诸如"健康恢复时，仍督令入学"或"劝令其入学受特殊教育"的条款，重残儿童教育"转介"思想也显露雏形。

（二）我国送教上门的当代政策与基本做法

中华人民共和国成立后，我国的特殊教育事业发展进入了一个新阶段。1951年颁布的《关于改革学制的决定》中规定，各级人民政府应设立聋哑、盲目等特种学校，对生理上有缺陷的儿童、青年和成人施以教育。可见国家对特殊儿童的关注不仅仅是聚焦于听障、视障儿童，虽然强调的是"生理上有缺陷的儿童"，但国家从政策上开始关注重残儿童接受专门教育。此后，我国出台了大量的相关政策文件，支持重残儿童的发展。

1982年版的《中华人民共和国宪法》第四十五条规定"国家和社会帮助安排盲、聋、哑和其他有残疾的公民的劳动、生活和教育"。这是我国第一次在国家根本大法中对残疾人的特殊教育权利做出规定，自此残疾人的教育权利受到宪法保护，成为我国公民神圣不可侵犯的权利。1985年发布的《关于教育体制改革的决定》指出"在实行九年制义务教育的同时，还要努力发展幼儿教育，发展盲、聋、哑、残人和弱智儿童的特殊教育"。可见此时国家对"生理上有缺陷的儿童"进行了明确说明，重残儿童的重要障碍类别，即肢体障碍与智力障碍开始受到关注。1990年12月，我国颁布了《中华人民共和国残疾人保障法》，这是我国第一部专门针对特殊人群的立法，其中第十八条规定"国家保障残疾人受教育的权利。各级人民政府应当将残疾人教育作为国家教育事业的组成部分，统一规划，加强领导。国家、社会、学校和家庭对残疾儿童、少年实施义务教育"。1994年，国务院通过了《残疾人教育条例》，这是我国第一部有关残疾人教育的专项法规，它的颁布实施将从法律上进一步保障我国残疾人平等受教育的权利，促进残疾人教育事业的发展。其中谈及残疾学生的教育形式时指出"地方各级人民政府应当逐步创造条件，对因身体条件不能到学校就读的适龄残疾儿童、少年，采取其他适当形式进行义务教育"。此处虽未明确提出"送教上门"的概念，但已将各类"因身体条件不能到学校就读的适龄残疾儿童、少年"的教育单列，并做出特殊说明，足以显示出国家对这部分儿童的关注。1995年，第八届全国人民代表大会第三次会议通过了《中华人民共和国教育法》，其第三十八条规定"国家、社会、学校及其他教育机构应当根据残疾人身心特性和需要实施教育，并为其提供帮助和便利"。此处的"根据残疾人身

---

① 李景文，马小泉. 民国教育史料丛刊·85·教育学·教育职能[M]. 郑州：大象出版社，2015：432.
② 宋恩荣，章咸. 中华民国教育法规选编（1912—1949）[M]. 南京：江苏教育出版社，1990：578.

心特性和需要"显示出国家对重残群体个性化的关注,为后续重残儿童个别化教育的开展提供了依据。2001年,教育部等部门发布的《关于"十五"期间进一步推进特殊教育改革和发展意见》规定"大中城市和经济发达地区,要积极发展残疾儿童康复、教育事业,使残疾儿童学前教育水平有较大幅度提高,积极支持幼儿教育、特殊教育机构以及社区、家庭开展3岁以下残疾儿童早期康复、教育活动"。2007年,中国常驻联合国代表代表我国签署了《残疾人权利公约》,再次申明了残疾人同样享有接受教育的各项权益。由此可见,截至此时,我国出台种种政策文件,强调保障残疾人平等接受教育的权利,明确政府在发展特殊教育中的职责,体现出特殊教育是义务教育的重要组成部分,具备免费性和普及性的特点。[①] 但此时,暂未有文件专门提出"重残"一词,重残儿童接受教育的特殊性并未得到突出。

2008年,中共中央、国务院发布了《关于促进残疾人事业发展的意见》,提及"着力解决好重度残疾、一户多残、老残一体等特殊困难家庭的基本生活保障问题,做好低收入残疾人家庭生活救助","逐步解决重度肢体残疾、重度智力残疾、失明、失聪、脑瘫、孤独症等残疾儿童少年的教育问题","依托社区开展为重度残疾人、智力残疾人、精神残疾人、老年残疾人等提供生活照料、康复养护、技能培养、文化娱乐、体育健身等公益性、综合性服务项目,推广'阳光之家'经验"。这是我国第一次在政策文件中对"重度残疾"群体进行明确、专项、特殊说明。2009年,教育部等部门发布了《关于进一步加快特殊教育事业发展意见的通知》,在第一条中就明确指出要"积极创造条件,以多种形式对重度肢体残疾、重度智力残疾、孤独症、脑瘫和多重残疾儿童少年等实施义务教育,保障儿童福利机构适龄残疾儿童少年接受义务教育"。2011,我国制定了《中国残疾人事业"十二五"发展纲要》,指出"有条件的地方探索建立贫困残疾人生活补助和重度残疾人护理补贴制度","继续完善以特殊教育学校为骨干、以随班就读和特教班为主体的残疾儿童少年义务教育体系,加快普及并提高适龄残疾儿童少年义务教育水平。采取社区教育、送教上门、跨区域招生、建立专门学校等形式对适龄重度肢体残疾、重度智力残疾、孤独症、脑瘫和多重残疾儿童少年实施义务教育","通过自学考试、远程教育等方式帮助更多的残疾人接受高等教育。完善盲、聋、重度肢体残疾等特殊考生招生、考试办法","逐步建立健全全国产前筛查诊断网络,做好孕产期保健和产前诊断,开展新生儿疾病筛查、诊断和治疗,建立残疾儿童早发现、早报告、早治疗制度,有效控制孤独症、脑瘫、重度智力残疾等先天残疾的发生,有效控制先天性苯丙酮尿症和先天性甲状腺功能低下所引起的儿童智力残疾的发生"。该纲要从经济补贴、教育体系、招生考试、预防筛查尤其是高等教育等维度,对重残群体进行了重点说明,这是我国首次在文件中对重残群体的高等教育做特殊说明。上述三个文件,多次提及"重度"二字,显示出国家开始着重关注重残群体的特殊性。

随后,"重残儿童""送教上门"等相关词汇在我国政策文件中出现的频率越来越高。2014年,教育部等部门发布了《特殊教育提升计划(2014—2016年)》(简称"一期提升计划")。"一期提升计划"明确提出"县(市、区)教育行政部门要统筹安排特殊教育学校和普通学校教育资源,为确实不能到校就读的重度残疾儿童少年提供送教

[①] 黄培森.中国特殊教育史略[M].成都:西南交通大学出版社,2015:145.

上门或远程教育等服务，并将其纳入学籍管理"；在经费方面提出送教上门的义务教育阶段生均公用经费按每年 6 000 元的标准执行，"各地要为送教上门教师和承担'医教结合'实验的相关医务人员提供工作和交通补贴"；在师资方面提出"推动地方确定随班就读教师、送教上门指导教师和康复训练人员等的岗位条件"，"加强普通学校随班就读、资源指导、送教上门等特殊教育教师培训"。2017 年，国务院公布了修订后的《残疾人教育条例》，其中第十七条规定"适龄残疾儿童、少年需要专人护理，不能到学校就读的，由县级人民政府教育行政部门统筹安排，通过提供送教上门或者远程教育等方式实施义务教育，并纳入学籍管理"；第二十六条指出"派出教师和相关专业服务人员支持随班就读，为接受送教上门和远程教育的残疾儿童、少年提供辅导和支持"。可见与 1994 版条例相比，新版条例完善了残疾人入学安排，规定统筹安排特殊教育资源。同年，教育部联合多部门发布了《第二期特殊教育提升计划（2017—2020 年）》（简称"二期提升计划"）。"二期提升计划"延续了"一期提升计划"中经费与师资方面的相关要求，并鼓励有条件的地方增加招收重残学生的比例。同时，"二期提升计划"对送教上门的具体要求进行了更为详细的论述，提出"以普通学校随班就读为主体、以特殊教育学校为骨干、以送教上门和远程教育为补充，全面推进融合教育"，这也是首次明确表明"送教上门"的教育地位。在教学质量上，"二期提升计划"也有了更高的要求，提出要"通过特殊教育学校就读、普通学校就读、儿童福利机构（含未成年人救助保护机构）特教班就读、送教上门等多种方式，落实'一人一案'，做好教育安置"，"对不能到校就读、需要专人护理的适龄残疾儿童少年，采取送教进社区、进儿童福利机构、进家庭的方式实施教育。以区县为单位完善送教上门制度，为残疾学生提供规范、有效的送教服务"。此外，"二期提升计划"对重残儿童教育摸排也进行了补充，提出"发挥乡镇（街道）、村（居）民委员会在未入学残疾儿童少年信息收集、送教上门、社会活动等方面的支持作用"。2022 年，国务院办公厅转发了教育部等部门联合发布的《"十四五"特殊教育发展提升行动计划》，该计划延续了此前"一期提升计划""二期提升计划"对于重残儿童送教上门的论述，并进一步规范了送教上门工作的开展，指出"健全送教上门制度，推动各省（自治区、直辖市）完善送教上门服务标准，科学认定服务对象，规范送教上门形式和内容，加强送教服务过程管理，提高送教服务工作质量，能够入校就读的残疾儿童不纳入送教上门范围"。可见国家对于送教上门的关注程度逐年增加，重残儿童送教上门相关政策实现从"无"到"有"，并逐渐细化、深入。

此外，随着国家对重残群体的日益重视，从 2009 年开始，我国各地方相关部门开始出台送教上门的专门性政策文件，具体见表 1-3。

表 1-3 我国各地方出台的送教上门专门性文件一览表

序号	地区	文件	发布年份
1	天津	《对义务教育阶段适龄重度残疾儿童少年积极开展送教服务的实施意见》	2009
2	福建	《关于在全省开展为重度残疾儿童少年"送教上门"试点工作的通知》	2010

续表

序号	地区	文件	发布年份
3	山东	《山东省教育厅　山东省财政厅　山东省人力资源和社会保障厅　山东省残疾人联合会关于开展义务教育阶段重度残疾儿童少年送教上门服务工作的意见》	2015
4	浙江	《浙江省教育厅　浙江省财政厅　浙江省卫生和计划生育委员会　浙江省残疾人联合会关于对义务教育阶段适龄重度残疾儿童少年开展送教服务工作的指导意见》	2015
5	湖南	《关于义务教育阶段适龄残疾儿童少年送教上门的实施意见》	2016
6	辽宁	《关于对义务教育阶段重度残疾儿童少年开展送教上门服务工作的意见》	2016
7	河南	《河南省教育厅　河南省财政厅　河南省人力资源和社会保障厅　河南省残疾人联合会关于开展义务教育阶段重度残疾儿童少年送教上门服务工作的意见》	2016
8	山西	《山西省教育厅　山西省财政厅　山西省卫生和计划生育委员会　山西省残疾人联合会关于开展义务教育阶段适龄重度残疾儿童少年送教服务工作的指导意见》	2016
9	宁夏	《宁夏回族自治区重度残疾儿童少年送教上门工作指导意见》	2016
10	安徽	《安徽省教育厅　安徽省残疾人联合会关于加强义务教育阶段适龄残疾儿童少年送教上门服务工作的通知》	2017
11	四川	《四川省教育厅　四川省残疾人联合会关于开展适龄残疾儿童少年送教上门服务管理工作的通知》	2018
12	甘肃	《关于对义务教育阶段重度残疾儿童少年送教上门工作的指导意见》	2018
13	陕西	《关于做好义务教育阶段适龄重度残疾儿童少年送教上门工作的意见》	2019
14	广西	《自治区教育厅等6部门关于开展义务教育阶段重度残疾儿童少年送教上门工作的指导意见》	2019
15	云南	《云南省教育厅等七部门关于义务教育阶段重度残疾儿童少年送教上门工作的指导意见》	2019
16	海南	《海南省教育厅关于进一步完善义务教育阶段重度残疾适龄儿童少年送教上门有关工作的通知》	2019
17	黑龙江	《黑龙江省教育厅等五部门关于适龄重度残疾儿童少年送教上门工作指导意见》	2019
18	西藏	《西藏自治区教育厅、西藏自治区残疾人联合会关于做好义务教育阶段重度残疾儿童少年送教上门服务工作的通知》	2020
19	江苏	《关于做好义务教育阶段重度残疾儿童少年送教服务工作的指导意见》	2020
20	新疆	《关于做好义务教育阶段重度残疾儿童少年送教上门服务工作的指导意见（试行）》	2021
21	广东	《广东省教育厅等七部门关于做好适龄重度残疾儿童少年送教服务工作的指导意见》	2021

二、我国典型地区送教上门的政策与基本做法

（一）北京市送教上门的政策与基本做法

北京市作为我国的首都，其特殊教育的发展一直处于全国领先位置。2005年，海淀区在全国率先开启送教上门工作，为各类重残儿童少年提供教育服务。经过多年的实践探索，北京市已形成了有制度、有保障、有人员、有经费的成熟送教上门工作体系。同时，北京市尤其重视送教上门科研的发展。2013年，受北京市教委委托，海淀区牵头成立了北京市送教上门工作小组，对"适龄重度残疾儿童少年送教上门研究与实践"项目开展专题研究并出版了相关系列研究成果，为后续全国此类相关项目的研究提供了经验与启示。此外，北京市充分利用残联、卫生健康部门和街镇等各方资源，合理安排重残儿童教育、康复、保健等内容，创新多种送教上门形式。2019年，为了全面落实北京市人民政府办公厅下发的《北京市2019年办好重要民生实事项目分工方案》，北京市残联和北京市教委共同印发了《2019年残疾学生助学服务项目实施方案》，整合残疾人康复、辅具、无障碍资源，为1 000名重残学生提供精准助学服务。通过上门助学服务、集中助学服务、分散助学服务三类服务形式，聚焦重残学生的特殊困难，整合政策资源，提供精准服务，促进融合教育质量提升，维护残疾学生受教育权利。在各项文件政策的推动下，北京市各区也纷纷出台了送教上门工作实施方案，以东城区为例，其方案节选如下：

东城区为适龄重度残疾儿童少年送教上门工作实施方案[①]（节选）

为认真贯彻党的十九大精神，落实好《中华人民共和国残疾人教育条例》、国务院《关于加快推进残疾人小康进程的意见》（国发〔2015〕7号）、《教育部等七部门关于印发〈第二期特殊教育提升计划（2017—2020年）〉的通知》（教基〔2017〕6号）、《北京市人民政府关于加快推进残疾人小康进程的实施意见》（京政发〔2016〕8号）、《北京市教育委员会等八部门关于印发〈北京市特殊教育提升计划（2017—2020）〉的通知》（京教基二〔2018〕3号）等文件要求，做好东城区户籍适龄但未到校就读重度残疾儿童少年的扶残助学、送教上门工作，解决适龄重度残疾儿童少年就学难题，保障残疾儿童少年平等接受义务教育的权利，特制订此实施方案。

一、目的意义

《中华人民共和国残疾人教育条例》要求："适龄残疾儿童、少年需要专人护理，不能到学校就读的，由县级人民政府教育行政部门统筹安排，通过提供送教上门或者远程教育等方式实施义务教育，并纳入学籍管理。"国务院《关于加快推进残疾人小康进程的意见》（国发〔2015〕7号）中提到：要"切实解决未入学适龄残疾儿童少年义务教育问题，提高残疾人教育普及水平，提升特殊教育教学质量。"教育部等七部门关于印发《第二期特殊教育提升计划（2017—2020年）》的通知（教基〔2017〕6号）指出："对不能到校就读、需要专人护理的适龄残疾儿童少年，采取送教进社区、进儿童福利机构、进家庭的方式实施教育。以区县为单位完善送教上门制度，为残疾学生提供

[①] 东城区教委办公室. 东城区教育委员会东城区残疾人联合会关于印发《东城区为适龄重度残疾儿童少年送教上门工作实施方案》的通知［EB/OL］.（2022-01-01）［2023-10-09］. https://www.bjdch.gov.cn/zwgk/zfwj/qtwj/202304/t20230415_3034300.html. 有改动.

规范、有效的送教服务。"《北京市人民政府关于加快推进残疾人小康进程的实施意见》（京政发〔2016〕8号）明确提出："完善残疾学生双重学籍制度和残疾儿童少年送教上门管理办法。"《北京市特殊教育提升计划（2017—2020年）》（京教基二〔2018〕3号）指出："对无法入校的适龄重度残疾儿童少年，各区制定送教上门实施办法。"

近年来，在各级政府和社会各界的关心支持帮助下，东城区残疾人教育事业得到快速发展，已形成了以随班就读为主体、特殊教育学校为骨干、其他教育形式为补充的特殊教育体系。为保障残疾儿童少年享有平等接受教育的权利，对于部分因残疾程度较重、缺乏生活自理能力或短期内不能走出家门等原因导致无法入校上学的适龄残疾儿童少年，采取送教上门的方式，让他们实现上学夙愿、学习知识、增长技能、全面发展。

二、服务对象

送教上门的对象是指具有东城区户籍，有一定认知交流能力和求学愿望，但残疾程度较重、缺乏生活自理能力或短期内走出家门、进入集体生活存在严重障碍的6至15周岁的重度残疾儿童少年。

三、服务原则

送教上门遵循"家庭自愿申请，专业机构评估，教委、残联联合审批"的原则，注重发展重度残疾儿童少年的教育潜能，提高学习认知能力、康复训练能力和社会适应能力。

四、组织机构

为保障送教上门工作顺利实施，成立由区教委、区残联主要领导为组长，区教委、区残联主管领导为副组长，区教委小教科、中教科、区残疾人就业服务中心、区特殊教育学校、区培智中心学校负责人为成员的东城区为适龄重度残疾儿童少年送教上门工作领导小组，负责送教上门的组织实施工作。领导小组下设办公室，办公室设在区教委小教科和区残疾人就业服务中心，具体承担日常组织联络、协调实施和监督检查等工作。

五、实施步骤

每年送教上门工作将分为四个阶段，按步骤有序开展。

（一）前期筹备和筛查服务对象阶段（每年6月）：每年第二季度召开送教上门工作会，听取有关方面意见和建议，结合东城区特点和实际情况，制订下一学年度全区为适龄重度残疾儿童少年送教上门工作计划。利用教育部门的学籍管理系统和残联部门的残疾人基本信息（证卡库）系统数据，采取入户和电话调查等方式，进一步摸清全区适龄但未到校就读、有教学辅导需求的重度残疾儿童少年底数及情况。按照自愿原则，由家长提出送教上门服务申请，填写《东城区为适龄重度残疾儿童少年送教上门服务申请审批表》，按照就近原则，由区特殊教育学校或区培智中心学校提供上门教学辅导服务。

（二）上门评估和审批阶段（每年7—8月）：区特殊教育学校、区培智中心学校组织专业教师对提出服务申请的重度残疾儿童少年家庭逐户进行评估，了解服务对象个体情况和家庭状况，确定是否满足教学辅导标准及要求。对符合送教上门条件的服务对象进行登记，填写评估意见，报请区教委、区残联审核批准后，开展送教上门服务。

（三）服务实施阶段（每年9月至次年7月）：由区特殊教育学校、区培智中心学校协助家长做好重度残疾儿童少年学籍网上注册工作。服务开展前，对重度残疾儿童少年家长进行培训，讲解送教上门服务实施背景、意义、内容和方法，争取家长的理解、支持和配合。送教学校与监护人签订《送教上门协议书》，为项目开展提供辅助性支持。根据重度残疾儿童少年的残疾类别、残情程度和沟通学习能力，结合服务对象与家长需求，个性化编制并实施教学课程。开展服务的同时做好档案和音视频资料收集整理工作。领导小组定期对教学团队服务情况进行监督检查。

（四）评估考核和监督检查阶段（次年7月）：教学课程全部结束后，由领导小组或聘请第三方专业审计机构采取实地入户、电话访谈、问卷调查、查阅业务及会计档案资料等方式，进行服务绩效评估和经费审计检查。

六、职责分工

（一）区教委：负责统筹协调、组织开展送教上门工作，利用学籍管理系统等核对相关数据，指导区特殊教育学校和培智中心学校编制年度工作计划、做好教学辅导工作；与区残联共同组成评估审查小组，对此项工作进行监督检查和效果评估；编制送教上门工作年度经费预算，向财政部门申请保障经费。

（二）区残联：负责统筹协调、组织开展送教上门工作，利用残疾人基本信息（证卡库）系统提供并核对相关数据；与区教委共同组成评估审查小组，对此项工作进行监督检查和效果评估。

（三）区特殊教育学校和区培智中心学校：负责制订全区送教上门学年度工作计划、工作制度、工作流程、送教协议、评估标准和方法，编制个性化教学纲要；安排教师为重度残疾儿童少年提供教学辅导，并纳入本校学籍管理，做好相关工作档案资料的收集整理。

七、经费保障

（一）本方案内所指的教学辅导时间以每学期为标准（一学年包含两个学期）。每学期送教课时标准为每名学生每周2课时（每课时30分钟），一学期共计40课时/生。

（二）凡参与送教上门并为学生授课的专任教师均应享受特殊教育津贴，授课课时数计入教师所在单位的本人工作量，进入统发工资，此项经费纳入教师所在单位预算当中。

（三）为参与送教上门教师统一办理职工互助保险，由区教育工会经费列支。

（四）送教上门教师同时享受误餐与交通补贴，误餐费40元/次、交通补贴50元/次，按次包干发放。

（五）学习资料、教具、辅助器具等每学期130元/生。

上述（四）（五）经费由区教委纳入年度部门预算，每学期按实际发生送教上门服务次数一次性拨付学校。

八、工作要求

（一）高度重视，周密部署。各相关部门、区特殊教育学校和培智中心学校要高度重视，充分认识开展送教上门工作的重要意义，指定专人负责，制订专项工作计划，选派优秀教师，规范教学流程和标准，保质保量开展服务，确保工作目标顺利实现。

（二）大力宣传，营造氛围。对适龄重度残疾儿童少年开展送教上门工作，需要全社会的关心重视和残疾儿童少年家长的支持与理解。各有关部门要充分利用新闻媒介、宣传手段强化宣传工作，积极向社会和重度残疾儿童少年家庭宣传此项工作和政策，尊重残疾人家庭的选择，保护残疾人的合法权益，努力营造残疾人平等接受教育，参与学习与生活的良好环境。

（三）健全机制，注重长效。领导小组定期召开联席会，汇总工作进度、解决实际问题、总结经验、交流做法；区特殊教育学校和培智中心学校要定期召开教师、家长交流会，动态掌握工作情况，随时了解残疾学生及家长的服务需求。

（二）江苏省送教上门的政策与基本做法

2019年，江苏省政府教育督导委员会、江苏省教育厅下发了《关于加强控辍保学做好疑似失学儿童情况核查和劝返复学工作的通知》，将残疾适龄儿童少年作为重点监测群体，要求各级教育部门和残联组织、安置帮教机构共同核查未入学适龄残疾儿童少年数据，安排他们以合适形式接受义务教育并纳入学籍管理，同时防止空挂学籍和中途辍学。该通知强调"对残疾程度过重、需要专人护理的适龄儿童少年，采取在残联举办的康复机构设置特教办学点，在乡镇（街道）残疾人之家设置特教办学点，在儿童福利机构设置特教办学点，以及送教上门等方式实施教育"。为加强这一文件针对重残群体的实施力度，2020年，江苏省教育厅又发布了《关于做好义务教育阶段重度残疾儿童少年送教服务工作的指导意见》，重申了送教服务是保障不能到校就读的适龄重度残疾儿童少年义务教育权益的关键举措，对推进脱贫攻坚和全面建成小康社会，以及提升社会文明程度具有重大意义。该通知围绕送教工作的服务对象及服务类别、对象认定及安置程序、工作要求、保障机制展开讨论。江苏省内送教上门工作逐渐实现制度化、科学化。江苏省《关于做好义务教育阶段重度残疾儿童少年送教服务工作的指导意见》节选如下：

关于做好义务教育阶段重度残疾儿童少年送教服务工作的指导意见[①]（节选）

一、送教工作的服务对象及服务类别

送教工作的服务对象一般为具有本省户籍的6—15周岁的重度残疾儿童少年（以下简称"重残少儿"）中，经设区市或县（市、区）特殊教育专家委员会评估认定，确实无法进入义务教育学校（含特殊教育学校）就读的适龄儿童少年。

认知能力达到国家培智学校义务教育课程标准所设最低要求的，原则上应安置到学校，不应被确定为送教服务对象。送教服务对象总数不应超过当地义务教育阶段适龄残疾学生总数的5%。

送教服务的类别根据送教地点不同可以分为送教进儿童福利机构、送教进康复机构、送教进"残疾人之家"、送教进医疗机构、送教进家庭等。在保障重残少儿最大限度地融入社会生活、最大限度地利用教育和康复资源的前提下，要根据实际情况，按照就近就便的原则安排送教地点。

二、送教服务对象的认定及安置程序

送教服务对象的认定和安置一般应经过以下程序：

---

① 江苏省教育厅. 关于做好义务教育阶段重度残疾儿童少年送教服务工作的指导意见[EB/OL].（2020-09-09）[2023-09-27]. http://jyt.jiangsu.gov.cn/art/2020/9/9/art_58961_9496179.html. 有改动。

（一）每年 5 月之前，适龄残疾儿童少年的法定监护人向所在学区普通学校或特殊教育学校或当地教育行政部门指定机构，提出下一学年度入学申请。对于未接受教育且法定监护人不提出申请的适龄残疾儿童少年，一经发现，由教育部门会同相关部门督促其法定监护人履行监护责任，直至其递交申请。

（二）学校或指定机构向当地特殊教育指导中心集中转交法定监护人的申请，特殊教育指导中心组织本级特殊教育专家委员会对法定监护人申请的服务对象进行诊断评估，提出普通学校随班就读、普通学校特教班就读、特殊教育学校就读、送教方式接受教育等安置建议，确定送教服务对象。

（三）当地特殊教育指导中心依据特殊教育专家委员会的认定结论和安置建议，组织教育、卫生健康、民政、残联等部门会同法定监护人一起商定送教服务的具体地点，并将下一学年度需要提供送教服务的学生名单送到各有关职能部门，以及相关学校、儿童福利机构、"残疾人之家"、康复机构、医疗机构和相关家庭。

（四）每年 6 月底之前，承担送教服务的学校以及定点福利机构、"残疾人之家"、康复机构或医疗机构，应联合书面提供包含送教服务内容、地点、时间和频次等的服务清单，并与服务对象的法定监护人签署服务协议。

（五）每年暑假期间，承担送教服务的学校、儿童福利机构、"残疾人之家"、康复机构、医疗机构等应根据需要，对环境进行无障碍改造，添置必要的教育和康复设备。教育部门应联合卫生健康、残联等部门组织相关教育和康复人员培训，共同研究学生的个别化教育和康复方案，为新学年接纳重度残疾儿童少年和送教工作做好准备。

（六）每年 9 月前后，教育部门应为送教服务对象建立学籍，并依法保障其与在校在籍学生享受同等权益。卫生健康部门应为服务对象建立康复治疗和上门体检档案。扶贫部门应为符合条件的服务对象建档立卡。每年 10 月上旬，省教育厅将残疾学生学籍数据共享给省残联，纳入省残联相关系统管理并提供给基层残联，便于开展动态更新入户调查时进行核查。

（七）根据学生发展和教育、康复的效果，承担送教服务的学校可会同相关机构，在评估诊断基础上，经特殊教育专家委员会鉴定同意后，适时调整教育安置方式。

三、送教服务的工作要求

为适龄重度残疾儿童少年提供适合的教育和康复服务，是法律赋予政府的职责和义务，送教服务是提高教育、康复、脱贫工作质量和精准度的重要举措，各地各有关部门应切实履行职责、主动担当、精诚协作，共同筑牢社会公平和文明的底线。

（一）各级教育部门应按照《江苏省第二期特殊教育提升计划（2017—2020 年）》要求，由特殊教育指导中心做好送教服务的统筹协调工作，设计好组织架构和管理机制，汇聚卫生健康、民政、残联等部门的资源，共同为重残少儿提供教育和康复服务。对于经核实确未接受义务教育的适龄残疾儿童少年，教育部门应做好劝学工作，并按照诊断安置流程做好控辍保学，确保义务教育全覆盖、零拒绝。

教育部门提供的送教服务，一般由各地特教指导中心会同学生所在学区普通学校或融合教育资源中心共同实施。在儿童福利机构、"残疾人之家"、康复机构、医疗机构集中送教的，一般每周不少于 2 次，每次不少于 3 课时，每年送教 216 课时以上。对于到残疾人家庭中提供个别化送教服务的，根据各地和每个送教对象的实际情况，一般每月不少于2次，每次不少于3课时，每次送教应安排2名以上教师同行。根据实际情况，每次送教按照不低于5课时/人的标准计算工作量。各地特殊教育指导中心应及时指导相关学校或机构做好送教服务现场的工作记录，并上传到省特殊教育学籍管理系统，确保送教服务工作质量。

各送教学校应会同儿童福利机构、"残疾人之家"、康复或医疗机构、专业人员、监护人以及社工或志愿者等，共同制订学期个别化教育方案，并根据实施情况及时调整。包含送教学校在内的各级各类普通学校可组织学生到"残疾人之家"、康复机构、儿童福利机构中开展社会实践活动，了解重残同龄人的生活，认知生命的复杂多样性，感受我国的社会保障制度，并参与社会服务，为战胜人类的共同难题出一份力。各级教育部门根据实际，可通过动态调配教育设备、购买公共服务等方式，配合残联做好送教服务点的建设和运行工作。

对确因身体原因需要缓学、休学的适龄残疾儿童少年，法定监护人应提出申请，报县级教育行政部门备案，建立缓学、休学台账。

（二）各地残联在新办证、核查和康复等服务中发现的未接受教育适龄残疾儿童少年，要及时提供给当地教育部门，并积极配合教育部门督促各方履行教育义务，劝返说服失学或辍学的残疾儿童少年。省特殊教育指导中心根据实际情况，选取合适的"残疾人之家"和康复机构设立送教服务点。各级残联负责"残疾人之家"和康复机构送教服务点的组建和管理，送教服务点要提供相应的场地，为送教工作提供必要的保障。

各送教服务点实行"康教结合、以康为主"，"残疾人之家"和康复机构除协助和配合学校送教上门教师实施好教育工作外，应按照残疾人日间照料模式提供托管服务。各地残联应按照《江苏省残疾儿童基本康复服务管理暂行办法》的规定，为适龄残疾儿童提供免费基本康复服务，鼓励有条件的地区将免费基本康复服务扩大到所有义务教育阶段适龄残疾儿童少年。鼓励各送教服务点积极创造条件，协助法定监护人将服务对象定时接送到相应的送教服务点。

（三）卫生健康部门建立首诊通报机制，对于在医疗服务过程中发现的江苏户籍未入学适龄残疾儿童少年，应第一时间告知户籍地县级残联和教育部门。卫生健康部门应根据教育部门提供的未入学适龄残疾儿童少年名单，做好医学鉴定工作，配合教育部门共同做好教育诊断安置，并将未入学残疾儿童少年纳入责任医生签约服务重点服务对象。在未入学适龄残疾儿童少年较多的康复医疗机构组建送教服务点，协助和配合学校送教上门教师实施好教育工作。卫生健康部门应每年组织送教服务教师和康复人员进行专业培训，不断提高送教服务质量。

（四）各级民政部门应积极协助教育部门和残联做好义务教育阶段适龄未入学残疾儿童少年的摸排、核实工作，督促各方履行教育义务，负责做好儿童福利机构送教服务点的组建、管理和教育工作。要积极推动将重残少儿纳入当地困境儿童分类保障，鼓励引导儿童福利机构拓展社会服务功能，吸纳周边重残少儿进入机构接受送教服务和照护服务。各级扶贫部门对于建档立卡中的适龄重残少儿，应纳入帮扶工作任务，明确帮扶责任方协助解决接送车辆和陪护人员问题，组织社会工作者、志愿服务者参与送教服务工作。各级扶贫部门应当积极分担重残少儿的法定监护人沉重的照料负担，增强法定监护人自主就业能力，提高家庭自我造血功能，从根本上提高社会救助的效益。

四、送教服务的保障机制

（一）义务教育阶段适龄重残儿童少年的送教服务实行免费教育制度。各地财政部门统筹现有资金为教育、卫生健康、民政、残联等部门安排必要的送教服务工作经费，保障工作顺利实施。按照现行政策，落实好对送教服务对象按照当地普通学校生均公用经费的 8 倍以上拨付生均公用经费，已高于该标准的地区不得降低。残联部门按规定为送教服务学生安排残疾儿童基本康复经费。相关医疗康复服务按规定纳入医保报销范围。要通过财政购买公共服务等方式，切实解决特殊教育学校重残学生的教育、康复以及送教服务工作经费不足问题。

（二）各地教育、民政、残联部门应要选派责任心强、富有爱心、业务水平较高且具有丰富实践经验的教师（或退休教师）、康复师承担送教服务相关工作，建立"一生一案"的个别化康教服务专业管理机制。各级编办和人力资源部门应充分认识到重残少儿教育和康复服务是一个新的工作领域，各方面师资极度匮乏，要积极争取和创新编制、人事管理政策，吸引优秀人才加入中小学校重残学生教育、康复以及送教服务队伍。各地要完善教师收入分配激励机制，对承担特殊教育送教服务工作的普通学校，可适当增核绩效工资总量，增核的绩效工资总量专门用于承担送教服务工作教师的绩效工资分配，以体现其特殊工作付出。

（三）义务教育控辍保学是国家和省 2020 年教育领域脱贫攻坚的重点交账任务，已纳入省政府对地方各级政府履行教育职责考评的重要指标，各地要对包含送教服务在内的义务教育控辍保学工作和巩固水平开展专项督导，把重残少儿控辍保学作为责任督学日常督导工作的重要内容，确保每一位残疾儿童少年的教育工作都责任到校、责任到人。对义务教育辍学高发、年辍学率超过控制线的县（市、区），不得申报和评估认定县域义务教育发展优质均衡县。县级特教指导中心应对送教服务工作进行全面巡查指导，并将质量评价结果纳入相应学校的年度工作考核。扶贫部门要将重残少儿送教服务作为考核各级地方政府脱贫攻坚任务完成情况的重要指标。民政和残联要将儿童福利机构、康复机构、"残疾人之家"等集中送教服务点建设、运行、管理以及日常服务，纳入工作考核。

（三）江苏省南通市送教上门的政策与基本做法

为认真贯彻党中央、国务院的决策部署，根据国家、省级相关政策文件内容，南通市结合本土实际情况，对相关要求与做法进行了本土化更新。

第一，贯彻落实融合教育背景下的送教上门工作。南通市教育科学研究院重视对送教上门开展教学研究。每学期都制订送教上门的教研计划，并按计划在各县（市、区）开展送教上门研讨活动，通过送教教学体验、学生个案分析、同课异构等形式，组织普特教师一起磨课、设计课堂、交流心得。普特教师齐聚一堂，共商提升送教上门工作质量的有效策略，不断研训、不断提高，为送教学生提供更有质量的专业支持。经过近几年的探索和实践，南通市送教上门工作不断深入，走向专业，促进全市特殊教育发展迈上一个新的台阶。

第二，出台校本送教上门工作方案。为切实保障适龄残疾儿童少年接受义务教育的权利，根据残疾儿童少年的实际情况，南通市鼓励各普通学校与特殊教育学校结合送教上门的工作要求，制订校本送教上门工作方案，并发布至官网公示。以南通市竹行中学为例，其发布的工作方案如下：

南通市竹行中学送教上门工作方案① （节选）

为贯彻落实上级的精神，保障生活不能自理等客观原因导致的不能到学校接受教育的重度残疾少年受教育权益，按照上级工作要求，我校将开展重度残疾少年送教上门工作。现制订具体工作方案如下：

一、指导思想

深入贯彻科学发展观，坚持"以人为本"理念，落实上级文件精神，积极探索重度适龄残疾少年居家教育工作经验，逐步建立残疾少年教育保障制度，进一步推进残疾人教育事业的发展。

二、服务对象

送教上门服务对象为持有《中华人民共和国残疾人证》，具有一定接受教育能力、出于各种原因确实不能到学校接受教育的义务教育阶段12—15周岁重度残疾少年。

三、服务原则

送教上门服务遵循家庭自愿、定期入户、量身定制、免费教育的原则，以送教上门服务为主，以社区教育和远程教育为辅。注重发展残疾儿童少年的教育潜能，提高认知能力和适应生活、适应社会的能力。

四、服务时间

送教上门服务，每个服务对象每周2次，每次3课时，每学年不少于240课时。提供送教上门服务的学校要制定送教服务工作日程表，签订送教上门服务协议，定期提供送教服务。如遇特殊情况需更改送教时间的，要及时与送教对象的家长（或监护人）沟通，并另行确定送教时间。

五、师资保障

由学校选派责任心强、热爱残疾学生，思想、业务水平较高且具有丰富实践经验的部分教师，开展送教上门工作。

六、工作要求

1. 为残疾儿童少年送教上门工作具体由学校教务处负责。

2. 每学年初、学年末举行送教上门教师工作座谈，研究计划，总结工作。

3. 制订切实可行的教育教学计划，采取适合重度残疾儿童少年发展的教育内容和教学方法，努力提高教育水平和效益。承担送教上门服务的教师，要针对送教上门服务对象的生理、心理特点和残疾类别，制订切实可行的个别化教育方案。

4. 要根据所确定的服务对象的情况，多形式地选择送教上门服务方式。

5. 建立送教上门工作档案。档案资料主要包括计划总结、学生基本情况、工作手册、教案，教学过程资料等。

第三，创新发展重残儿童评价体系。南通市发布了《市教育局等7部门关于印发〈南通市"十四五"特殊教育发展提升行动计划〉的通知》，明确指出"促进医康教融

---

① 南通市竹行中学. 南通市竹行中学送教上门工作方案［EB/OL］.（2020-04-27）［2023-10-09］. http://www.ntkfqjy.com/Print.aspx?id=26847. 有改动.

合发展。市行动计划创新性提出为每位特需学生建立数字化的'一人一案',将康复保健服务方案纳入其个别化教育计划,各类评估结果作为制订和调整计划的重要依据。深化教育教学改革。鼓励加强市、县教研联动,强化市特教学科教研组建设,全面建立综合、多元、动态、个性化的学生素质整体评估和教学质量的评价体系及评价方式,持续推动各类特殊教育评价工具运用,建立特需学生电子化成长记录册。探索实践县域初中普职特融通发展模式,促进普教、职教、特教融通赋能,协调发展"。

第四,统筹保障送教上门的各方力量,并对具体的工作进行详细安排。由市教育局负责统筹管理和指导特殊教育工作;市编办负责做好特殊教育人员力量相关保障工作;市发展改革委负责将特殊教育纳入经济社会发展相关规划;市民政局负责协助做好福利机构内孤残儿童特殊教育工作;市财政局负责为特殊教育事业发展提供经费保障;市人力资源和社会保障局负责完善并落实工资待遇、职称评定等方面对特殊教育教师的支持政策;市卫健委负责指导有关医疗卫生机构加强与学校合作,提高特需学生评估鉴定、医疗康复训练的针对性和有效性;市残联负责协助做好残疾儿童少年的入学安置、康复、毕业就业安置等服务。

第四节 国内外送教上门的政策与做法比较

综观前述有关重残儿童送教上门的相关政策文件,当前我国重残儿童送教上门的政策推进仍存在一定的局限性。一是国家层面制定的关于重残儿童送教上门的专门性政策较少。特殊教育政策的价值核心是所有残疾人的成长发展,但是由于重残儿童身心发展及其学习需要的严重差异,每个重残儿童都是独特的存在。[①] 随着时代的发展,我国出台了越来越多的特殊教育文件,重残儿童接受教育的权益愈发受到关注,文件中总是采用"所有残疾人""一律平等""统一要求"等词汇来进行政策上的保护。但是,我们也要意识到,重残儿童的个体差异性极大,这些词汇实质上忽视了重残儿童少数群体高度差异的特殊教育需要。[②] 重残儿童需要特殊教育形式的介入,需要个性化知识的传授。近年来,各个省份(地区)均出台了本土送教上门政策文件,国家在"一期提升计划""二期提升计划"《"十四五"特殊教育发展提升行动计划》中也对送教上门进行了重点说明,但是始终缺乏一个国家层面、宏观性的重残儿童送教上门的专门性文件,以引领全国送教上门工作的开展。二是对重残儿童送教上门教学工作的具体实施缺乏统一的政策指导。综观当前关于送教上门的文件或是相关政策条目,可以发现当前文本中对送教上门工作的相关规定往往聚焦于经费、师资、保障、认定安置流程等,对于如何开展送教上门教学/康复及评估工作缺乏具体说明。三是我国送教上门政策文本对教育公共服务监督和教育公共服务评价两个实施关键环节的关注较为欠缺。当前,我国重残儿童送教上门的政策文件较为关注的是在人力、物力、财力等方面促进送教上门工作的正常运转,但对送教上门工作开展的实际质量(如评价体系、奖惩制度等)较为忽视。

---

① 王培峰. 特殊教育政策:正义及其局限[M]. 南京:南京大学出版社,2015:272.
② 王培峰. 特殊教育政策:正义及其局限[M]. 南京:南京大学出版社,2015:272.

对国内外相关政策文件进行对比,对我国开展重残儿童送教上门工作具有以下的启示:

第一,重残儿童的送教上门须基于融合教育背景开展。回顾美国与法国出台的相关政策文件可知,它们均是首先将重残儿童纳入接受普通教育的范畴之中,确保给予儿童"最少受限制环境"。只有在普通班级的各种支持措施和服务不能产生满意效果的情况下,才考虑对学生进行送教上门安置。此外,需要注意到重残儿童接受教育的转衔。重残儿童的发展不是一成不变的,我们需要关注到他们动态的发展变化,一旦他们的身心发展情况经评估达到相关要求,须向特殊教育学校或普通教育学校进行转介转衔,促进其最终自如地融入社会,始终以实现融合为送教上门的终极目标。

第二,重残儿童送教上门工作的开展须全覆盖。日本的送教上门(在日本被称为"访问教育")呈现小、中、高全覆盖。将非义务教育阶段的残疾儿童学生逐渐纳入教育对象范畴,对早期确诊的重度或重复残疾儿童进行学前访问教育;对义务教育期满的残疾学生进行相应的生活指导与社会化训练。[①] 这启示我们除了前期做好教育摸排工作,确保"一个都不少",实现地区全覆盖外,还须注意到重残儿童送教上门是持续性的过程,具有全程特征,在现有基础上我们须向两端延伸,即做好送教上门的早期教育与后续教育。0—6岁是重残儿童康复的黄金阶段,"早发现""早诊断""早干预"对儿童的后续发展具有重要意义,因此,送教上门工作务必抓住这一阶段。此外,义务教育期满并不意味着送教上门工作结束,毕业残疾学生的后续发展依然值得关注。送教上门不仅要"送科学知识",还要"送职业规划指导",与社区合作,创造有利条件,促使残疾学生自主参与社区文化生活。[②]

第三,重残儿童送教上门工作需要技术支持。回首初始,美国最早进行送教上门实践采用的是电话教学。随着时代的发展、科学技术的更新迭代(如音频设备、互联网的出现等),送教上门需要这些科学技术的支持。法国成立国家远程教育中心,通过各种方式为所有不能到校就学的学生提供教育和职业培训。这也启示我们,可以通过远程教育平台的建设,涵盖学生学习、家校合作及校际交流等内容,保障特殊学生的基本受教育权利,在有限的环境中给予学生同等的教育资源。

第四,重残儿童送教上门工作须家校合力完成。与其他障碍儿童不同,重残儿童的大部分时间都是在家庭中度过的。同时,受各方因素的限制,送教上门工作无法达到入校就读的频率。因此,送教上门工作需要重视家校合作的重要意义。与我国同为人口大国的印度就极为重视重残儿童的家庭教育,提出了各项"家庭培训计划",并在政策中明确提出要建立"父母小组"。这启示我们,在重残儿童送教上门工作的开展中,我们不仅要关注重残儿童本身的需要,开展相应的针对训练与潜能开发,还要对重残儿童的照料者进行一定的培训,引导其在家中为孩子提供持续性的、具有可操作性的教育康复训练,就此形成家校合力,共促重残儿童的健康成长。

---

① 刘毅宁. 日本访问教育探究及对中国送教上门的启示 [J]. 佳木斯职业学院学报, 2022, 38 (1): 67-70.
② 刘毅宁. 日本访问教育探究及对中国送教上门的启示 [J]. 佳木斯职业学院学报, 2022, 38 (1): 67-70.

第二章 重残儿童送教上门的理论基础

教育学的理论基础是指为教育提供知识准备、价值取向论证基础和方法论,具有基础性与普遍指导作用的理论。[①] 它们为教育实践的探索提供了指导和框架,解释了其内在现象和内在逻辑,并为研究提供了起点和基础,使得研究更具科学性。基于有理论基础的研究成果,研究者可以更好地理解教育问题,指导实践工作,并促进教育改进和创新。同时,教育研究需要跨学科的交流与合作。理论基础提供了一个共同的语言和框架,促进了不同学科之间的交流与合作,实现了相互借鉴、互相启迪。本章围绕重残儿童送教上门,从社会学、心理学、医学等领域视角出发,一是基于布尔迪厄的场域理论、涂尔干的社会观及我国社会建设理论的相关观点,阐明社会学理论基础对送教上门的指导意义;二是基于行为主义、社会学习与人本主义心理学理论,剖析重残儿童的发展需求;三是基于医教结合理论,指出重残儿童送教上门这一跨领域工作的特殊需求;四是基于多元智能理论、生态系统理论与群际接触理论,明晰它们对于重残儿童送教上门工作的实践启示。

第一节 社会学理论基础

在党和国家的高度重视下,在社会各界人士的关心和支持下,特殊教育取得了长足的发展,已经形成了以普通学校随班就读为主体,以特殊教育学校就读为骨干,以送教上门和远程教育为补充,统筹推进、普特融合的特殊教育体系。特殊儿童的入学率大幅度提升、学习环境大幅度改善、学习效果大幅度增强,特殊教育正向着高质量发展迈进。虽然也为重度、极重度及多重残疾学生提供送教上门服务,但受到师资力量、学生复杂多样的残疾类型、送教环境、政策推进等因素的影响,送教效果差强人意,社会各界对送教上门的价值和意义也存在不一样的看法。本节基于社会学理论基础,阐述布尔迪厄的场域理论、涂尔干的社会观及我国社会建设理论的内涵与形成历史,探讨社会学理论基础对重残儿童送教上门的启示与意义。

---

① 胡炳仙.教育学性:教育学之理论基础[J].当代教育科学,2006(1):6-8,13.

一、布尔迪厄的场域理论

(一) 场域理论概述

法国哲学家、社会学家布尔迪厄的场域理论有三个核心概念——场域、资本、惯习。一个场域可以被定义为在各种位置之间存在的客观关系的一个网络或一个构型。行动者根据所掌握的不同类型的资本而处于场域结构中的不同位置,经过长期观察积累,形成特定的惯习,从而获得特定的资本分配地位,而这又进一步塑造惯习,形成一个动态的过程。这里的"场域"既不能理解为被一定边界物包围的领地,也不等同于一般的领域,而是在其中有内含力量的、有生气的、有潜力的存在,如教育场域、法律场域、宗教场域、文化场域等。资本则是指在"场域中活跃的那些力量",它有别于经济学领域的资本。布尔迪厄把资本视作积累起来的劳动(以物化的形式或"肉身化"的形式存在),这种劳动可以作为社会资源在排他的基础上被行动者或群体占有。资本不仅是场域活动竞争的目标,还是用以竞争的手段,包括经济资本、社会资本、文化资本及后来补充的象征资本。惯习有别于习惯:习惯多具机械性,缺乏灵活性与创造性;惯习是持久存在于性情系统中的、作为一种技艺存在的生成性能力,行动者通过将一定类型的社会条件和经济条件内在化的方式来获得这些性情倾向,它具有持久性、延续性、可转移性等特征。①

(二) 场域理论对重残儿童送教上门工作的启示

受自身条件的限制,重残儿童的学习和生活环境局限于家庭。家庭是对重残儿童影响最早、最持久的"战场"。但重残儿童的降临会让其家庭成员措手不及,原有资本的占有、分配与使用之间的平衡状态也被打破。重残儿童家长的文化程度、对特殊教育专业知识与技能的熟悉程度,家庭成员的生活方式、教育理念、人际关系及家庭经济状况等直接影响重残儿童的发展。重残儿童及其家庭既无法丰富自身的资本,也难以抢占外界的资源和支持。送教上门的推进有利于改善重残儿童在教育场域的不利地位,促进其发展。

送教上门直接丰富了重残儿童自身的资本(如专业书籍、辅具的获得)。在党和国家的支持下,重残儿童送教上门已经取得了长足的发展。目前我国送教上门的主要形式有三种:第一种是送教入户,即送教工作者到儿童家中对其进行直接辅导,多为一对一教学;第二种是送教进机构,即以"残疾人之家"或社区服务中心为依托,将居住在附近的几名儿童组成小组进行集中教学,多为小组教学;第三种是远程送教,即根据学生的实际情况,立足学生的已有认知,借助现代互联网技术,将特殊儿童接入普通学校或特殊教育学校的课堂,让他们和学校其他学生一起接受教育。但在实际工作的推进中,仍有很多人不了解特殊教育,不了解残障儿童,对于重残儿童更是知之甚少,甚至不知道他们的存在。重残儿童残障种类的多样性、特殊教育需要的差异性、学习环境的复杂性,使得特殊教育学校教师、家长和普通学校教师已经无法满足他们的教育需要。因此,重残儿童的教育需要更多专业人士的加入,如医生、物理治疗师、言语-语言病理学家、心理学家、社会指导顾问等。以各地特殊教育指导中心为核心,根据重残儿童

---

① 皮埃尔·布迪厄,华康德. 实践与反思:反思社会学导引 [M]. 李猛,李康,译. 北京:中央编译出版社,1998:165.

的个别需求，在政府政策和资金的支持下，越来越多的社会人士、社会组织主动加入送教上门团队，送教入户、送教进机构和远程送教让越来越多的人了解重残儿童，让重残儿童有机会回归社会，自由、平等地参与社会生活。

送教上门有利于丰富重残儿童家长的专业知识与技能，便于构建良好的家庭场域，促进重残儿童与其家庭成员之间的良性互动，让他们在学习和模仿中积累经验、塑造惯习。除了重残儿童外，送教上门也要关注他们的家庭。在现实生活中，很多重残儿童家长无法接受孩子重残的严酷现实，沉溺于"罪己"中无法自拔，害怕别人异样的眼光，对于孩子的未来充满忧虑甚至绝望。长期压抑而无法排解的消极情绪，增加了重残儿童家长的精神内耗，严重影响了重残儿童家庭的和谐。在送教上门的过程中，专业人士的介入有利于及时关注重残儿童家长的心理健康状况，引导家长及时调整自己的心态，接受孩子的发展存在差异的现实，并以积极乐观的态度面对生活，营造融洽的家庭氛围，家庭成员齐心协力，以饱满的热情投入社会生活中。

此外，送教上门是增进人们对社会残疾认识、社会残疾理解的重要途径，为特殊儿童从家庭的"子场域"融入社会的"大场域"奠定基础。对重残儿童送教上门工作的宣传，将使人们用新的视角来认识这样一个特殊群体，尊重、理解和接纳他们，有利于进一步引导人们在社会生活中做出正确的价值选择，进一步增进他们民主平等的社会意识。为了保证送教上门工作的顺利开展，国家和各级政府会制定、颁布相关的政策，如《残疾人教育条例》《关于做好义务阶段重度残疾儿童少年送教服务工作的指导意见》等。这些政策的施行为送教上门工作的开展提供了政策保障，同时也推动了社会民主思想和社会文明的进步。

二、涂尔干的社会观

（一）涂尔干的社会观概述

法国犹太裔社会学家、人类学家涂尔干认为，国家通过不断的发展来创造和实现个人权利，满足个人的需要。"沟通"是民主国家的重要特征，国家与社会之间需要一个联系国家与公民个人的"枢纽"，借助"枢纽"密切国家与社会之间的联系，切实履行保障和满足社会需要的国家职责。涂尔干突出了人的主体性和自由意志。人是社会的创造者和改变者，人的自由意志是社会发展的动力。在涂尔干看来，社会是不断发展的，人们的需求和价值观念也在不断变化，因此，社会只有不断调整才能保持稳定和发展。涂尔干重视社会的公正和平等：社会应该是一个公正和平等的社会，每个人都应该有平等的机会和权利，不受种族、性别、阶级等因素的影响。他还强调了社会的多元性和包容性：社会应该是一个多元化和具有包容性的社会，不同的文化、价值观念和生活方式都应该得到尊重。社会的多元性和包容性是社会发展的重要条件，只有通过不断地交流和融合，才能实现社会的进步和发展。

（二）涂尔干的社会观对重残儿童送教上门工作的启示

送教上门是实现教育公平、促进社会和谐发展的有效手段。自古以来，残疾人就是社会的一部分。在不同的历史时期，掌权者对于残疾人制定了不同的政策。古代中国对残疾人的态度是比较文明的，统治者为了施行德政，通常会给予残疾人实物救助、授田优待、减免赋役和收容优养等救助。比如，《管子·人国》中记载："聋、盲、喑、哑、跛躄、偏枯、握递、不耐自生者，上收而养之疾馆，而衣食之。殊身而后止。"① 汉武帝时期"遣博士大夫等六人分循天下，访问鳏寡废疾，无以振瘼者，贷与之"②。孟子提出"仁爱"，墨子提出"兼爱"。这些都体现了扶弱、助困、济残的传统美德，并传承至今。

平等是社会主义核心价值观之一，促进社会公平正义是构建社会主义和谐社会的一个重要基础。平等在教育领域的体现就是人人享有平等的受教育权。《中华人民共和国义务教育法》规定，凡具有中华人民共和国国籍的适龄儿童和少年，不分性别、民族、种族、财产状况、宗教信仰等，依法享有平等接受教育的权利，并履行接受义务教育的义务。《中华人民共和国义务教育法》为个人平等接受教育提供了法律保障，但是重残儿童在受教育及社会资源的占有和利用上处于不利地位，受自身条件的限制，无法像普通儿童或者轻度障碍儿童一样正常地接受教育。要实现事实上的教育平等，还必须保证每个人有均等的接受教育的机会。联合国教科文组织国际教育发展委员会编著的《学会生存：教育世界的今天和明天》一书提出："给每一个人平等的机会，并不是指名义上的平等，即对每一个人一视同仁，如目前许多人所认为的那样。机会平等是要肯定每一个人都能受到适当的教育，而且这种教育的进度和方法是适合个人的特点的。"③ 多方参与、协同推进的送教上门服务可以最大限度地满足多残、重残儿童因身心障碍、智力能力及学习条件而产生的复杂多样的特殊教育需求，采取个别化的教育教学措施，最大限度地保障每一个儿童的学习权益，在事实上保证多残、重残儿童享有均等接受教育的机会，让教育发展成果更多、更公平地惠及所有适龄儿童，实现教育平等。送教上门在事实上最大限度地促进了义务教育的普及，以教育公平促进社会公平，对推动和谐社会的建设具有重要的意义。国家的职责、人的主体性和自由意志、社会的公正与平等、社会的多元化与包容性决定了重残儿童这样一个特殊群体不应该被忽视，他们的需求应该得到满足。送教上门肯定了重残儿童的主体性，体现了社会对他们的接受与包容，使他们能够平等地享有接受教育的权利。

三、我国社会建设理论

（一）社会建设理论概述

社会建设以政府、社会组织与民众等为主体，以公平与公正为原则，以实现社会和谐与社会进步为目标，以社会安全运行为保障，以"建立协调各阶层利益的机制，充分动员民众参与社会建设"为建立机制，以社会管理（主要是在社会运行方面的科学管理）保证社会良性运行为重要手段。社会建设理论有其历史渊源。古代统治者为了发展自己的国家，其治国理念都包含着社会建设的雏形，但"社会建设"这个新概念的提出，最早是在20世纪最初十年和20世纪30年代的中国政界、学界。1919年，孙中山撰写的《民权初步（社会建设）》被收入《建国方略》。在《民权初步（社会建设）》中，孙中山表达了他的"社会建设"思想，即"教国民行民权"。社会学家孙本文在

---

① 管仲. 管子 [M]. 杭州：浙江人民出版社，1987：18.
② 班固. 汉书 [M]. 北京：中华书局，1962：180.
③ 联合国教科文组织国际教育发展委员会. 学会生存：教育世界的今天和明天 [M]. 华东师范大学比较教育研究所，译. 北京：教育科学出版社，1996：105.

《社会学原理》中专门提及"社会建设与社会指导",认为"依社会环境的需要与人民的愿望而从事的各种建设,谓之社会建设。社会建设的范围甚广,举凡关于人类共同生活及其安宁幸福等各种事业,皆属之"①。孙本文还创办过一本杂志,即《社会建设》。中华人民共和国成立之初,社会学被取消,"社会建设"这个重要的概念也就没有得到应有的传承和诠释。②

近年来,党的历届会议也对社会建设做了具体描述。党的十六届四中全会首次提出了"社会建设",适应社会发展的需要,对正在进行着的社会组织、社会结构、社会秩序、社会事业等方面的建设,做了一个明晰的概括,明确将其叫作"社会建设"。以党的十六大特别是十六届四中全会为标志,中国社会建设开启了新阶段。党的十七大首次把社会建设纳入中国特色社会主义"四位一体"建设格局,党的十七大报告明确指出"社会建设与人民幸福安康息息相关。必须在经济发展的基础上,更加重视社会建设,着力保障和改善民生,推进社会体制改革,扩大公共服务,完善社会管理,促进社会公平正义,努力使全体人民学有所教、劳有所得、病有所医、老有所养、住有所居,推动建设和谐社会",初步明确了社会建设的主要任务。以党的十七大为标志,中国社会建设开创了新局面,以保障和改善民生为重点的社会建设进入快车道。党的十八大将社会建设纳入全面建成小康社会的重要目标,指出加强社会建设,加快健全基本公共服务体系,加强和创新社会管理,推动社会主义和谐社会建设必须以保障和改善民生为重点。党的十九大报告强调"既尽力而为,又量力而行,一件事情接着一件事情办,一年接着一年干。坚持人人尽责、人人享有,坚守底线、突出重点、完善制度、引导预期,完善公共服务体系,保障群众基本生活,不断满足人民日益增长的美好生活需要,不断促进社会公平正义,形成有效的社会治理、良好的社会秩序,使人民获得感、幸福感、安全感更加充实、更有保障、更可持续"。可见社会建设理论随着时代的发展,内涵逐渐丰富。

(二)社会建设理论对重残儿童送教上门工作的启示

送教上门是坚持以人民为中心、发展中国特色社会主义的必要组成部分。自党的十八大以来,以习近平同志为核心的党中央坚持以人民为中心的发展思想,坚持弱有所扶,保障残疾人的平等权利,增进残疾人的民生福祉,推动残疾人事业发展取得历史性进步和成就。教育部官网显示,到2020年,全国残疾儿童义务教育入学率已经达到95%。这些残障儿童或在特殊教育学校或在残疾人康复中心或在普通学校接受越来越适宜、越来越高质的教育。而未入学的残疾儿童多为重残、多残儿童,尽管他们在残疾人中的占比较少,在人口总数中的占比更是少之又少,但他们是社会的一个重要组成部分。"全面建成小康社会,残疾人一个也不能少。"送教上门承认了个体差异性,体现了中国特色社会主义建设中"以人民为中心"的思想。以送教上门为补充,深入发展和普及特殊教育对建设中国特色社会主义具有不可替代的作用。

送教上门是唤醒重残儿童生命发展、挖掘其生命潜能的强大力量。意识与自我意识是生命之魂,是人自主发展的力量。"当人的发展水平达到具有较清晰的自我意识和达

---

① 孙本文. 社会学原理:下册 [M]. 台北:台北商务印书馆, 1974:244.
② 陆学艺. 关于社会建设的理论和实践 [J]. 国家行政学院学报, 2008 (2):13-19, 112.

到自我控制的水平时，人能有目的地、自觉地影响自己的发展。"① 重残儿童的学习和生活环境局限于家庭，其无法参与社会活动，长此以往，易与社会脱节，一些认知能力较好的儿童甚至会自卑、退缩、自我放弃。他们有的自我发展意识从未觉醒，有的在生活索然无味、毫无希望的日复一日中消磨已有的自我发展意识。送教上门让重残儿童及其家庭能够感受到社会的关爱，给他们灰暗的生活带去些许微光。送教人员不只是特殊教育教师，还可以是普通学校教师、社会志愿者或是同伴。有针对性的专业教育康复能够让儿童或家长看到希望，找到努力的方向。送教上门可以通过一些榜样力量（如海伦·凯勒、霍金、张海迪、邰丽华）引导个体发展的方向，激励个体与障碍斗争，并思考生命存在的意义，进而唤醒生命发展意识。送教上门的教育内容除了补偿缺陷外，更要挖掘潜能。人生来都具有一定的潜能，但潜能很少自动表现出来，需要通过教育、学习才能得到激发。送教上门的过程既是传授知识、技能，培养生存适应能力的过程，也是对重残儿童个体潜能进行开发的过程。送教上门通过有目的、有针对性、个别化的教学，努力挖掘每个个体生命发展的巨大潜能，使其优势潜能得到最大化、最优化的发展。比如，"舔屏少年"在教师的引导下正视自身的身体缺陷，扫除心理障碍，在肢体能力逐渐退化的过程中，运用灵活的舌头，借助远程设施融入课堂学习知识、结识朋友，幸福地生活；无法站立的"巧手姑娘"在教师的指导下充分发挥手部的作用，制作一个又一个的手工制品，朝着开一家工艺小店的梦想不断努力。

送教上门是技术创新、社会发展的隐形推手。人类心智的探索从来也没有像科学技术那样获得如此巨大的成功，也从来没有什么能像科学技术那样影响我们生活的各个方面。② 送教上门与科学技术发展相辅相成。科学技术的创新与支撑，促进了送教上门的深化和发展。送教上门及相关需要具有复杂性，通过对科学技术的依赖，反过来影响科学技术的发展。可以通过对送教方式的选择推进科技创新，送教对象的特殊性也决定了送教方式选择的特殊性。在送教上门过程中，送教对象的教育需求的不断更新，推动着科学技术的不断发展。对于认知能力较好，受身体因素影响不能到校上学的重残儿童，为保证其有和普通儿童或者轻度障碍儿童一样平等地接受教育的机会，经过多方评估和考量后通常选择远程送教的方式，即借助互联网技术，对重残儿童使用的学习设备和课堂现场直播设备进行连接，让重残儿童在家就能参与课堂学习。而传输稳定、图像清晰、音质一流的课堂，对摄像头、麦克风、网络通信和单片机等提出了更高的要求。科技创新为送教上门提供了强有力的技术支持，在一定程度上降低了路途遥远造成的人力、物力、财力的消耗。

第二节　心理学理论基础

重残儿童送教上门离不开丰富的心理学理论支撑。下面基于重残儿童的身心发展特点与规律，重点介绍行为主义、社会学习、人本主义等诸多理论对重残儿童送教上门产生的深远影响，并力图从中获得诸多有益启示。

---

① 叶澜. 教育概论 [M]. 北京：人民教育出版社，1991：217.
② 袁振国. 当代教育学 [M]. 3版. 北京：教育科学出版社，2006：360.

一、重残儿童的身心发展特点与规律

（一）重残儿童的身心发展特点

1. 注意力方面的特点

重残儿童的注意力难以集中，稳定性极差。其注意力的广度很狭窄，远远达不到普通儿童的注意力范围；注意力的分配很弱，无法同时注意一个以上的对象；注意力的转移很困难，无法有意识地从一个对象转移到另一个对象。

2. 记忆力方面的特点

重残儿童进行短时记忆、长时记忆都很困难，主要表现为记不牢、记不住，无意义识记、情绪记忆、动作记忆较多；不能掌握一定的记忆策略。

3. 语言方面的特点

重残儿童的语言发育迟缓，多数没有语言或缺乏主动性语言，在构音、发音和流畅性方面存在障碍。语言发育与智力水平高度相关，只是对于二者谁是因谁是果，还是互为因果，要仔细分辨。

4. 思维方面的特点

重残儿童的生活空间有限、表象贫乏、语言能力水平低下，直接影响了思维的发展。他们以直观形象思维为主，缺乏灵活性和变通性，遇到相似的情境或问题无法运用所学的思维方法迁移泛化。

5. 智力方面的特点

重残儿童的智商一般在20以下，影响智商的因素较多，如环境、遗传、药物、食物等。智力水平与注意力水平、记忆力水平、语言水平、思维水平互相影响，互为因果，呈现出一果多因、一因多果、多果多因、多因多果的复杂关系。

（二）重残儿童的身心发展规律

1. 重残儿童与普通儿童身心发展的共同性

重残儿童个体的身心发展与普通儿童遵循同样的规律：顺序性、阶段性、不平衡性、互补性和个别差异性。顺序性体现为重残儿童身心发展是一个由低级到高级、由简单到复杂的连续发展过程。重残儿童的教学更多地体现为小步子、多循环、多重复。阶段性表现为重残儿童的发展是一个分阶段的、前后相邻阶段有规律更替的过程。个体在不同的年龄阶段表现出身心发展不同的总体特征及主要矛盾，面临着不同的发展任务。这在教学上预示着教师要因人而异地选择教学内容、方式，同时做好各阶段的衔接和过渡。不平衡性是指个体在同一方面的发展在不同的年龄阶段是不均衡的。重残儿童中不乏错过语言发展关键期，因幼时耳边听到的都是羊叫或鸡叫而无意识地发出"羊语""鸡语"的孩子。这在教学上预示着这些孩子"时过然后学，则勤苦而难成"，显然教育、医疗干预越早越好。互补性是说个体机能或心理受损后，可通过其他方面的超常发展得到补偿，又称"缺陷代偿"。这在教学上启示我们要扬长避短，开发潜能。个别差异性在重残儿童的群体和个体之间表现明显、差距悬殊。我们不妨乐观地认为，这是人类个体多样性的表现。重残儿童的教学要尊重差异、因材施教。

此外，重残儿童与普通儿童的身心发展都受到遗传、环境和教育的影响。不可或缺的家庭教育在重残儿童的教育大系统中占有重要位置，社区教育、各领域融合教育构成重残儿童教育的其他重要方面。

2. 重残儿童身心发展的特殊性

（1）遭遇极大压力

重残儿童中的"重残"一般包括多重障碍、脑瘫、精神障碍、智力严重障碍四类。重残儿童因遭遇各种压力，失能、失智、失语，身心严重受损。

（2）心理发展慢、晚、差

重残儿童智商极低，且世俗意义上的情商、"逆商"更低。打个不太恰当的比方，如果说轻度障碍儿童是社会的"边角料"，那么重残儿童则是社会的"零碎、破碎材料"，不知道要经过怎样高明的缝缝补补才能拼凑成一个意识、肢体、认知、感受相对自洽的人。但是，每一个重残儿童都很重要，他们作为独特个体的生命体验，是其他人无法代替的。

（3）高差异性

芸芸众生组成大千世界。这世上没有两片完全相同的树叶，也没有两个完全相同的人。正是这些差异形成了这个光怪陆离、纷繁复杂的世界。

第一，重残儿童与普通儿童之间存在差异。这种差异明显表现在身心发展水平与速度上，从一般经验出发，肉眼可见可辩。

第二，重残儿童群体与个体之间存在差异。总体等于 n 个个体的典型特征之和。重残儿童身上表现出群体的典型特征的某些方面，除此之外，个体的另外一些特点则尤具个人色彩。

第三，重残儿童个体与个体之间存在差异。一是出现时间早晚不同。有的重残儿童年幼时即表现出渐冻人症状，有的则到青春期才发癫痫。二是持续时间长短不同。重残儿童一旦被诊断为某种残疾，这种标签有的跟随其大半生，有的则与其终身相伴。三是障碍程度不同。重残儿童虽说障碍都很严重，但个体间的障碍程度不一，有的间歇性发作，有的持续性发作，有的长期性发作，甚至有时候发作程度轻，有时候发作程度重。四是障碍表现不同。重残儿童有的以肢体残疾为主，有的以多重残疾为主，有的以精神障碍为主，有的以智力障碍为主。每种残疾细分下来，还有很多其他不同的障碍表现。五是行为表现不同。有的重残儿童心境持续低落、抑郁，有的亢奋、冲动，有的安静、冷漠，有的暴力、残忍。六是心理发展水平不同。通过训练，有的重残儿童可以实现基本的生活自理；有的则怎么训练都没有用，更多寄希望于药物控制。七是重残儿童的学习风格、学习进度、学习特质不同。有的重残儿童偏好视觉学习通道，只有呈现具体事物才能有所感知；有的重残儿童偏好触觉学习通道，在地上打个滚就能体会到沙子和石头的不同；有的重残儿童需要借助韵律认识事物，音乐一放，随乐舞动，就能静下心来，参与其中。重残儿童的学习进度也不相同，有的重复 10 次就会，有的重复 10 次还是不会。重残儿童在学习特质上，对学习材料的依赖程度不一。有的需要借助具体实物，有的需要借助图片，有的需要借助文字。他们还不能进行独立学习，对教具、辅具、康复辅助器具的依赖程度不一。

第四，重残儿童个体内部发展中存在差异。这主要包括两个方面。一是障碍多重。具体到重残儿童个体身上，障碍往往不是单一的，而是多重的。相关研究表明，重残儿童身上的障碍往往不止一种，最多的达 8 种。二是个体身心发展不平衡。重残儿童个体身心发展的不平衡有多重表现：某一阶段可能发展减慢甚至停滞不前或后退；在不同发展阶段有不同的需求；在不同的环境下，心理表现出很大的差异，比如，夏天，重残儿童在低温下表现平静，在高温下烦躁不安。三是重残儿童个体自身在理解力、语言能力、注意力、空间知觉、人际交往能力、生活自理能力、社会适应能力、自我效能感、自我控制等方面也表现出不平衡。

二、行为主义心理学理论

重残儿童受障碍程度、智力因素、身体状况、精神病性等因素的影响，采用认知疗法的效果并不明显，相反，采用行为主义的一些疗法更容易体现效率与关怀。其中，起重要作用的积极行为支持理论更能体现出重要的实践价值。

（一）行为塑造理论

1. 行为塑造理论概述

行为塑造建立于行为主义理论上。行为主义理论认为，行为是学习者对环境刺激所做的反应。他们把环境看成是刺激，把伴随而来的有机体行为看作反应，认为所有的行为都是可以习得的。在教育教学上，这就要求教师掌握塑造和矫正学生行为的方法，为学生创设一种环境，尽可能强化学生的合适行为，消除不合适的行为。

2. 行为塑造理论对重残儿童送教上门工作的启示

（1）运用忽视法

比如，针对重残儿童发脾气的行为，教师为切断其强化环节，将其抱进安全的环境中令其反省，待其冷静下来，再进行其他教学活动。重残儿童到了一定年龄，身材魁梧，力气较大，温柔的劝说与亲切的拥抱已经不起作用。教师或家长可要求他"回到房间，冷静下来，好好说话"，采用相对缓和的方式进行教育，一段时间后会有一定作用。如果教师或家长火冒三丈地进行批评，可能无意中使孩子达到了通过发脾气引起注意并成为焦点的目的，而采用忽视的方式，不去理睬他，让他冷静下来，他就能体会到发脾气是没用的，从而发展出我们期待的正向的行为。

（2）运用强化法

为消除重残儿童的不良行为，一般会采用以下方法，现略加举例说明。一是代币法。重度智障儿童如果没有出现不良行为，教师就奖励他一个五角星贴在黑板上。积累到10个，他就能用这些五角星兑换一个小奖品，如水彩笔、水果等。二是正强化。如果重度智障儿童在半天中没有出现不良行为，教师就教他给家里最亲但平时见面机会不多的人打电话。三是负强化。如重度智障儿童喜欢看动画片，一旦他在半天中出现3次以上的不适当行为，教师就取消他看动画片的资格。四是厌恶法。惩罚机制是正强化的一种，以不伤害学生身心为前提。如果负强化实施无效，不良行为十分严重，就采用厌恶法，如就餐时撤掉他最想吃的事物，并提供给他最不喜欢的蔬菜。五是随机强化。当他出现不良行为时，其他家庭成员齐声大叫他的名字，产生一种威慑，给他施加压力。一旦有短暂的时间他没有出现不适当行为，家长及时用热情洋溢的语言给予他表扬。六是后果暗示法。教师选择相似的典型行为进行批评。比如，让孩子观看动画片中出现的与其相似的行为及产生的后果，让他明白他的不当行为是要受到严批评并被禁止的，让他意识到自己的行为中哪些是被允许的，哪些是不被允许的。

(二) 积极行为支持理论

1. 积极行为支持理论概述

从理论发展渊源上看，积极行为支持理论脱胎于应用行为分析，应用行为分析可以被看作积极行为支持理论的根本来源。应用行为分析中有关刺激、反应、强化结果行为的三要素观点认为，行为是某种刺激条件下出现的反应，并受到行为结果的强化。这一分析框架被积极行为支持理论采纳。同时，应用行为分析和干预的策略也为积极行为支持理论所采纳。通过对行为的直接观察，干预者可以获得问题行为发生前、发生过程中及发生之后行为结果的资料，从而帮助教师了解重残儿童的问题行为与周围环境中各因素之间的关系，据此判断重残儿童的问题行为的社会意义与行为目的，即行为的动机，提出问题行为功能的假设，为制订重残儿童送教上门干预计划提供有价值的信息。同时，应用行为干预中的强化技术、刺激控制、塑造、渐隐、代币制、契约、消退、区别强化等方法，也为积极行为支持理论所吸收。此外，在针对个体的直接行为干预过程中，研究过程通常采用时间序列，分为行为干预前的基线期、行为干预期、泛化期、跟踪期。

2. 积极行为支持理论对重残儿童送教上门的启示

积极行为支持理论的优点也很明显，即更为人性化、生态化、系统化。积极行为支持理论强调多种干预技术的综合使用，即多要素干预，更重视自然环境中那些自然实施者的想法和意见。在干预技术的选择上，积极行为支持理论更强调采用非厌恶类的积极行为干预技术，而较少采用惩罚类的具有厌恶性的消极行为干预技术。在干预效果评价方面，积极行为支持理论不仅重视问题行为的改变，而且考虑与个体有关的那些重要人员的满意度及生活质量等方面的状况。

三、社会学习理论

(一) 社会学习理论概述

加拿大教育家、社会心理学家班杜拉认为，儿童的社会行为是观察习得的，即在社会环境的影响下，通过观察他人的示范行为和该行为产生的结果而习得其社会行为。观察学习也叫"替代学习"，是指人们只需要通过观察他人的行为和该行为产生的结果，就能学习该行为。

(二) 社会学习理论对重残儿童送教上门的启示

重残儿童的行为同样是由需要、环境、行为三方面相互作用决定的。

1. 重残儿童的需要

行为的需要也称"动机"，一般体现为被爱的需要、被人关注的需要、自我价值体现的需要。第一，重残儿童有被爱的需要。人区别于动物的地方正是有情感，相当一部分重残儿童面临各种家庭变故和困境，在多孩家庭中被忽视，极度缺爱，爱而不得，从而产生了自卑、嫉妒心理及攻击家人或自残的行为。第二，重残儿童有被人关注的需要。对孩子最大的惩罚不是体罚，而是漠视。部分重残儿童觉得这个世界是一望无际的寂寞、孤独。他们的生活空间就是自己的那个狭小的房间，很多时间是他们独自在轮椅上度过的，他们用大叫、撕扯、发脾气、摔东西来宣泄自己的愤怒、悲伤。他们采取种种消极破坏性行为，仅仅是为了引起家人的注意。第三，重残儿童也有自我价值体现的需要。重残儿童同样有安全、康复、教育、被尊重乃至自我实现等各个层次的需要。他们羡慕别人的幸福生活，乃至希望通过自己对某种技能的学习与掌握，博得别人的赞叹、尊重，获得自己的心理成长。

2. 不良生活环境的影响

不良的教养方式、复杂的家庭成员关系、压抑的家庭气氛，对重残儿童有很大的影响。如果家长的文化水平较低、教育缺位，且从不注意自己的言行举止给孩子造成的影响，则很容易让他们沾染上种种不良的习气。当然，这还仅仅限于有一定认知能力和情感需要的重残儿童。相当一部分不会说话、长期卧床、不能自主进食的儿童的生存环境可能更为严峻。

3. 行为的影响

重残儿童并不是被动消极地接受环境刺激，而是会通过自身的行为来改变环境，从而促使行为模式进一步发展。比如，孤独症儿童特别喜欢喝奶茶，只要他发出"买"这个音，家长就去买，家长不买他就动手打人，之后家长还是去买给他。他从"打人"这个行为中获利，认为只要打人，自己就能喝到奶茶。他"打人"的这种行为得到强化，进一步加剧了他长期喝奶茶导致的健康问题。"打人"与"喝奶茶"形成了行为的恶性循环。

四、人本主义心理学理论

（一）人本主义心理学理论概述

以美国人本主义心理学家罗杰斯和马斯洛为代表的人本主义心理学家强调人的价值与尊严，以及创造力和自我实现，把人的自我实现归结为潜能的发挥，主张从人的本性出发研究人的心理。人本主义心理学理论尊重重残儿童的主观能动性与个人意愿，首选通过"辅导"实现个体的机能康复与生活自理能力的提升，而专家观点的介入"指导"必须建立在充分尊重个体价值与尊严的基础上。

（二）人本主义心理学理论对重残儿童送教上门的启示

联合国教科文组织认为，每个儿童都有接受教育的权利，都有其独特的个人特点、兴趣、能力和学习需要。因此，成功的送教上门要根据重残儿童的兴趣、能力、障碍特点等，因地制宜、因人而异地开展个别化教育，强调通过改变课程及调整教学目标、教学内容、教学方法和评价方式等为其提供支持，以开展适合其需要的教育。

此外，以人为本、自我实现是人本主义的内核。科学告诉我们怎样改变事物，但价值观告诉我们什么值得改变。以人为本的价值观强调对差异的尊重，送教上门的出现正是基于个体独特的需求。送教上门这一做法不仅着眼于个体障碍的补偿，还注重个体的社会和情绪等方面适应技能的提升，关注其社区参与、有意义的社会关系、选择机会的增多，促使其获得受人尊重的体验。送教上门更关注提高教师、家长等重要人员在真实情境中改变问题行为的能力。送教上门从重残儿童的需要出发，尽量满足需要，而非仅提供有限的服务，让重残儿童别无选择地被服务。

第三节　医教结合理论基础

近年来，我国出台了一系列关于医教结合的重要的法律法规、政策文件，为重残儿童送教上门工作提供了操作指导。医教结合理论起源于上海，后在全国普及，同处长三角、区位优势明显的江苏也对此理论进行了积极实践。本节以上海、江苏两地为重点展开论述，先纵向述评上海、江苏两地的有代表性的医教结合重要理论、政策，再对两地政策、文件做横向对比，力图从中得到些许启示。

一、上海市医教结合理论

（一）发起

2012年，上海市卫生局、上海市教委联合下发了《上海市医教结合特殊儿童健康评估实施方案》，这是最早的关于医教结合健康评估的实施方案。该方案明确了包括重残儿童在内的所有特需儿童的残疾诊断、健康状况、入学健康医学评估意见的相关要求，并将此作为主要安置依据，同时在入学后建立个人健康档案，这意味着重残儿童的入学安置、建档取得了实质性的进展。

此外，该方案指出，要将定期和不定期的评估制度落到实处。比如，定期评估制度中不仅规定了区县卫生局和二级以上医疗机构为特需儿童健康检测、评估的实施主体，还明确了各类特需儿童所需进行评估的频次与内容。比如，文件明确规定，要发挥定点医疗机构的作用，为孤独症学生每两年开展一次儿童发育行为评估；为智力残疾学生每两年开展一次智力检测和社会适应能力评估，为脑瘫学生每年开展一次运动功能评估。听力残疾和视力残疾学生由对口医疗机构每年开展一次听力评估和视功能评估。

（二）发力

2013年，上海市政府持续发力，出台了《上海市实施〈中华人民共和国残疾人保障法〉办法》。该办法基于国家立法，其出台不仅意味着国家对残疾人各种权利的保护与重视，更意味着上海市从自身发展实际与国际大都市品质出发，拿出了一些有力的措施，在包括教育在内的各个部门与各个环节开展了规范高效、各司其职、联合融通的残疾人支持保障行动。与2012年的方案相比，这次的办法涉及面更广，职责功能更全面，部门之间联通、共享、协作的功能更强。下面我们重点关注教育部门的推动做法。

"预防和康复"这一章规定政府和各部门采取措施，"建立和完善残疾人康复服务体系，提供全程、系统的康复服务项目"。

第一，政府出政策、出硬件设施、出钱，起到把握全局、统筹安排各方资源的作用。具体说来，政府制定残疾人康复补贴政策，推行重度残疾人护理津贴制度；完善社区残疾人康复服务设施，整合各方资源开展残疾人托养、日间照料或居家养护服务。

第二，卫生计生部门出人才、出科室、办医疗机构。卫生计生部门建立和完善残疾人康复服务体系，提供全程、系统的康复服务项目，帮助残疾人恢复功能或补偿功能，增强其参与社会生活的能力；设立康复医学科（室），举办符合社会需求的康复医疗机构。

第三，残联出康复效果。残联加强康复服务机构的建设，提升康复训练的能力。

第四，企业出残疾人辅具并支持其充分发展。科技、经济、信息化、民政、财政等部门和残联应当鼓励和扶持残疾人辅助器具产业发展，构建辅助器具的研发、生产、供应、评估、适配、训练服务体系，完善辅助器具综合信息服务平台，为有需求的残疾人提供系统性的辅助器具适配服务。

第五，特殊教育学校直接对特需儿童进行训练。在政府统筹，卫生计生部门、残联、社区、相关企业等的前期医学康复人才、硬件设施场所、预防与康复专业技术、辅具适配等充分介入的前提下，特殊教育学校等从康复课程的角度出发，根据需要，指导和帮助残疾人进行身体机能、自理能力、劳动技能的训练，为残疾人提供康复服务。当然，教育不能等、不能靠要，重残儿童不能被耽搁，并非要等万事俱备才施以援手，而需要特殊教育教师随时随地行动起来。如果重残儿童送教上门工作建立于上述各部门共同努力的基础上，则无疑会事半功倍。

"教育"单列一章，重点讲到对于不能到学校就读的重残儿童少年，教育部门应当建立统一的学籍管理制度，组织开展送教上门服务。此外，应发展远程教育，设置适合残疾人学习的专业课程，为残疾人接受终身教育创造条件。由此可见，十年前上海市已经明文规定重残儿童送教上门，从建籍入学到终身教育，这一教育历程几乎贯穿重残儿童的一生，可见政策的长期性。

在"无障碍设施"这一章，上海市政府考虑到重残儿童生活的方方面面，以便利、安全为前提，以家庭为圆心，以重残儿童的生活轨迹为半径，充分布局公共场所的无障碍环境，提高重残儿童的生活品质与社会参与度。其中的每一条，在现在看来都具有现代性、超前性。其主要内容包括：各级政府对重残家庭设置无障碍设施给予适当补贴；公共机构、场所通过语音和文字提示并逐步采用手语、盲文等方式，为残疾人提供信息交流服务；公交运营单位逐步配置无障碍车辆，并设置便于识别的无障碍运营标志，运营车辆上配备语音和字幕报站系统，并保持正常使用；标明无障碍停车位，供肢体残疾人驾驶或者乘坐的机动车使用；盲人可以携带导盲犬出入公共场所或者乘坐公共交通工具。

（三）发展

2015年，上海市教委、上海市卫计委出台了《关于开展特殊教育医教结合工作的通知》。如果说2012年的方案侧重健康评估等医学、教育基础性工作，那么2015年的通知则意味着重残儿童的医教结合的深入开展。这里重点剖析"特殊教育机构与医疗机构合作制度""医教结合教师队伍建设"这两个操作性极强的条款。

一是特殊教育机构与医疗机构合作制度。该条款从资源整合、优势互补的角度规定了特殊教育机构与医疗机构的职责与对二者的管理。职责上强调专业分工与合作，医疗机构选派听力障碍、视力障碍、智力障碍、脑瘫、孤独症等方面疾病的专家，为在教育机构中接受特殊教育的残疾儿童提供医学检测、评估、康复指导等服务，并开展教师培训与咨询。特殊教育机构要充分利用各种资源，全面落实课程纲要，加强教育与康复的有机结合，注重采取多种手段对残疾学生实施个别化教育与康复，加强康复教师队伍建设，整体提高学校的教育教学与康复水平。此外，在管理上采取市、区合作的管理方式。盲校、聋校与医疗机构的合作由市教育局和卫生计生部门负责安排；辅读学校和智障学校学前特教点与医疗机构的合作由区县教育局与卫生计生部门负责安排，各区县要根据市级层面制定的实施意见做好各项工作。这也就有了后来在江苏乃至全国都提倡的盲、聋生在大市就读，以智障为主的学生在区县就读的招生办学行政区划。

二是医教结合教师队伍建设。重点是特殊教育学校要配备康复教师，专业师资力量的介入意味着送教上门工作取得突破性进展。康复教师要了解残疾儿童的生理、心理特点，提高筛查、检测、评估、康复指导等相关专业技术水平。

（四）崛起

2022年，上海市政府办公室转发了上海市教委等八部门制定的《上海市特殊教育三年行动计划（2022—2024年）》，该计划的发布意味着重残儿童的医教结合不仅是理论、理念，还是特殊教育三年行动计划的重要组成部分，更是各部门高度协作系统运行的最新成果。如果之前的努力是土壤，是枝叶，是花朵，那么此行动计划就是果实，是保障，是众因素、各部门合力运作的成果。为了让每个特殊儿童都有人生出彩的机会，上海市打通了送教上门的"最后一公里"。

首先，这是八部门共同制定的文件。经过近十年的发展，重残儿童医教结合这个板块不但有自己的办学规律，在特殊教育专业领域精耕细作，实现自身各环节的高效运转，而且作为八个高相关、高融合部门的其中一环，参与整个社会系统的运转。目标里面提到医教结合长效机制进一步优化，落实各学段残疾儿童青少年"一人一案"，提升医教结合专业服务的针对性和有效性，与其他目标齐头并进。

其次，从课改角度规范了送教上门的课程与教学，明确送教上门的课程内容包括教育、康复、保健；实施送教上门的人员包括残联、卫生计生部门和区镇特殊教育教师；送教上门的管理要求包括定人、定点、定时、定内容的个性化送教服务。

再次，"医教结合"部分作为行动计划里主要措施的一个重要方面，主要规定了三个方面的内容，每个内容都有详细的措施，这充分保障了送教上门的质量。一是落实长效工作机制。通过夯实教育、卫生计生、民政、残联等部门共同参与的医教结合管理机制，绑定多方，以保证重残儿童的早期预防和发现、入学评估、教育康复保健服务、社区关爱、转衔安置等全过程管理水平。二是完善"一人一案"建设。这里强调的是涵盖从幼儿园到高中阶段的数字化的"一人一案"，且将康复、保健服务方案纳入残疾儿童青少年个别化教育计划，将各类评估结果作为制订和调整个别化教育计划的重要依据。三是推进个别化保健服务。这里强调的是明确了学校的保健工作职责，特殊教育教师不仅进行课程教学，还承担保健工作。这也是医教结合的一个缩影。

最后，在管理机制上规范了四个方面。送教上门作为其中的一项，单列一节。从目标制定到课程改革到行动措施再到管理规范，重残儿童送教上门的医教结合形成了一个相对完整的闭环。每个环节至少是一大段文字描述，甚至几大段文字描述。从早期国家文件里关于"送教上门""医教结合"只有一两句话，到专门颁发文件，再到整个特殊教育行动计划里详细论述，其法律效应、教育效果是大不相同的。上海市的医教结合是与上海市经济发展相适应的标杆，也是全国独一份的上海答卷。

二、江苏省的医教结合理论

（一）江苏省重残儿童医教结合理论的形成基础

江苏省重残儿童医教结合理论离不开中共中央、国务院与教育部等制定的一系列文件的支撑。

2008年出台的《中共中央 国务院关于促进残疾人事业发展的意见》就提到重残儿童的教育、就业、无障碍建设等问题。在教育上，要求"逐步解决重度肢体残疾、重度智力残疾、失明、失聪、脑瘫、孤独症等残疾儿童少年的教育问题"。这里明确提出了重度且6个残疾种类的特需儿童的教育。在就业上，提出残疾人的岗位性质为"公益性岗位"，且"党政机关、事业单位及国有企业要带头安置残疾人"。在无障碍设施的建设和改造上，"要求制定、完善并严格执行有关无障碍建设的法律法规、设计规范和行业标准"。这些都是极其重要的信号，说明国家重视重残儿童的教育、康复、就业问题,并为此布局和设计相关标准。

2015年,《教育部关于印发〈特殊教育教师专业标准(试行)〉的通知》提到了特殊教育教师的专业能力,其中的"沟通与合作"能力有5个方面的体现,对相关教师从事重残儿童送教上门工作、增强跨专业合作能力有帮助。这5个方面分别侧重于辅助技术沟通、提供教育咨询、同行间经验与资源分享、普特教育工作者的合作指导、学校与社区的合作互助。此外,2022年,《教育部关于印发〈特殊教育办学质量评价指南〉的通知》的发布,有作为基本原则的"四个坚持"的加持,让包括送教上门在内的特殊教育办学质量保证更加有据可依、有章可循。"四个坚持"具体包括坚持正确方向、坚持育人为本、坚持统筹兼顾、坚持以评促建。

上述政策为重残儿童送教上门文件的出台奠定了良好的基础。自2015年起,江苏省相关政策密集出台,重残儿童送教上门医教结合理论应运而生,迎来了全新发展。

(二)江苏省医教结合理论概述

江苏省有着自己的地域经济、文化教育传统及时代发展需求。自2015年起,江苏省对标国家出台的三期特殊教育发展计划,出台了三期高标准发展提升计划。值得注意的是,国家乃至各省一期、二期都是"发展计划",后期升级为"发展提升行动计划",多了"提升""行动"两个动词,可见国家意志的坚定、行动的坚实。从名称的变化可以看出特殊教育不仅要发展,还要在此基础上有所提升并落实。与此同时,对"重残儿童""送教上门""医教结合"都有提及,且字数越来越多,越来越专业。下面择几个重要文件进行探讨。

2017年,江苏省出台了《江苏省第二期特殊教育提升计划(2017—2020年)》。首先看发展格局:仍以特殊教育学校为骨干,以送教进社区、送教上门及远程教学为补充,特殊教育教师仍承担着送教上门的主要工作。其次看发展目标:根据推算,到2020年,学前残疾儿童三年入园率达80%,那么,学前送教上门率应为20%,义务教育阶段送教上门率应为2%,高中阶段送教上门率也应为20%。尽管学前残疾儿童可能有一部分在康复疗愈,高中有一部分重残少年可能被安置在企业,但学校是承担教育责任的主体。江苏是普及十五年义务教育的省份,重残儿童的教育教学仍是教师的主要任务。再次看重点任务:为提高特殊教育质量,建立多部门协作机制,加强专业人员的配备与合作,实施医(康)教结合基础上的个别化教育,提高残疾学生评估鉴定、入学安置、教育教学、康复训练的精准性和有效性。这里以文件的形式,明确提出了实施"医(康)教结合基础上的个别化教育",各部门的合作、专业人员的介入力度明显变大,专业性要求更高。最后看主要措施:重残儿童的特教班学点可以由残联、民政、教育三方中的任意一方组建,也可由三方联合制定送教上门办法,提供规范、有效的康教服务。送教学生数一般不超过当地义务教育阶段适龄残疾学生总数的5%。这里着重提到送教上门各部门的职责与合作。

此外,值得一提的是,重残学生全部被纳入学籍管理、八倍及以上生均公用经费的拨付、十五年义务教育全免费、高校对复合型师资力量增强培养的范畴。下面对江苏省出台的三个重要文件进行梳理分析。

1.《关于做好义务教育阶段重度残疾儿童少年送教服务工作的指导意见》

2020年,江苏省教育厅等部门出台了《关于做好义务教育阶段重度残疾儿童少年送教服务工作的指导意见》，这是送教上门的重磅文件，是计划书，更是操作手册。据此，教育工作者应该做什么、怎么做、谁来做、做的标准是什么、做得怎么样等一系列问题有了清晰的流程与脉络、方向与指征。择其要，梳理如下：

（1）送教工作的服务对象及服务类别界定清晰

服务对象：江苏省户籍；6—15周岁；经过评定的；不能达到培智课程标准最低要求的；不超过义务段残疾儿童总数的5%；重残儿童。送教点有5个可选：儿童福利机构、康复机构、"残疾人之家"、医疗机构、家庭。

（2）送教服务对象的认定及安置程序专业规范

程序有7步：第一步：5月前监护人提出入学申请；第二步，特殊教育指导中心牵头组织诊断评估，确定送教服务对象；第三步，特殊教育指导中心组织教育、卫生健康、民政、残联等部门及监护人商定送教具体地点，并将送教名单送至各家、各机构；等四步，6月底之前，承担送教服务的学校、福利机构、"残疾人之家"、康复机构、医疗机构提供包含送教服务内容、地点、时间和频次等的服务清单，并与服务对象的法定监护人签署服务协议；第五步，暑假期间，学校及相应机构对无障碍环境进行改造，添置教育和康复设备，组织人员培训，共研个别化教育和康复方案；第六步，9月前后，各部门做好送教对象建立学籍支持工作，卫生健康部门为其建立康复治疗和上门体检档案；第七步，每年10月上旬，省教育厅将残疾学生学籍数据共享给省残联，纳入省残联相关系统管理并提供给基层残联，便于开展动态更新入户调查时进行核查。

（3）送教服务的工作要求严密科学

送教服务上升到国家战略、发展的高度，"送教服务是提高教育、康复、脱贫工作质量和精准度的重要举措，各地各有关部门应切实履行职责、主动担当、精诚协作，共同筑牢社会公平和文明的底线"。

第一，特殊教育指导中心保质量、保效果。由特殊教育指导中心做好送教服务的统筹协调工作，设计好组织架构和管理机制，确保义务教育全覆盖、零拒绝。具体规定了送教实施主体——由各地特殊教育指导中心会同学生所在学区普通学校或融合教育资源中心共同实施；规定了送教课时量及要求——比如，送教上门一般每月不少于2次，每次不少于3课时，每次送教应安排2名以上教师同行；规定了送教服务要求——做好送教服务现场的工作记录，并将其上传到江苏省特殊教育学籍管理系统，确保送教服务工作质量。此外，还规定了各方共同制订个别化服务方案；帮助儿童彼此间增进了解，开展社会实践活动等。该条款从"教"的角度，确保了重残儿童接受教育的质量和效果。

第二，送教服务点提供优质服务。各服务点满足送教需要，实行"康教结合、以康为主"，配合学校送教上门教师做好教育工作，并提供托管服务。各地残联提供免费基本康复服务，鼓励、协助法定监护人将服务对象定时接送到相应的送教服务点。该条款从"康"的角度，确保了每个重残儿童都能享受康复训练、日间照料服务。

第三，卫生健康部门做好"吹哨人"。建立首诊通报机制，明确了医疗部门对于重残儿童在内的未入学儿童的通报、鉴定、安置及工作重点：配合教师施教，做好教育康复人员的专业培训。该条款从"医"的角度进行了任务布置。

第四，各级民政部门保民生。各级民政部门应积极协助教育部门和残联做好义务教育阶段适龄未入学残疾儿童少年的摸排、核实工作，督促各方履行教育义务，负责做好儿童福利机构送教服务点的组建、管理和教育工作。该条款从民生角度，确保重残儿童的受教育权、服务和照护权、受帮扶资助权，乃至重残家庭自我救助、自主就业的能力提升。如此，民政部门让重残儿童倍感亲切、倍感温暖。

（4）送教服务的保障机制健全高效

第一，财力保障。义务教育阶段适龄重残儿童少年的送教服务实行免费教育制度。如此，重残儿童的八倍以上生均公用经费、基本康复费、医保报销有了一定保障。重残儿童的送教上门工作不仅考验一个地方的教育医疗水平，还考验其经济实力。

第二，人力保障。各地教育、民政、残联部门应选派责任心强、富有爱心、业务水平较高且具有丰富实践经验的教师（或退休教师）、康复师承担送教服务相关工作，建立"一生一案"的个别化康教服务专业管理机制。这考验的是师资力量的专业化、复合化。

第三，脱贫保障。送教服务是义务教育控辍保学工作的"最后一公里"，是责任督学日常督导工作的重要内容，是政府及各级部门履职的重要体现。这是从国家战略发展的角度推动残疾人小康的进程，对残疾人脱贫具有划时代意义。

2. 《江苏省"十四五"特殊教育发展提升行动计划》

2022年，江苏省政府办公厅转发了江苏省教育厅等部门联合制定的《江苏省"十四五"特殊教育发展提升行动计划》。在"总体要求和目标任务"这一部分，特别值得一提的有以下两点。

（1）医康教高度融合

第一，打破信息壁垒，实现数据互通。"各地各有关部门要推动特需儿童教育、医疗、康复服务定点机构及服务内容共享。"第二，服务范围扩大，四方共同确定。送教上门服务对象的年龄从3—15岁拓宽为3—18岁，且由各级教育、卫生健康、民政和残联等部门共同确定，多方面综合衡量重残儿童的障碍及其程度。第三，医疗机构从源头介入，参与鉴定评估。由各医疗机构提供的入园入学体检报告应包含儿童发育障碍信息，要选派定点医疗机构的医务人员参与教育部门组织的特需学生教育评估，并提供综合诊疗服务及干预指导，每月至少参加1次医教结合活动。

（2）经费投入持续加大

第一，坚持特教特办、重点扶持特殊教育发展工程。钱流向哪里，心意就在哪里。第二，坚持公用经费的八倍以上拨付。到2025年，每生每年不低于7 000元，关于这一点江苏省早已达到，有的县级市早在2018年就达到了1万元，如此看来，当地教育部门对特殊教育有着特别的情怀。第三，实现资金使用效率最大化。"各级教育、卫生健康、民政、残联等部门要统筹使用特殊教育、医疗、康复等经费实现资金使用效率最大化"，资金要用在刀刃上。当然，其中明确了资金结算部门、资金申请办法。第四，特需学生从学前教育到高等教育实行全免费。特需儿童入学、医保、就业保障金等费用由相关部门足额拨付。这再次从财力上保障了重残儿童医教结合的经济基础。

3. 《关于印发江苏省残疾预防行动计划（2021—2025年）的通知》

与此同时，江苏省人民政府办公厅发布了《关于印发江苏省残疾预防行动计划（2021—2025年）的通知》。从时间上看，该计划与《江苏省"十四五"特殊教育发展提升行动计划》在差不多的时间横空出世，前者在5月出台，从"医（康）"的角度出发,后者在 7 月出台,从"教"的角度出发,相互辉映,相得益彰,都在各自领域用 5 年的时间做了深度回应与深刻融合。

(1) 工作目标明确,主要指标细致

到 2025 年,进一步完善江苏省残疾预防政策体系和残疾预防服务网络。主要致残因素得到有效控制,残疾康复服务状况持续改善,江苏省残疾预防工作走在全国前列。主要指标非常细致,包含残疾预防知识宣传行动、出生缺陷和发育障碍致残控制行动、疾病致残防控行动、伤害致残防控行动、康复服务促进行动等 5 个方面,共 25 个指标,每个指标都有对比,比如,残疾人基本康复服务覆盖率,2020 年大于 80%,2025 年大于等于 98%。这样的指标既简明又生动。

(2) 重点任务清晰,各系统全面推进

比如,"加大残疾预防专业培训力度"部分提到"扩大预防医学、康复医学、职业健康等紧缺人才培养规模,建立以全科医生、专科医生、妇幼保健人员、残联工作人员、康复机构工作人员为主体的残疾预防宣教队伍,定期培训残疾预防和出生缺陷防治知识,确保残疾预防知识规范、有效传播",有牵头,有落实。

又比如,"推进康复医疗服务"部分分得很细,行动明确,包括:一是加强康复医疗人才教育培养;二是整合资源,推动康复服务向各类助残服务机构和平台延伸;三是健全康复专业医疗服务体系,提高医疗机构与残疾人专业康复机构双向转诊转介效率。四是规范社区康复服务,夯实社区康复基础。

再比如,"保障残疾人基本康复服务"部分主要包括四点:第一,持续组织实施残疾人精准康复服务行动;第二,完善残疾儿童康复救助制度,重点加强 0—6 岁残疾儿童的抢救性康复工作,推进县域残疾儿童康复全类别覆盖;第三,将区域性儿童福利机构、学前融合教育中心纳入残疾儿童定点康复机构,确保残疾儿童"应康尽康、应康优康";第四,开展残疾人社区康复,着力推进精神障碍社区康复服务。

综上,三个文件从不同角度对医教结合进行了制度保障与实施规定,是本书研究的理论基础与实践指南,更为后续模式与机制的研究打开了思路。三个文件提供了众多模式与机制,列举如下:

以"模式"为关键词,三个文件中共提及了"日间照料模式""特需儿童和普通儿童共同成长的融合教育模式""委培、订单式培养模式""公益普惠、高质量融合的江苏特殊教育发展模式"。

以"机制"为例,三个文件中分别提及了"组织架构和管理机制、首诊通报机制、送教服务的保障机制、个别化康教服务专业管理机制、教师收入分配激励机制""特殊教育管理机制、健全激励机制、特殊教育正高级教师特级教师培育机制、健全多方协调联动的特殊教育推进机制""以一级预防为重点的三级预防机制、新生儿出生缺陷筛查、诊断、干预一体化工作机制、信息共享机制、多渠道筹资机制"。

三、上海市和江苏省两地重残儿童送教上门医教结合政策比较

(一) 上海市实施早,起点高

上海市实施医教结合的时间远远早于江苏省。早在 2012 年,上海市教委及上海市卫生局就下发了《上海市医教结合特殊儿童健康评估实施方案》,该方案以附件的形式详细规范了相关操作流程及规范文书样式,包括残疾诊断报告、上海市特殊儿童入学健

康评估表、入学健康评估通知书、特殊儿童入学健康评估统计表、告家长书、特殊儿童入学健康评估工作流程图。这样，医教结合一开始就高起点、严要求、可操作、可推广，后续的文件出台只会在原有的基础上更完善、更精准、更利民。身为教育大省的江苏省不甘落后，但实施时间相对较晚，起点也较低，各部门之间的合作分工也需要一个过程。

（二）江苏省善学习，有创新

2017年的《江苏省特殊教育二期提升计划（2017—2020年）》，首先提出了医（康）教结合基础上的个别化教育计划，至此，"康"字第一次出现在文件中，且与"医""教"并列并重。当然，"康"字上面加了一个括号，可见其慎重严谨，出发点也许是在工作中发现有时候学生的教育更多与医疗相关，有时候更多与康复相关。医疗和康复是不同的路径。2022年的出台的《江苏省残疾预防行动计划（2021—2025年）》与《江苏省"十四五"特殊教育发展提升行动计划》可谓是医教结合的"双璧"与"典范"，至此，二者在发挥重残儿童送教上门方面既能结合得严丝合缝，又能独当一面。值得一提的是，《江苏省残疾预防行动计划（2021—2025年）》里的"省中医药局"也介入推进康复医疗服务。这是一个可喜的进步，中医药价格低廉、安全有效，在医疗康复领域承担着重要使命，国家对中医的珍视与保护乃中医之幸、重残儿童康复的福音。总之，每个文件都从政策上、专业上展现了在深度融合的背后，其作为操作指南、实施纲要的分量与定位。

第四节　其他理论基础

融合教育源于20世纪70年代特殊教育领域的"回归主流"运动，即尽可能创造一切条件，让特殊儿童无限接近普通儿童，并最终"回归主流"。联合国教科文组织在于西班牙萨拉曼卡召开的"世界特殊需要教育大会"上明确提出了"融合教育"思想。随着时代的发展，我国特殊教育的发展也已进行了演变。在"平等之人"的基础之上，特殊教育从过于强调区隔转向与普通教育融合，从过于强调社会意义转向关注儿童的主体价值，从过于强调缺陷补偿转向潜能开发，从过于强调身心补偿转向精神超越。[①] 重残儿童作为独立的个体，有着接受平等教育的权利，基于以学生为本的学生观、以融合为导向的送教上门工作响应了全纳教育的理念，帮助特殊儿童发展自我、融入社会乃至实现自我价值。除了前三节所阐述的社会学、心理学、社会建设及医康教结合理论外，还有很多成熟的理论与重残儿童送教上门的理念相契合，对融合教育背景下的送教上门具有较强的指导意义。本节主要从多元智能理论、生态系统理论、群际接触理论的概念和内涵出发，探讨其对重残儿童送教上门工作的启示。

一、多元智能理论

多元智能理论（Theory of Multiple Intelligences，简称"MI理论"），又称"多元智力理论"，是美国教育学家和心理学家加德纳在1983年出版的《智能的结构》（*Frames*

[①] 马金晶，陈梦鸽，梅越．"培养什么样的人"：特殊教育的历史回答［J］．绥化学院学报，2020，40（10）：11-13．

of Mind：The Theory of Multiple Intelligence）中提出的一种全新的人类智能结构理论。

(一) 多元智能理论概述

传统的智能理论认为，智力是以言语语言能力和数理逻辑能力为核心、以整合的方式存在的一种能力。在这样固定的观念下，以传统的智力观为基础的智力测试和考试，也主要集中在语言表达和数理推断方面，不能全面反映学生的能力，忽略了学生的音乐、空间感知、肢体动作及人际交往等方面对人的发展具有同等重要意义的其他能力。加德纳强调人类具有的智能是解决问题和创造产品的能力，即能够针对某一特定目标，找到通向并实现这一目标的正确路线的能力。[1] 同时，在加德纳看来，智能与一定社会和文化环境下人们的价值标准有关，这使得不同社会和文化环境下的人们对智能的理解及对智能表现形式的要求不尽相同。[2] 可见后天的教育环境对个体的发展也能产生极大的影响。

而多元智能理论认为，智力不是一种能力，而是一组能力；不是以整合的方式存在的，而是以相互独立的方式存在的。它包括言语语言智能、数理逻辑智能、视觉空间智能、音乐韵律智能、身体运动智能、人际沟通智能、自我认识智能、自然观察智能。每种智能维度的内涵见表 2-1。

表 2-1　多元智能理论的各智能维度的内涵[3]

智能维度	内涵
言语语言智能	人们掌握和灵活运用语言的能力，表现为用词语思考，用语言和词语的多种不同方式来表达复杂意义
数理逻辑智能	人们对逻辑结果关系的理解、推理、思维表达能力，突出特征为用逻辑方法解决问题，有对数字和抽象模式的理解力，以及认识、解决问题的应用推理能力
视觉空间智能	人们对色彩、形状空间位置的正确感受和表达能力，突出特征为对视觉世界有准确的感知，产生思维图像，有三维空间的思维能力，能辨别并感知空间物体之间的联系
音乐韵律智能	人们感受、辨别、记忆、表达音乐的能力，突出特征为对环境中的非言语声音，包括韵律和曲调、节奏、音调音质的敏感性
身体运动智能	人们身体的协调、平衡能力和运动的力量、速度、灵活性等，突出特征为利用身体交流和解决问题，熟练地进行物体操作及需要良好动作技能的活动
人际沟通智能	人们对他人的表情、说话、手势动作的敏感程度及对此做出有效反应的能力，表现为个人能觉察、体验他人的情绪情感并做出适当的反应
自我认识智能	个体认识、洞察和反省自身的能力，突出特征为对自己的感觉和情绪敏感，了解自己的优缺点，用自己的知识来引导决策，设定目标
自然观察智能	观察自然的各种形态，对物体进行辨认和分类，能够洞察自然或人造系统的能力

---

[1] 邓猛. 融合教育理论指南 [M]. 北京：北京大学出版社，2017：113.
[2] 邓猛. 融合教育理论指南 [M]. 北京：北京大学出版社，2017：114.
[3] 钟志贤. 多元智能理论与教育技术 [J]. 电化教育研究，2004，25 (3)：7-11.

（二）多元智能理论对重残儿童送教上门的启示

结合重残儿童的身心发展特点来看，多元智能理论对融合教育背景下的重残儿童送教上门工作具有一定的启示和意义。第一，依据加德纳对于智能的定义，我们在开展重残儿童送教上门工作时，需要考虑重残儿童的文化背景、生活环境及他们解决实际问题的能力。多元智能理论在实践中是与"生活化教育"相关的，该"生活化教育"并不仅仅指的是生活技能，而是指在生活情境中解决问题的能力。① 因此，我们要为重残儿童围绕其生长环境，营造一个生活化的教育环境，选择适宜其发展自身解决问题能力的教育内容，以帮助其自主生活、独立解决生活难题为目标。我们不应以重残儿童"学会了多少知识""与同龄孩子的差距"为判断标准，而是应该以他自身为衡量依据，从本体出发，纵向比较其学习效果，如以"当自己遇到障碍时，是否能够独立面对？是否能够应用学到的知识来解决问题"为评价标准，并引导重残儿童在这样的动态过程中，逐步提升自我"智能"。第二，我们要正视重残儿童的能力，开发其潜能。重残儿童虽存在身体状况差、障碍程度重等现实困境，但这并不代表他们"一无是处"，他们有着自身发展的"潜在生长点"。对重残儿童开展送教上门工作时，我们应对其进行前期评估，除了评价其发展现状外，还应对其潜在优势进行评估，并在后期开发该潜在优势。例如，对于某重度脑瘫儿童，他在数学逻辑智能方面极具天赋，那么在后期我们除了围绕其运动能力进行专项康复外，还要开设专项数学课程，对其数学逻辑进行重点开发，并使其最终将学到的知识应用于社会，实现自身的人生价值。

二、生态系统理论

生态系统理论（Ecological Systems Theory），由著名心理学家布朗芬布伦纳提出，强调发展个体嵌套于相互影响的一系列环境系统之中，在这些系统中，系统与个体相互作用并影响个体发展。

（一）生态系统理论概述

生态系统的提出有着较为深厚的理论渊源。1977年，美国心理学家班杜拉出版了《社会学习理论》（*Social Learning Theory*），他从人的社会性角度研究学习问题，认为人的行为的变化既不是由个人的内在因素也不是由外在的环境因素单独决定的，而是由二者的相互作用决定的。② 可见环境与人之间存在双向作用，即环境既影响个体的发展，也受发展的个体的影响。但在前述的理论中，并未对环境与人之间是"如何影响"的过程做明确说明。生态系统理论将发展的个体放置在一个存在多维度的多层环境中，从直接环境（如家庭）到间接环境（如家长的工作）再到宏观环境（如社会文化），将个体嵌套其中。

布朗芬布伦纳将个体所处的生活环境分为四个系统，分别是微观系统、中间系统、外层系统和宏观系统。这四个系统相互联系、相互作用，对个体的发展影响深远。各系统所处的位置与内涵见表2-2。

---

① 邓猛. 融合教育理论指南 [M]. 北京：北京大学出版社，2017：115.
② 林崇德. 发展心理学 [M]. 2版. 北京：人民教育出版社，2009：46.

表 2-2　各系统的位置构成与内涵解释[①]

系统	位置	内涵
微观系统	最里层	指个体活动和交往的直接环境，这个环境是不断变化和发展的，是环境系统的最里层。对于大多数婴儿来说，微观系统仅限于家庭。随着婴儿的不断成长，其活动范围不断扩展，幼儿园、学校和同伴关系不断被纳入婴幼儿的微观系统
中间系统	第二层	指各微观系统之间的联系或相互关系，如儿童在家庭中与同胞兄弟姐妹的相处模式会影响他在学校中的同伴关系
外层系统	第三层	指那些儿童并未直接参与却对他们的发展产生影响的系统，如家长的工作环境等
宏观系统	最外层	指存在于前3个系统中的文化、亚文化和社会环境，是一个广阔的意识形态。它规定如何对待儿童、教给儿童什么及儿童应该为之努力的目标

环境层次的最里层是微观系统。布朗芬布伦纳强调，为认识在微观系统中儿童的发展，我们必须看到所有关系都是双向的，即成人影响着儿童的反应，儿童的生理属性、人格和能力也影响着成人的行为。当儿童与成人之间的交互反应很好地建立并经常发生时，会对儿童的发展产生持久的作用。但是，当成人与儿童之间的关系受到第三方影响时，如果第三方的影响是积极的，那么成人与儿童之间的关系会进一步发展。美国教育家劳拉曾对父母的婚姻状况与儿童行为之间的关系进行研究，发现婚姻冲突是与不能坚守的纪律和对儿童敌对的反应相联系的。

第二层是中间系统。布朗芬布伦纳认为，如果微观系统之间有较强的积极联系，发展可能实现最优化。反之，微观系统间的非积极的联系会产生消极的后果。例如，在当今重残儿童家庭中，不少家庭会选择生育二胎或三胎，部分家长会将养育重点转移至家庭中的普通儿童，"重燃"他们所认为的"希望"。在此过程中，重残儿童或许会受到"冷落"，他们与家长、与同胞兄弟姐妹的相处模式会间接影响到他们与其他人的相处模式，这对其身心发展乃至今后的社会性发展都是极其不利的。

第三层是外层系统。例如，父母的工作单位、家庭所处的邻里社区等外部环境对儿童健康发展产生影响。外层系统对儿童心理成长的影响是潜移默化的、渐进式的，个体在心理发育成熟之前一直处于受环境制约的被动状态，在此层次系统中，在很大程度上显示出"环境决定人"[②]。由于自身障碍且又无法入校就读，许多重残儿童只能被迫待在家中，生活对于他们也许就是那一张张小小的床，或是迫于生活压力，他们的父母只能外出工作，他们与父母见面的机会少之又少。同时，特别是对于部分落后地区而言，邻里之间的闲言碎语也会影响重残儿童家庭的正常运转，这对重残儿童的成长也是极其不利的。

最外层是宏观系统。重残人群易被社会公众依据先验认知赋予"怪异""低能"等

[①] 刘杰，孟会敏. 关于布郎芬布伦纳发展心理学生态系统理论 [J]. 中国健康心理学杂志，2009，17（2）：250-252.

[②] 杜宁娟，范安平. 从 Bronfenbrenner 生态系统理论的外层系统看儿童发展 [J]. 健康研究，2013，33（1）：70-71，75.

消极社会隐喻，从而诱发污名化现象。在人类社会发展历程中，身体残疾所造成的污名化影响并非仅停留在歧视的表层，更多的后果将会延伸至社会文化层面，即伴随社会公众对残疾人社会身份的理解，残疾污名化逐渐演变为社会隔离现象，甚至演变为普通人群体针对残疾者的一种"压迫性"力量。① 可见若是置身于污名化的环境中，重残儿童会变得更加消极。

（二）生态系统理论对重残儿童送教上门的启示

结合重残儿童的身心发展特点，生态系统理论对融合教育背景下重残儿童送教上门工作的开展具备较强的启示意义。第一，重残儿童送教上门工作的对象，不是只有重残儿童本身，还包含其家长。依据生态系统理论，在家庭微观系统中，个体发展与其在独特物质性环境中所经历的活动、角色和人际关系模式密切相关，家庭亲子关系水平、父母的教养方式、家庭氛围等都会影响儿童的发展。因此，送教上门在向重残儿童传授知识的同时，还应向重残儿童家长传授育儿知识，开设家长课堂，做好家庭教育，共促重残儿童的健康成长。第二，传统残疾文化与习俗仍影响着社会大众对残疾人的认识与接纳，要发挥国家主流媒体的宣传作用，宣传现代文明残疾观，营造残疾文化宣传的正常氛围。只有在开放包容的社会环境下，送教上门工作才会获得更多的认可与支持，重残儿童才能真正融入社会。

三、群际接触理论

"群际接触理论"（Intergroup Contact Hypothesis），又称群际接触假设，是西方心理学界提出的一个有效消解群际偏见的策略理论。它是消除两个或多个群体间对立关系的理论，认为增加不同群体成员间的社会性接触将有助于群体间关系的改善。②

（一）群际接触理论概述

群际接触理论的提出源于实践。1948年，在美国商船中废除种族歧视之后，白人水手和黑人水手在相互协作的状态下进行海上航行，他们之间形成了更紧密的联系和更为积极的种族态度。同时，也有学者发现，与种族隔离区的白人相比，混住区的白人更愿意进行深入的跨种族接触，也拥有更加积极的种族态度。可见理论在形成之初，认为不同族群个体在实际的接触过程中感知到群际接触能够改善群际关系，但这样的理论认识是模糊的、个别的、不成系统的，不具备现实指导意义。1954年，美国心理学家戈登·奥尔波特在出版的《偏见的本质》（*The Nature of Prejudice*）一书中提出了"群际接触假设"。他认为，群体成员在互相不接触的情况下，往往不会对对方的真实情况特别了解，有可能会产生误会；只有增加不同群体成员之间的社会接触，才能增进了解，消除误解，改善群体关系。③ 从本质上看，群际接触为两个群体之间更新错误认知、形成正确认识提供了有效的实践方式。

此外，奥尔波特还指出，积极接触效应的产生只有满足以下四个接触条件，才可以达到缓解偏见与歧视的效果，具体见表2-3。

---

① 梅越，赵德虎，陆文深，等. 近20年来国际"残疾污名"的研究热点与前沿：基于Web of Science期刊文献的可视化分析 [J]. 现代特殊教育，2022（12）：51-60.
② 杨治良，郝兴昌. 心理学辞典 [M]. 上海：上海辞书出版社，2016：578.
③ 杨治良，郝兴昌. 心理学辞典 [M]. 上海：上海辞书出版社，2016：578.

表 2-3　群际接触须满足的四个接触条件[①][②]

条件	具体说明
地位平等	只有接触双方在接触情境中感知到地位是平等的，在平等地位基础上进行的交往接触才会产生修正观念的最佳效果。此外，地位平等与群际接触是相辅相成、彼此依赖的关系，不同群际在接触过程中也能促进彼此形成平等的地位
共同目标	积极接触通常涉及一个明确且得到群体认同的统一性目标，为了这一目标的达成，群体双方需要努力合作，充分进行信息的互通
群际合作	共同目标的实现要基于群体双方的合作，依赖于群体双方成员间的充分信任。在有效的合作任务中，群体之间会逐渐增强对彼此的新认知，最终完成目标并获得彼此认同，而这种合作并非展开非赢即输的零和博弈
权威支持	权威对接触双方的支持，可以加速彼此接纳的进程，更容易完成合作目标，达成接纳效果。如果群际接触受到政府当局、社会规范和法律法规等外在因素的支持，则会显著减少个体偏见

由此可见，对少数群体的认识必须来自直接经验和有可信度的信息源。[③] 群际接触条件的提出意义重大，奥尔波特明确指出，群际接触并非都会产生积极效应，若缺少或者严重违背接触条件就会导致消极接触，引发消极接触效应。[④] 群际接触条件对于积极接触效应的获得具有决定性的作用，有效的群际接触不只是"接触"而已。

(二) 群际接触理论对重残儿童送教上门的启示

结合重残儿童的身心发展及送教上门教育模式的工作特点，就重残儿童送教上门工作而言，群际接触理论具有理论性与现实性的双重指导意义。第一，我们要提升社会大众对重残儿童的正确认识，修正他们对于重残儿童的偏见。依据群际接触理论，当某一群体获取的关于其他群体的信息是错误的时，极易对其他群体产生消极偏见。实现社会融合是送教上门的终极目标，因此，我们要加强社会的残疾理解度，通过残疾知识宣讲、融合活动举办等，加大重残知识的普及力度，提高广大普通群众的了解度和接纳度，创造高度接纳、友好的送教环境。第二，群际接触理论实质上提示我们送教上门不仅仅是特殊教育教师的专职工作，而是需要全社会的共同参与。我们要充分利用志愿者、热心人士、儿童同伴、社区工作者等资源，以集中送教、普通学校送教、志愿者送教、小先生送教等形式，定点帮扶重残儿童的学习与康复，引导社会各界进入开放的送教场域，搭建"社区—机构—学校—家庭"协同送教体系。此外，应以送教上门为群际接触的接触条件，逐渐消解送教参与者对于重残儿童的原有错误认知，最终实现"普特双赢"。

[①] 李颖. 群际接触理论介绍及其发展 [J]. 山西经济管理干部学院学报，2008，16 (3)：62-63，68.

[②] SLININGER D, SHERRILL C, JANKOWSKI C. Chidren's attitude toward peers with severe disabilities: Revisiting contact theory [J]. Adapted Physical Activity Quarterly，2000，17 (2)：176-196.

[③] 时勘. 社会排斥与融合模式研究 [M]. 北京：经济管理出版社，2018：49.

[④] 何雪琴. 西方群际接触理论的相关研究及展望 [J]. 民族高等教育研究，2020，8 (1)：55-59.

第三章 重残儿童送教上门的模式建构

教育部等部门制定的《"十四五"特殊教育发展提升计划》中指出,要健全送教上门制度,推动各省(自治区、直辖市)完善送教上门服务标准,科学认定服务对象,规范送教上门形式和内容,加强送教服务过程管理,提高送教服务工作质量,能够入校就读的残疾儿童不纳入送教上门范围。我国各个地区都在进一步聚焦当前送教上门存在的问题,探索并实施送教上门实践模式,着力提升送教上门工作质效,以融入高质量特殊教育发展体系建设。目前,北京、上海、浙江、江苏、云南等地在实践中不断探索优化,诸多送教上门模式已经成型并产生一定影响,包括医教结合模式、互联网远程直播模式、5S 学习支持模式等,各地送教上门工作"百花齐放",每种模式都具有地方特色和实践亮点。

第一节 我国各地送教上门的实践经验

党的二十大提出强化特殊教育普惠发展,强调特殊教育的发展要普遍惠及全体特殊儿童,确保一个都不能少。我国各个地区不断积极探索送教上门的模式,希望能够找到一些比较好的模式,让重残儿童真正受益。

一、北京市海淀区的实践经验

早在 2005 年之前,海淀区残联在入户调查时就发现有大量的重度、极重度残障儿童每天被家长养护在家中,不能走出家门,给家庭造成了一定的负担。海淀区残联副理事长马广英发现这个问题后及时与海淀区教委沟通,商讨在教育上如何帮助这些有需求的患儿,通过教育改善患儿的生活质量。海淀区教委得知情况后,根据相关法律规定,为这些每天"以床为伴"的重度、极重度残障儿童开展送教上门活动,即教师到学生家中授课,把课堂设置在学生的家中,以此满足这些儿童的教育需求。

2005 年 11 月,海淀区教委、海淀区残联、海淀区妇联、共青团海淀区委联合举行了送教上门启动仪式,为重残儿童送教上门工作的开展拉开了帷幕,这个重任最终由海淀区的一所特殊教育学校——海淀区培智中心学校来承担。学校特地安排一名有丰富特殊教育教学和康复训练经验的骨干教师来负责送教上门工作。从 2009 年开始,海淀区的重残儿童都可以享受到特教小分队的送教上门服务,平均每个儿童每个月接受教育不少于4次。① 通过十年的实践摸索，海淀区送教上门工作从专业需求出发，介入康复手段，从最初的可行性研究阶段（2005—2008年），到送教上门的教学质量提升阶段（2008—2010年），再到现在走进社区，实现家庭、学校、社区三位一体的教育阶段（2010年至今），使人们逐渐认识到只有建立送教上门教育安置形式需要的保障体系，才能更好地为重残儿童提供教育服务，真正实现教育零拒绝。在这个过程中，学校、家庭、社会形成了网络，全方位为学生的教育服务，使重残儿童享受到了和在校学生一样的高质量教育。

2012年，北京市教委批准成立重点课题"向基础教育倾斜—教育教学改革创新—适龄重度和多重残疾儿童少年送教上门研究与实践"，委托海淀区培智中心学校负责该课题的研究工作，并且申请专项资金支持。随后，海淀区培智中心学校牵头成立北京市送教上门工作研究小组，引领各区县开展送教上门研究与实践，对北京市各区县的送教上门工作进行了大量的调研和分析，组织多次教研活动，对送教上门的课程评估、课程内容及评价细则等进行了研究和总结。在大家的共同努力下，由海淀区培智中心学校牵头成立的北京市送教上门工作研究小组的成员出色地完成了课题的研究工作，总结了北京市在送教上门工作中的经验，促进了送教上门工作的开展，使送教上门成为一种新的教育安置形式，实现了义务教育零拒绝，促进了中国特殊教育的进一步发展。

近几年，北京市海淀区特殊教育研究与指导中心开通了"海淀特教课程资源云平台"，在该平台上提供丰富多彩的课程。平台系统构建了创意美术课程、绘本阅读课程、认知发展课程、生活适应课程、运动训练课程与休闲游戏课程等六大类课程，涵盖特殊学生发展的主要领域。教师和家长可以根据学生发展特点选择适合的课程，实现"菜单式"选课，满足学生的个性化学习需要。巡回指导教师、资源教师、随班就读教师、特殊教育学校教师、特殊教育助理教师、送教上门教师等不同角色的教师不断更新优质资源，实现了优质资源共享，促进了送教上门工作的多元融合。

二、上海市各区的实践经验

1999年，卢湾区最早在上海市义务为重残儿童提供送教上门服务。2001年5月，上海市计委、上海市残联等部门将送教上门作为一种特殊教育的形式写入《上海市残疾人事业"十五"计划（2001年—2005年）》。

2013—2014年，上海市教委牵头成立送教上门项目研究组，重点研究义务教育阶段送教上门的工作规范问题。项目组全面调研了全市所有区县送教上门的工作制度、师资队伍情况，并对全市400多名送教上门服务对象进行了摸底分析，在此基础上逐步形成送教上门工作规范，重点解决送给谁、送什么、如何送、由谁送等问题。

2015年1月，宝山区被教育部批准为国家特殊教育医教结合改革实验区。基于此，宝山区在开展送教上门工作时，建立送教送医工作机制，完善送教上门工作规范化管理制度，定期组织健康检查，探索送教送医工作模式，取得了明显成效。长宁区探索以医教结合为主要支持的多学科综合服务机制，形成了多样化送教服务的安置形式。通过整合社会资源，探索开发并实施康复训练课程、生活品质课程、基础知识课程等三类课程，采取区域送专业康复师进家庭、学校送康复进家庭、学校及中心组织康复训练等形

---

① 赵小红. 地方特殊教育立法的进展、问题与建议 [J]. 中国特殊教育，2018（7）：3-8.

式，满足重残儿童的个性化送教服务需求。徐汇区在评估安置中形成了"发现与咨询—评估与鉴定—安置与转介"三环节区级评估模式，入选教育部基础教育司的"各地特殊教育工作案例"，在开展送教上门学生入学入园评估工作时，由儿科康复科专家对严重肢体障碍学生开展送医上门评估，并落实上海市"五大领域评估"工作要求，制订评估方案，组织专题培训，全部完成幼儿园小班、小学一年级和初中六年级学生的社会适应能力评估。青浦区成立了未入学适龄特殊学生送教上门志愿者服务队，实现了青浦区特殊教育零拒绝。

2022年9月，上海市教委等八部门制定了《上海市特殊教育三年行动计划（2022—2024年）》，基于深化特殊教育课程改革的目标，进一步规范送教上门课程与教学，明确了送教上门课程的实施要求，提出要充分利用残联、卫生健康部门和街镇等各方资源，合理安排教育、康复、保健等内容，实施定人、定点、定时、定内容的个性化送教服务。同时，加强家庭教育指导，增进家校合作，切实提高送教上门质量。此外，还规范了送教上门管理工作，要求制定送教上门管理制度，科学认定服务对象，规范服务形式和内容，有效利用社会资源，积极推动送教与送医相结合、上门送教与远程教育相结合、学校资源与社区力量相结合。

三、浙江省桐乡市的实践经验

浙江省桐乡市根据实际情况制订送教上门实验方案，实行教育与残联信息共享，提供重残儿童康教一体化服务，将康复理念和技术送入重残儿童家庭，让重残儿童在最佳康复年龄段得到及时的康复治疗；统筹普通学校、特殊教育学校教育资源，编印送教辅助教材，通过"特殊教育学校+普通学校"的方式为重残儿童少年提供送教上门或远程教育等服务；整合政府、社会组织、学校、家庭等方面的资源，营造全社会参与、关心重残儿童的氛围。

桐乡市教育局和桐乡市残联共同落实送教专项经费，调配送教专车，聘请专职司机，建立送教保障体系。桐乡市在送教上门之初，由市教育局和市残联联合发文，残联领导带领特殊教育学校教师共同摸底调查。由桐乡市特殊教育指导中心统筹制订送教上门实验方案，组织送教队伍，开展教师培训，加强对送教上门工作的指导。桐乡市残联在桐乡市卫生健康委员会的配合下，通过购买服务的方式，做好0—6岁残疾儿童早期筛查工作，做好对送教对象的康复送教服务。学校与残联实行信息共享，然后残联牵头联合桐乡市康复医院和康慈医院，组织专业认知、精神、肢体康复医生，对全市送教上门的66名重残儿童上门进行走访筛查，开展"1+1"（文化知识+康复知识）康教一体化服务。在文化送教的基础上，增加专业的康复送教服务，专业医生针对每一名残疾儿童的残疾类别和程度，上门提供康复技术和护理知识，对有康复希望的孩子进行一对一重点指导，并鼓励其进入专业机构进行系统、专业的康复治疗与训练，探索实施个性化康复方案。康复送教与文化送教相结合，实现康复与教育的深度融合，改变以往单一的上门送教模式，变被动康复服务为主动上门服务，将康复理念和技术送入重残儿童家庭，让他们在最佳康复年龄段得到及时的康复治疗。

2011年9月，桐乡市的送教上门工作开始开展，到2016年，受惠学生达70多人，送教3 000多人次。桐乡市在嘉兴是首创全方位送教上门的，在全国也是最早实行全方位送教上门的县市之一。桐乡市在送教上门期间碰到过许多困难，涉及送教专项经费、送教师资、送教用车、送教教材等方面，但在市教育局、市残联等相关部门的支持和帮助下，在市特殊教育学校和相关普通学校的共同努力下解决了相关问题，初步探索出了"一二三四五"送教新模式，即一个目标、两线协调、三项机制、四大举措、五送内容。"一个目标"即破解送教难题，提升送教质量；"两线协调"即教育局与残联两条线协同支持；"三项机制"即普特合作、医教结合、资源整合；"四大举措"即调查摸底、分组干预、保障落实、评价调整；"五送内容"即送知识、送温暖、送技能、送服务、送安全。

四、云南省玉溪市的实践经验

玉溪市地处云南省中部，该市的少数民族人口占总人口的 31.69%。因山脉广布、地形复杂，区域内部分残疾儿童尤其是重残儿童因"够不着"学堂而失学，区域控辍保学任务非常艰巨。

为保障残疾儿童享有平等的受教育权利，自 2013 年起，玉溪市特殊教育学校在云南省内率先启动送教上门试点工作，得到了云南省教育厅和玉溪市委、市政府的充分肯定。为落实控辍保学主体责任，玉溪市政府在玉溪市特殊教育学校送教上门先行先试的基础上，积极申报国家特殊教育改革实验区，高位推动送教上门工作。

2015 年 1 月，教育部确定玉溪市为全国特殊教育改革实验区之一，开展送教上门实验。玉溪市特殊教育学校作为该市唯一一所面向两区八县招收残疾学生的学校，负责全市的送教上门服务工作。玉溪市结合送教上门工作开展了全国教育科学"十三五"规划 2016 年度教育部重点课题"响应全纳教育的新型特教学校建设的深化研究"之子课题"特殊教育学校推进区域送教上门工作的实践研究"，编制了《玉溪市送教上门工作手册》《玉溪市送教上门工作指导服务手册》，形成了以制度促管理、以制度强保障的长效机制。玉溪市还通过送教云平台、送教上门口袋助手、送教记录仪等现代信息技术的应用，搭建了全市统一的送教上门综合服务平台，实现残疾人培训机构对送教上门通知公告、课程表发布、辅导记录、教师位置监控、家长满意度评价、年度评估、预警提醒、工作手册的全流程管理，完善了学生信息、教师信息、课程信息等的统计分析和综合查询功能，有效提高了送教上门工作的协同效率和精细化管理水平。

玉溪市以政府主导、多部门联动的形式组成实验工作领导小组及工作机构，整合教育、残联、卫生健康等部门资源，形成专家指导，特殊教育学校教师、县区康复员、中心校教师、志愿者组成的送教工作队伍，并整合特殊教育资源形成市级特殊教育资源中心、县区特殊教育资源中心、特殊教育资源教室。此外，根据服务对象的残障特点，实现普特资源共享、医教结合，提供送教服务，开发专业的送教上门网络平台，进行远程送教、送教工作管理、资源共享、教研互动，提高了工作效率。

五、江苏省常州市的实践经验

江苏省常州市调研了全市 28 个乡镇（街道）的 170 余名因重残而无法进入学校学习的适龄儿童的实际情况，采用送教、送康、送温暖的方式定期提供服务，保障每一个适龄儿童享有受教育的权利，确保残疾儿童义务教育全覆盖、零拒绝。全市形成了"以普通学校随班就读为主体，以特殊教育学校为骨干，以送教上门和远程教育为补充"的发展格局，有力保障了每一个孩子都能享有公平而有质量的教育。常州市各个特殊教育指导中心充分发挥职能，积极组建送教上门教师队伍，采取医教结合、康教结合的形式,为区域内中重度残疾儿童开展送教上门工作。同时,还为多个远程送教学生家庭配备移动终端,开通"云课堂吧",让残疾学生在家也能和在校生一起享受平等且高质量的教育。

常州市光华学校率先开展"互联网+"背景下远程直播送教的实践探索,并充分发挥江苏省智障教育资源中心、江苏省智力障碍儿童教育研究基地的辐射作用,在全省乃至全国产生了较大的影响。常州市光华学校根据送教学生的评估现状,搭建多维度的课程框架,开发适切的课程内容,并借助多模式远程直播实施适合送教学生的系统化、个性化教学活动,使他们通过网络平台获得系统的学校教育支持,以保障重残儿童的受教育权。学校基于《培智学校义务教育课程标准(2016年版)》,结合学生需要、师资现状、现有技术等情况,探索多维度的远程直播课程框架,给送教学生最适切的教育支持。目前,学校设计并充实了快乐生活、言语康复、精细动作、唱游与律动等四门课程内容,并依据学校课程表统筹安排远程直播送教课程。每天上午定时安排一节直播课程,重残送教学生在家长的辅助下,准时上课、实时互动,获得系统的教育支持。在学校远程直播送教的具体实施中,直播教师、送教学生及其家长三方合作完成课前准备、教学实施、课后反思、改进教学等四大环节。在课前准备环节,直播教师确定课程目标,准备教学材料,设计学习活动、交互活动和评价反馈;家长提供学生基础信息,创设家庭学习环境,查看课表,准备教具,咨询教学内容,安抚学生情绪;送教学生在家长的辅助下做好课前准备。在教学实施环节,直播教师有效进行教学,清晰传达指令,关注学生活动,解决共性问题;家长维持课堂秩序,提醒学生听讲,辅导学生交互,反馈学习结果;送教学生在家长的辅导下认真参与交互活动。在课后反思和改进教学环节,教师对学生进行教学评价,与送教学生及其家长进行有效沟通,发现教学问题,调整教学目标、内容,改进交互及教学模式。[①]

第二节 我国成型的送教上门模式

一、玉溪模式

历经多年,云南省玉溪市探索出山区送教上门"1234"的"玉溪模式",即突出一个主导、强化两个保障、打造三支队伍和抓好四个融合。[②]

(一)突出一个主导

玉溪市委、市政府高度重视送教上门工作,突出一个主导,即以政府为主导,加强统筹,做好送教上门工作的顶层设计。

2015年10月,玉溪市下发《国家特殊教育改革实验区工作实施方案》,成立工作领导小组,领导小组由分管副市长任组长,由教育、财政、编制、人事等10余个部门组成,其他共同参与的部门有市、县(区)教育局和残联等,特殊教育学校由市教育局统筹安排负责送教上门工作管理,各部门将送教上门纳入部门工作总体规划,充分发

---

① 杜文洁.“互联网+”背景下远程直播送教的实践探索[J].现代特殊教育,2020(23):60-61.
② 张国强.实施送教上门质量提升工程,实现从"送教"到"送好教"[J].现代特殊教育,2019(11):11-13.

挥部门职能工作合力，全力推动玉溪市特殊教育送教上门工作，形成了"政府统筹、部门联动、高位推进"的送教上门工作格局。①

2016年，玉溪市教育局联合玉溪市残联共同下发了《玉溪市教育局、市残联关于聘任玉溪市国家特殊教育改革实验区送教上门专家组、教师和康复员的通知》，玉溪市教育局单独下发了《玉溪市教育局关于进一步做好玉溪市国家特殊教育改革实验区送教上门实验工作的通知》，在加快推进送教上门工作方面为全市提供了全面、具体的规范指导。

2013年，玉溪市特殊教育学校在云南省率先启动了送教上门试点工作，做了多方面有意义的尝试，并得到云南省教育厅和玉溪市委、市政府的充分肯定。2015年，玉溪市特殊教育学校被省里指定具体负责全市送教上门服务工作的落实和实施。在玉溪市特殊教育学校推动全市送教上门工作的同时，玉溪市及各区县教育、残联等各个相关部门主动参与、协同配合。

（二）强化两个保障

送教上门服务做得好不好，送教人员起到至关重要的作用。玉溪市通过创建"1+1+1"综合送教模式和提高教师课时津贴的方式，强化送教的人员保障和费用保障。

为了确保送教上门服务的质量，玉溪市教育局和玉溪市残联联合发文，要求各区县教育局根据送教上门学生的家庭住址、残疾类别就近确定送教上门教师和康复员，形成特殊教育学校教师指导送教、普通学校教师开展送教、残联机构康复员实施康复训练的"1+1+1"综合送教模式，为一种切实有效的立体送教模式。

从2017年开始，玉溪市送教上门专项资金中的50%用于各区县教师和康复员的课时津贴，玉溪市特殊教育学校选送了60多名送教上门教师到省内外参加专业技能的学习培训；全市每年召开"送教上门"师资培训会，全员培训送教上门的康复员和教师，使送教队伍实施特殊教育与康复的能力得到全方位提高。从2018年开始，对于参与送教上门工作的教师、康复员，由玉溪市教育局和玉溪市残联进行市级两年一度的表彰，送教上门教师的责任感和使命感得到进一步提升，这样可以让送教上门教师"进得来、稳得住、送得好"。

（三）打造三支队伍

为了促进送教上门服务提质增效，"1+1+1"综合送教模式被确定下来后，玉溪市进一步集思广益，通过打造专家支持团队、特殊教育学校巡回指导团队和县（区）工作团队"三支队伍"，形成了强有力的"三方合力"送教矩阵，不断得到送教服务对象的积极反馈。

玉溪市着力打造送教上门师资队伍，师资队伍以特殊教育学校教师为骨干，普特教师、残联康复员共同参与，是一支专业化较强的送教上门教师队伍。市级和县级教育行政部门、残联相互配合，积极行动，2013年以来，经历了"三步走"的送教队伍培养历程。从特殊教育学校送教队伍的组建到将义务教育学校教师、残联康复员纳入送教组织，增加送教次数，扩大送教范围，最后再到由玉溪市教育局、玉溪市残联联合发文，

---

① 戴慧群，等.障碍儿童特殊教育"送教上门"理论与实践研究［M］.北京：中国纺织出版社有限公司，2022：38-41.

根据学生的家庭住址等信息确定送教上门教师和康复员,并且与特殊教育学校签署"送教上门工作责任书",同时要求各区县按照就近原则,调整、选派中小学教师参与送教上门工作,组建送教上门团队,特殊教育学校教师指导送教上门工作,普通学校教师开展送教,康复员实施康复训练。[①] 玉溪市聘请了一大批国内知名特殊教育专家组成员,让他们负责玉溪市的送教上门工作,亲自到学生家中和送教现场指导工作,及时修订送教方案,及时调整送教策略,形成了专家支持团队、特殊教育学校巡回指导团队、县(区)送教上门工作团队三支核心队伍。

玉溪市形成了一种"特殊教育学校教师指导送教、普通学校教师开展送教、康复员实施康复训练"的科学有效的送教上门服务模式,以实施评估为导向的送教上门工作流程和质量管理模式,对送教资源进行优化配置,送教上门工作的专业性、针对性和实效性得到提升。

(四)抓好四个融合

玉溪市积极助推系统整合(进一步充实送教工作队伍、形成资源中心与资源教师上下联动网络)、医教结合(进一步升级教育、医疗、康复资源的合作)、普特融合(促进普通学校和特殊教育学校多方互动),搭建互联网与送教服务相结合的线上送教方式,以"四个融合"创新工作模式把送教服务进一步做细做深。

玉溪市形成了立体支持体系,即普特融合、医教结合、"互联网+"送教上门体系。加强各区县普通学校与特殊教育学校的合作,实现普通学校教育、特殊学校教育资源共享,送教上门服务不断得到优化。送教上门教师采取将医学专业、教育专业、康复专业相结合的方式来服务送教上门对象,依据其残障特点进行有针对性的送教,最大限度地弥补了单一口径送教的欠缺,为中重度残障儿童提供了更加切实的急需的服务。玉溪市还积极探索实施"互联网+"送教上门,将150台平板电脑配发给送教上门教师及康复员。

送教上门学生的生活自理、社会适应、认知、运动等能力得到了提高,其生活质量明显改善了,部分残疾学生通过送教回归到普通学校接受教育。

二、医教结合模式

高质量的特殊教育需要建立高效、有效的特殊教育支持保障体系,多学科合作是这一支持保障体系中非常重要的一部分,医教结合模式的出现是特殊教育领域一项积极的实践和探索。

医教结合,顾名思义就是医学工作者与教育工作者共同承担送教上门的任务,各自发挥专业所长,对残疾儿童实施干预、康复和教育的一种方法。医教结合在幼儿园、学校等特殊儿童教育机构中将医疗康复和教育训练结合起来,在教育过程中渗透康复训练,在康复训练中融合教育,将二者融为一体,以此促进特殊儿童的全面发展。送教上门的医教结合是指医务人员和教育工作者共同参与送教或将医学知识传授给教育工作者并让教育工作者进行送教。在医教结合的过程中,特殊儿童的许多功能缺陷得到补偿与重建,其两方面的需求得到满足,即接受学校教育的需求和得到听觉、语言、认知、运

[①] 张国强. 实施送教上门质量提升工程,实现从"送教"到"送好教"[J]. 现代特殊教育,2019(11):11-13.

动等方面的康复训练的需求。医教结合是将教育和康复有机结合起来，使这两方面的冲突得到有效解决。①

2010 年颁布的《国家中长期教育改革与发展规划纲要（2010—2020 年）》（以下简称《纲要》）专列一章对特殊教育的发展进行了规划。《纲要》指出，特殊教育要提高残疾学生的综合素质，注重潜能开发和功能缺陷补偿。2007 年 2 月，教育部正式下发了《盲校义务教育课程设置实验方案》《聋校义务教育课程设置实验方案》《培智学校义务教育课程设置实验方案》，课程设置方案中提到要在各类特殊学校中对残疾学生进行康复医疗的训练，开展相关的康复课程的建设。在这样的背景下，学术界部分学者就对特殊教育医教结合进行了大量研究，提出了医教结合的相关理论。黄昭鸣等人将医学康复与教育康复结合起来对特殊儿童进行综合康复训练，构建了"多重障碍，多重干预"的特殊儿童综合康复体系。② 黄昭鸣、杜晓新等提出了听力障碍患者的 HSL 理论和"1+X+Y"模式的康复教育理论③④，杜晓新等人指出培智学校课程应当由康复课程、劳动技能类课程、文化课程三大部分构成。⑤ 这些特殊儿童教育和康复理论吸收了特殊教育与现代医学等相关学科理论与实践的最新研究成果，遵循了特殊教育、康复医学的基本原则和要求，体现了医教结合的思想和理念，为医教结合走向实践奠定了理论基础。

教育部与华东师范大学联合实施医教结合的"千百十计划"，该计划旨在通过培训更新特殊学校校长的教育理念，培养一批掌握康复技术、精于业务的骨干教师，建立医教结合的实验基地，为特殊教育的进一步改革奠定基础。

2015 年 1 月，教育部公布了 37 个市（州）、县（区）为国家特殊教育改革实验区，上海市宝山区，浙江省湖州市、嘉兴市，海南省海口市，辽宁省大连市甘井子区，福建省泉州市，山东省青岛市，湖南省长沙市等多地承担了医教结合实验项目。在地方政府的大力支持下，各医教结合实验区结合本地实际，密切与医疗部门和高等院校的合作，建立了相关支持保障体系，形成了若干医教结合工作模式，取得了明显的成就。⑥ 送教上门效果评估的着眼点是量和质的提高，或者二者兼有。如何使"全覆盖"的全纳教育实现，让每个特殊儿童都能接受良好的全人教育，使特殊儿童通过送教上门成为一个有自理能力的人、有尊严的人、幸福的人？这需要各级地方政府根据当地实际情况并结合特殊儿童的具体情况做好评估工作，保证送教上门的质量。

"康教上门"是南通市海门区（2020 年 7 月，海门撤市设区）送教上门工作的"金字招牌"。送教上门队伍以责任共担、资源共享、队伍共建为宗旨，成员多元、资源丰富、实施高效。海门区"康教上门"工作起步于 2012 年，服务对象为区域内不能坚持到校接受集体教育的 7—17 周岁重残儿童少年。结合区域工作实际，在地方教育行政部

---

① 邱天龙. 特殊教育医教结合改革的趋势与挑战 [J]. 吉林省教育学院学报，2014, 30 (2): 87-88.
② 黄昭鸣，杜晓新，孙喜斌，等. 多重障碍，多重干预综合康复体系的构建 [J]. 中国特殊教育，2007 (10): 3-13, 40.
③ 黄昭鸣，杜晓新. 言语障碍的评估与矫治 [M]. 上海：华东师范大学出版社，2006.
④ 黄昭鸣，周红省. 聋儿康复教育的原理与方法：HSL 理论与 1+X+Y 模式的构建与实践 [M]. 上海：华东师范大学出版社，2006.
⑤ 杜晓新，黄昭鸣. 教育康复学导论 [M]. 北京：北京大学出版社，2018.
⑥ 方俊明. 医教结合支持保障体系的建构与完善 [J]. 现代特殊教育，2017 (5): 31-33.

门和残联的共同支持下，海门区特殊教育指导中心开创性地探索构建了"以普通教师为主体，以特殊教育教师为指导"的合作送教模式，以学生所属学区就近的普通学校教师为主，联合特殊教育学校专业教师、康复医疗科医生、社区志愿者等多领域工作者，根据就近性和综合性原则，最大限度地利用各方资源，实施"康教上门"服务。原则上每名学生每月至少接受两次送教服务，其中一次必须由康复师和特殊教育教师一同前往；普通学校教师每月至少上门提供一次教育服务。送教上门团队还需要根据海门区特殊需要儿童评估专家委员会的评估意见、学生的兴趣与优势、家长的反馈等，共同讨论制订学生的教育康复计划，并为家长提供居家教育训练的指导和支持。

当然，医教结合仍面临各种各样的困难，但我们应当认识到，促进特殊儿童康复与发展是建设和谐社会的必然要求，进行医教结合改革是特殊教育发展的趋势，特殊教育工作者要树立医教结合的理念，积极开展医教结合的实践，创新医教结合的教学，促使特殊儿童健康发展。

三、互联网远程直播模式

送教上门的互联网远程直播模式是"互联网+"背景下采用"互联网+课堂"的方式，为重残儿童提供远程课程支持的送教形式。如今，送教上门能够充分利用互联网的便利，通过远程的课程推送等，使残疾学生及其家长得以受益。送教上门团队可以通过网络视频的形式进行互动式教学，借助网络，使送教学生参加部分课程的集体授课，并在学校教学环境中进行学习，给长期封闭的学生提供与同伴交流的渠道，激发他们的学习兴趣。

远程授课最初的教育形式是通话，因为送教上门教师资源缺乏及成本较高，在弥补在家教育方面的不足上，打电话确实是一种比较好的选择。教师和学生可以通过电话实现即时沟通和交流，学生能够充分地参与课堂学习。20世纪末，计算机网络的出现为送教上门提供了新的发展方向。网络教学首先被应用到教室里，随后被广泛运用在送教上门的过程中。计算机网络的出现弥补了电话教学的缺陷，远程直播能更加及时、准确地发挥教学的作用。①

国内学者也在远程教育方面进行了研究。丁兴富在《远程教育学》中认为，交互是学习支持的核心，教师和学生、学生和学生面对面进行交流和通过信息技术交流。②陈丽引入了"教学交互"的概念，对远程教育交互的模型进行了建构，教学交互在远程教育中占有重要位置。③赵园静对远程教育学习者与课程设置的关系进行了分析并提出建议④，何丽坤找出了影响学生远程学习的动机因素⑤，黄丹等研究了成年特殊人群远程教育的学习特征。⑥ 在实践层面，一些高校也主动开展了远程教育的实践探索。中

---

① 徐飞.送教上门5S学习支持模式研究：以某特教学校为例［D］.济南：济南大学，2017.
② 丁兴富.远程教育学［M］.2版.北京：北京师范大学出版社，2009.
③ 陈丽.远程学习中的教学交互原理与策略［J］.中国远程教育，2016（9）：5-6，13.
④ 赵园静.残疾人远程教育学习者特征与课程设置的相关性分析：以电子商务专业为例［D］.天津：天津理工大学，2013.
⑤ 何丽坤.广西远程高等教育残疾学生学习动机［D］.南宁：广西大学，2012
⑥ 黄丹，杨顺起，平凡，等.成年残疾人远程教育学习者特征的调查分析［J］.成人教育，2015（6）：49-52.

国人民大学网络教育学院成立于 1998 年,通过计算机网络进行学习支持。学院建立起了一套自主开发的学习支持服务体系,即"学术性支持—非学术性支持—情感支持",可以说中国人民大学网络学院开创了我国远程教育学习支持服务体系的先河。在"以学生为中心"理念的指导下,北京师范大学网络教育学院于 2001 年成立,建立起"五位一体"的学习支持服务体系,包括学前、学中、学后全方位的支持,以及学习过程的资源、服务、管理、技术、评价多方位支持。

在实践方面,南通市通州区立足重残儿童居住分散、长期足不出户的现实问题,考虑到在现有人力资源的情况下,每名学生的送教时间有限,仅靠送教队伍"单枪匹马"无法充分满足不同地区、不同障碍类型学生的发展需求。因此,通州区特殊教育指导中心协同普通学校,以重残儿童家庭为中心,构建各方参与的送教场域,推动育人环境由"封闭隔离"转向"开放包容"。通州区将送教学生编入普通学校(特殊教育学校)相应班级,利用远程教学系统,采用同步课堂教学方式远程送教,并为其提供个性化学习康复套餐,落实"一人一案"。目前,通州区已完成"东西南北中"远程送教资源部署,即围绕区特殊教育指导中心,在东部二甲镇理治小学、西部五接镇五接小学、南部川姜镇姜灶小学、北部十总镇十总小学分别成立远程送教资源中心,帮助重残儿童实现在家参与普通学校(特殊教育学校)学习。①

网络送教对于送教上门工作来说至关重要,可以从以下几方面来实施。第一,配足配齐硬件设施,这是实施网络教学的前提条件。第二,开发丰富的网络教学资源。第三,进行专业化系统评估,掌握送教上门学生的身心健康状况。第四,搭建多维度课程体系,满足送教上门学生的特殊需求。第五,争取家长的支持和配合。第六,采取自助式教学模式,实现师、生、家个性交互。第七,定期回访并记录儿童的学习和康复情况。

常州市光华学校邀请重点医院专科医师对送教上门学生进行医学诊断,同时在专业系统评估后,为每一名送教上门学生制订个别化教育方案、确定长短期目标、建立个人电子档案,提供"一生一案"服务,同时组建一支远程直播送教的专业师资队伍,让一名教师负责一个领域的课程直播,课程涉及语言康复、精细动作训练、音乐与律动等,形成"一师一专"的结构。学校教师精心设计四门课程内容,包括快乐生活、语言康复、精细动作、唱游与律动,并依据学校课程表统筹安排远程直播送教课程。每天上午定时安排一节直播课程,重残儿童在家长的辅助下,准时上课、实时互动,获得系统的教育支持。

互联网远程直播模式虽然可以极大地减轻送教上门教师的教学负担,但对教师、家长、课程都提出了较高的要求:教师要有能力驾驭远程课堂,家长要懂得网络操作,课程要通俗易懂。网络送教平台提供的是资源支持、学习支持、专业支持,但我们不能将其绝对化、唯一化,需要根据送教上门学生的实际情况来协调安排好网络送教和实地送教。只有网络送教和实地送教二者兼顾,才能真正帮助中重残儿童获得实质性的发展。

互联网远程直播对设备的要求比较高,必须保证网络通畅。但是,目前很多送教上

---

① 陈青云,陆灵俊,吴爱琴. 以融合为导向的区域送教上门实践探索:以江苏省南通市通州区为例[J]. 现代特殊教育,2023(5):47-49.

门的服务对象都是偏远山区的孩子，有些家庭可能没有网络。有些操作必须在现场才会更有手感，而通过通信网络有时是看不出哪里出了问题的。互联网远程直播应该比较适合症状较轻的儿童，或者父母的文化程度较高的儿童，他们能够满足互联网远程直播的相关要求。

四、5S学习支持模式

"学习支持"在国内还没有较为准确和统一的概念，部分研究者认为学习支持是远程教育过程中教师和学生之间及学生和学生之间用于交流互动的各种服务和资源的统称，通过帮助学生自主学习来提升学习效率。中国人民大学网络教育学院把学习支持分为学术性支持、非学术性支持和情感支持，其中，学术性支持是最重要的，发挥辅助作用的是非学术性支持和情感支持，这三方面协调运作，共同形成较为全备的学习支持服务系统。英国远程教育家艾伦·泰特的研究结论可以被归纳为一套较为精练的学习支持模式——"5S学习支持模式"，即学生因素、支持人员因素、支持的具体内容因素、支持环境因素和支持策略因素。[①]

在送教上门远程教育过程中，支持者是起指导和引领作用的，需要特别熟悉每个过程的要点，最大限度地满足特殊儿童的需要，为送教上门的结果负责。支持者一般包括教师、相关技术管理人员、学生家长及儿童的学习同伴。每一个支持者的工作重点不同，需要相关人员结合自身经验和岗位要求，提供最优质的服务。

教师是真正懂教育的人，而特殊教育教师具备特殊教育及康复的专业知识，有更多的与特殊儿童近距离接触的机会。传统意义上的特殊教育教师需要有良好的师德和全面的知识，需要有爱心，要像家长一样将学生视为自己的孩子，真诚地去关心和理解学生；需要有教育和康复的知识储备；需要有团队合作、专业反思及专业发展等方面的能力。有的学者通过研究总结出特殊教育教师的胜任特征，包括职业道德、认知特征、能力特征、动力特征、个人特质五大方面。职业道德包括奉献精神、爱心，认知特征包括专业知识、自我评估，能力特征包括组织管理能力、团队合作能力、反思能力、沟通能力、专业技能，动力特征包括职业忠诚、职业偏好、职业热情、效能感、成就动机，个人特质包括正直诚实、意志坚强、情绪稳定、理解他人。

除了教师以外，环境对人的影响也是不可估量的，一个积极开放的良好环境能增强传统课堂的学习效果，良好的支持性环境有利于学生的学习，特殊儿童在学习过程中同样需要一个良好的环境。物理技术环境是在送教上门远程教育过程中相关技术因素的统称，它们是连接教师和学生的媒介，为特殊教育的顺利进行提供了一个平台。硬件方面包括计算机、智能手机，可以在这些智能终端上实现远程教育，物联网、3D、虚拟现实等技术在特殊教育领域也有所应用。对于那些没有经济能力购买相应设备的特殊儿童，相关部门可以根据情况进行补贴，保证特殊儿童拥有远程教育的基础硬件条件。特殊儿童的成长需要一个文明健康的社会环境，建立一个开放、公平、积极的环境，对于特殊教育的发展也有重要的意义。政府部门应积极创设有利于特殊儿童远程教育的环境，出台相关政策保障学习过程的实施。社会组织应依托社区，将培训点和实体生产点相结合，积极探索适合特殊儿童送教上门服务一体化的支持模式。一般来说，特殊儿童

---

① 徐飞. 送教上门5S学习支持模式研究：以某特教学校为例[D]. 济南：济南大学，2017.

的社会关系网没有建立，特别需要家庭的支持与帮助。在家庭中，特殊儿童可以获得物质和精神等方面的支持，这一作用是其他社会组织无法替代的。特殊儿童的亲人、邻居等相关人士都应该为特殊儿童打造一个良好的家庭学习环境。

送教上门"5S学习支持模式"的具体操作部分是学习支持策略，不同的策略经过组合为特殊儿童的远程教育提供服务。第一步是确定支持目标。在远程教育过程中，学生需要相应的学习支持才能克服自身的一些缺点，从而使教育效果最大化。第二步是结合支持目标形成策略。在送教上门学习者特征、送教上门支持者角色与要求、送教上门支持内容、送教上门支持环境的基础上，最终形成一套可供实施的具体方案。

在实施送教上门的过程中，要明确送教上门学生及其家庭的需求，安排送教上门人员对特殊儿童的需求进行科学、全面的分析，进一步明确送教上门学生需要的支持内容，并制定适合特需儿童的学习支持策略，而及时的评价反馈也对特需学生的发展有积极作用。

明确学生的具体需要，要在充分尊重其意愿的基础上，积极与其沟通，同时结合家长、教师和相关人员的建议。要在整个过程中充分关注学生自身的情况，如学生的基本特征，包括学习兴趣和动力、学习策略等，在此基础上的送教上门会更有意义和价值，也更能体现特殊儿童的价值。了解了特殊儿童的需求后，教师要根据自身的相关经验、知识，参考相关资料，如学生的学习特征和历史数据，明确学生需求；同时，测量与评估特殊儿童，结合实际情况，如其需求、学习特征和学习困难等，明确实施的方向。学生的需求得到确定后，教师应根据学生所需的支持来确定应该教授哪些学习内容，同时要确定为学生提供哪种类型的学习支持。某些特殊儿童可能需要"送教育"，某些特殊儿童可能需要"送康复"，某些特殊儿童可能既需要"送教育"又需要"送康复"。教师可根据特殊儿童的具体情况进行适当的调整，如某些特殊儿童需要情感的支持和陪护，某些特殊儿童喜欢玩游戏，一些年龄较大的学生可能面临找工作的问题，教师要考虑是否提供工作技能培训。教师明确实施的方向后，通过相关环境的评估来确定具体的送教上门内容；在此基础上，送教上门支持者通过交互等方式，与家长及学生进行沟通，共同商定合适的学习支持策略，同时涉及具体的教学过程。教师在一段时间之后要对学生进行有效评估，进一步验证之前的康复或教育教学是否有效，这是很重要的。反馈这一环节也很重要，在特殊儿童学习了一段时间之后，教师可以通过交互手段或线下交流的方式了解学生的学习情况，积极听取学生家长及学生自身的建议。[1]

玉溪模式、医教结合模式、互联网远程直播模式、5S学习支持模式各有特点，每个地方在借鉴使用时应根据本地区的实际情况来进行选择，并不是所有的模式都适合自身，应该有针对性地取长补短，也可以在现有模式的基础上进行创新。

总的来说，各地需要在实践中不断摸索、积累经验，在失败中前进，在前进中思考，慢慢找到适合本地的送教上门模式。

---

[1] 戴慧群，等.障碍儿童特殊教育"送教上门"理论与实践研究［M］.北京：中国纺织出版社有限公司，2022：42-47.

第三节　南通市重残儿童送教上门的实施情况

根据各县（市、区）特殊儿童身心发展的实际需要，南通特殊教育中心及各县（市、区）特殊教育指导中心积极贯彻执行国家文件要求，根据本区域的特殊教育发展水平，科学制订适合本地区的送教上门工作方案。南通市域送教上门工作推进扎实稳健，"抓铁有痕"，走出了一条特色之路。

2017年，南通市各县（市、区）借力江苏省特殊教育发展工程验收工作，依托残联信息系统，对本地区未入学的特殊儿童进全面筛查。对于残联系统中义务教育阶段未入学的适龄残疾儿童，各特殊教育指导中心安排专人入户调查，核实信息，对符合条件的残疾儿童进行详细的信息采集，然后会同教育局相关科室，尽量将其安置到普通学校随班就读或者进入特殊教育学校学习，将重残儿童全部纳入各特殊教育学校学籍，作为送教上门的服务对象，做到了"一个也不少"。全市残疾儿童入学达到零拒绝，每一个残疾儿童的受教育权都得到了充分保证。南通市各地陆续出台了送教上门相关文件，围绕送教上门工作展开了积极的探索。

2013年，南通特殊教育中心在南通市崇川区教育局、民政局和残联的大力支持下成立了送教上门小组，开始为区域内部分居家残障儿童提供送教上门服务。2017年，崇川区全面推进送教上门工作，将区域内所有义务教育阶段未入学的残疾儿童纳入送教上门服务对象，实现了全覆盖、零拒绝。在开展送教上门的过程中，教师首先细化个案分析，提供适合个性发展的康教训练活动。在送教上门前期，成立了一个由特殊教育学校教师、普通学校教师和家长组成的团队，对服务对象进行诊断，建立"一人一档"，再对诊断评估的结果进行具体分析，选择合适的内容，制订切实可行的教学、训练计划，采取适合服务对象的干预方法。在送教上门一个周期（多为半年）后，再进行阶段性评估和总结，根据目标达成情况调整送教上门方案，使送教上门工作更加规范、有效。

启东市把完善残疾人教育服务体系，保障全市适龄残疾儿童享有平等接受教育的权利作为"惠民工程"的重点项目之一，以送教（康）上门工作为抓手，实施教育脱贫攻坚行动。2017年11月，成立了由教育局副局长亲自担任组长，残联、卫计委等主要领导担任副组长的专项工作领导小组，启东市特殊教育学校负责送教上门工作的具体组织管理，各部门将送教上门纳入部门工作总体规划，全力推动区域特殊教育送教（康）上门工作，形成了"政府统筹、部门联动、高位推进"的送教上门工作格局。送教上门教师在选用部编教材《生活语文》《生活数学》《生活适应》的基础上，针对部分无学习能力的重残儿童，自编教材，从教育与康复、特长与爱好、知识与技能的角度出发，补充唱游与律动、绘画与美工、音乐欣赏、情绪行为矫正等课程。

2019年，海安市教体局、海安市残联联合发布《关于做好2019年海安市"送教上门"工作的通知》，对重残儿童送教上门服务工作的人员安排、送教内容、送教考核等做了明确指示，同时经海安市教体局党组会研究通过了《海安市送教上门经费考核使用细则》，保障并推动送教上门工作量、质并举，让重残儿童真正得益处、获发展。海安市特殊教育指导中心设计简单易操作的送教上门手册作为实施重残儿童个别化教育计划的过渡方式，落实"一人一案"，确保送教上门工作顺利开展。首先，对每一个送教上门服务对象的基本情况进行调研与建档。其次，对送教上门的实际情况进行摘录与简单分析。再次，进行送教上门服务对象的诊断材料与结果的搜集整理。最后，制订送教上门年度与学期简易教育康复计划。

海门区的送教上门工作一直受到海门区市委、市政府和教体局领导的高度重视。2016年7月，南通市以市长办公会议纪要的形式（2016年7月19日第60号），明确"市财政拨付市特殊教育指导中心送教上门项目经费每年52.2万元"。2016年10月，南通市教育局和南通市残联联合发布《关于加强我市"送教上门"工作的通知》，对送教上门学生的学籍管理、经费使用、考核评估和奖励措施也提出了明确的要求。海门区还设计了送教上门残障学生能力评估手册，对学生的知识水平、心理能力和自理能力等方面进行了系统的评估和分析，为各种障碍类型的学生制订了个性化的实施方案。

通州区的送教上门工作由通州区特殊教育指导中心具体组织管理。每年新学年开学前，通州区特殊教育指导中心根据通州区残联提供的6—15周岁残疾儿童数据，确定未安置残疾儿童名册，逐一打电话和家长联系，了解情况，对儿童进行初步筛查评估，提出安置建议并提供服务清单，确定送教上门的由家长提出送教申请，确定录入送教上门学生学籍后，签订《送教上门家校协议书》。通州区特殊教育指导中心按照家庭住址对区域内的适龄重残儿童进行定位分类，制作区送教上门分布图，合理规划送教上门路线，确保全区残疾儿童入学"一个也不少"。此外，还成立"行走之光"送教上门团队，坚持以优质精细的管理和个性化的教育，服务于每一名送教上门学生。根据不同学生的身心特点，将缺陷矫正与潜能开发、康复训练与社会适应相结合，"一人一案"，提供最适合的教育。通州区的送教上门工作一直秉承"为每一个学生寻找合适的教育"的理念与目标，以通州区特殊教育指导中心为圆心，由此向外拓展成三个同心圆：以"行走之光"团队为内圆，向外拓展；学校党员干部、教职工全体参与送教，形成中间圆；各普通学校教师在通州区特殊教育指导中心的指导下参与送教工作，实现同心圆的外圆覆盖。

如东县成立了送教上门工作领导小组，由校长任组长，把全校教师编成若干个送教上门小分队，由党员同志和行政人员任队长，每个小队3—4人。同时，制订了送教上门工作实施方案，确定了领导小组的工作职责、医教结合康复技术指导人员的工作职责、送教上门责任教师的工作职责。学校教导处落实好送教上门课程，各小分队明确好各自职责，以"新理念、善管理、求合作、讲实效"为目标，以"职责上分，思想上合；工作上分，目标上合"为具体要求，利用特殊教育学校的资源及技术为不能到校接受教育的重残儿童提供送教上门服务。

南通市各县（市、区）的送教上门工作开展得各有特色，承担送教上门工作的教师不仅有来自特殊教育学校的，也有来自普通学校的。送教上门工作让这些普通学校教师加入办好特殊教育的实践研究中，提升了普通学校实施特殊教育的能力，不仅惠及送教上门学生，还惠及随班就读学生。南通市依托南通特殊教育中心、南通市教育科学研究院等单位，重视对送教上门开展教学研究。每学期都制订送教上门的教研计划，并按计划在各县（市、区）开展送教上门研讨活动，通过送教教学体验、学生个案分析、同课异构等形式，组织普特教师一起磨课、设计课堂、交流心得。普特教师齐聚一堂，共商提升送教上门工作质量的有效策略，不断研训，不断提高，为送教上门学生提供更有质量的专业支持。

经过多年不间断的实践，南通市送教上门工作成果显著，重残儿童享受到了义务教育权利。在个别化送教下，学生身心有了不同程度的发展；家长受到了鼓舞，看到了希望；教师的师德得到了升华。送教上门教师锲而不舍的坚持体现了大爱情怀和大教育视野，其送教上门的时间成了折翼天使最为期盼、最为幸福的时光，孩子们也用最灿烂的笑容诠释了送教上门的全部价值；融合送教模式获得了推广。南通市对重残儿童开展融合送教上门，将他们从封闭隔离的家庭环境引向融合开放的教育环境，受到专家和一线同人的关注与认可。

南通市重残儿童送教上门研究也产生了较大的社会影响。2018年，如东县的"党群融合送教上门"项目获评第二批南通市中小学校"一校一品"党建文化品牌项目；通州区特殊教育学校的"行走的力量　精准的服务——党员教师结对重残儿童"被江苏省教育系统关心下一代工作委员会评为"一校一品"党建文化品牌；2019年，海门市特殊教育指导中心的"康教上门"团队获评"全国助残先进集体"，其校长仇中辉受到了习近平总书记的亲切接见；2020年9月8日，江苏省教育厅副厅长率队赴通州区专题调研送教上门工作，高度肯定了通州区的送教上门工作，称其为"教科书式的经验"，提出要系统总结和学习通州经验；2023年，海门区特殊教育学校"重度残障儿童康教上门活动"团队当选"2023江苏教师年度人物"，成为江苏省特殊教育系统唯一受表彰的集体。

第四节　南通市重残儿童送教上门模式的区域再构

党的二十大报告指出，要加快义务教育优质均衡发展，优化区域教育资源配置，强化特殊教育普惠发展。近年来，南通市重残儿童愈发呈现残疾类型多、地区分布广、身体状况差等特点。长期"足不出户"的隔离环境成为他们入校就读的现实枷锁，严重阻碍了他们融入主流社会。重残儿童同样拥有接受教育的权利，也充满着对上学的憧憬与渴望。为打破隔绝壁垒、解决失学难题，以融合为导向，提供公平、适合且有质量的重残儿童教育成为南通市特殊教育普惠发展的重点工作。南通市不断摸索，尝试对重残儿童送教上门模式进行建构，努力让重残儿童享受公平且适切的教育。

一、送教上门服务对象的认定与安置

送教上门服务对象是送教上门工作推进的起点与关键，其界定关系到送教内容的确定、送教方式的选择、教学效果的优化。

通常意义上，送教上门服务对象主要是由于各种原因不能到普通学校随班就读或不能到特殊教育学校接受教育的适龄重残儿童少年。江苏省《关于做好义务教育阶段重度残疾儿童少年送教服务工作的指导意见》提出：送教工作的服务对象一般为具有本省户籍的6—15周岁的重度残疾儿童少年中，经设区市或县（市、区）特殊教育专家委员会评估认定，确实无法进入义务教育学校（含特殊教育学校）就读的适龄儿童少年。多年实践与研究发现，经特殊教育专家委员会评估认定确实不能到校就读的送教服务对象主要是持有一级残疾证的重残儿童少年，残疾类型主要包括肢体残疾（以重度脑瘫为主）、智力残疾、精神残疾（以孤独症为主）、多重残疾等，如图3-1所示。

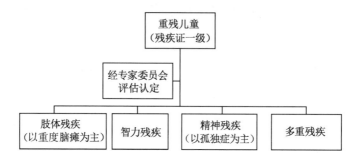

图3-1　送教上门服务对象的类型

送教上门服务对象的筛查、鉴定与安置需要遵循规范的流程。一般来说，服务对象的查找与发现是起始环节。从需求方来说，有家长自发找到社区、学校寻求教育支持。从供给侧来说，有特殊教育学校主动对接，获取数据，上门摸排，并通过专家委员会的评估认定，召开个别化教育会议，提出安置建议，提供服务清单，通过家长申请，签订家校合作协议，进而开展送教上门服务。相关情况如图3-2所示。

图3-2　送教上门服务对象的认定与安置

在实际操作过程中存在困难，有的原始信息有误，需要挨户摸排；有的家长拒绝配合，需要行政支持；有的摸排滞后，需要部门联动；有的路途遥远，交通不便；有的家长素质低下，送教上门教师的安全得不到保障。因此，仍须建立健全配套制度，联合卫健委（医疗部门）建立首诊通报机制；联系残联，对接地区残疾人工作委员会，实现康教服务对接机制；针对家长争议与纠纷，形成送教争议协商机制，由专家委员会负责协商协调；针对交通问题，联系政府平台，形成用车申请制度。

二、送教上门服务流程

以各县（市、区）特殊教育学校（或指导中心）为龙头，主动对接，联系残联，确定送教上门对象。在和家长取得联系之后，采取上门摸排的方式了解重残儿童的具体情况，在筛查评估后，提出具体的安置意见，确定服务清单。在家长申请的基础上，双方签订协议，为学生提供个别化教育，有序开展送教上门工作。一般将送教上门学生的学籍统一录入特殊教育学校学籍库，由特殊教育学校（加普通学校）协同实施送教。条件允许也可录入普通学校，由普通学校承担主要送教工作，特殊教育学校提供专业指导，指导中心负责奖惩考核。相关流程如图3-3所示。

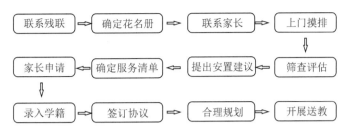

图 3-3 送教上门服务流程

三、送教上门课程的优化与分类

立德树人是送教上门工作的根本任务。重残儿童的课程设置以具有生活性、实用性、发展性、针对性为原则。南通市各特殊教育指导中心着眼于重残儿童的教育与康复需求，构建了全人课程与一日课程体系，大大提升了送教上门的教学质量，实现了从"送到"到"送好"的转变。在原有课程体系的基础上，又提出了全人课程、全日课程、全员课程（简称"三全"课程），促进重残儿童从隔离走向融合。

一是全人课程。落实立德树人根本任务，坚持以德为首、以能为重，注重潜能开发，促进重残儿童全面充分发展。例如，适应课程以参与社会生活为目标，以生活能力培养为基础，教授生活实用知识；德育课程通过爱国主义、核心价值观等主题教育，指引重残儿童的品德发展。

二是全日课程。提供一日作息时间表，教师线下教学、线上指导，康复机构提供康复服务，家长协助完成学习任务。重残儿童在家庭、学校、社会的协同努力下实现全日学习，也为适应校园节奏与转衔做好准备。

三是全员课程。基于融合教育视野，为不同障碍类型的重残儿童提供助学、助康课程，以及休闲娱乐课程、文明礼仪课程，引导大中小学生正确看待特殊群体并在结对送教的过程中当好"志愿伙伴"，营造和谐共赢的融合教育氛围。

"三全"课程体系如图 3-4 所示。

图 3-4 "三全"课程体系

四、送教上门模式的探索与完善

南通市各地在送教上门工作实施过程中探索形成具有地方特色的送教模式。基于项目研究，各地须进一步提炼规律，去粗取精，整合出可复制、可推广的送教上门模式。

送教上门模式力争实现主体创新、场所创新、方式创新、发展转介创新。送教主体在已有同心圆模式的基础上，进一步得到优化、完善。送教场所由传统的送教至家庭延伸至送教至福利院、康复机构、"残疾人之家"等，由多对一低效送教转为一对多或多对多高效服务,同时对送教的频次和要求做进一步的规范与统一,让教师知道做什么、怎么做、做到什么程度。送教方式由原来的线下送教升级为线上送教。利用天翼云会议系统,将部分送教上门学生(主要是以有一定学习能力的脑瘫学生为主)编班到相应年级,采取同步课堂方式实施远程送教。送教上门学生在家也能感受到学校的课堂氛围,可以实时在课堂中提问回答,教师可以给予即时评价。在送教上门学生的发展与转介方面,力求为他们提供更宽广的平台,智力障碍或孤独症学生居家学习水平提高后,经专家委员会评估通过可转衔至特殊教育学校求学,脑瘫学生经过上门送教服务后,有能力的可接入特殊教育学校甚至普通学校的远程课堂。此外,为高年级学生提供就业指导,期望学生经过九年送教服务,有能力的可以顺利就业,如有脑瘫学生已立下未来做主播、开网店等就业宏愿。

在具体实施过程中,送教场域不断拓展。一是联合社区、残联、医院等多方力量,成立"残疾人之家"集中送教服务点,同时开展形式多样的融合活动。学生在特殊教育学校教师、残联康复师与医院医生的共同努力下,接受个别化教育、康复训练。二是将送教上门学生编入普通(特殊教育)学校相应班级,利用远程教学系统,采用同步课堂教学方式远程送教,并为其提供个性化学习康复套餐,落实"一人一案"。三是招募"小先生"志愿者和结对家庭,定点上门帮扶重残儿童的学习与康复。各方参与的开放送教场域的打造,既提高了送教频率,又让重残儿童在融合环境中受益。"三融"(家校融合、家社融合、家家融合)并存的多维送教场域如图3-5所示。

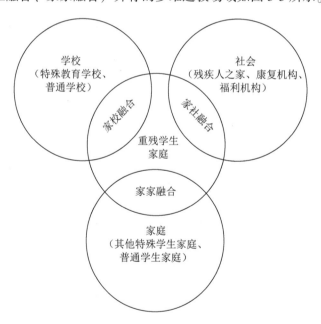

图3-5 "三融"并存的多维送教场域

此外,南通市不断畅通送教上门学生的转衔通道。受现实条件的限制,部分重残儿童即使达到转衔条件,在实际入学时也面临着许多挑战。为了破解这一难题,特殊教育指导中心联合教育、残联、民政、卫生健康等部门,全程畅通转衔通道,努力实现"绿色"转衔、"精准"转衔、"零拒绝"转衔。经阶段性评估,确认送教上门学生的能力达到转衔要求后，特殊教育指导中心与属地普通学校协商，召开专场"绿色通道"转衔会议，由家长、普特教师、康复师等共同参会，评估通过后向教体局备案，安排学生转衔进入普通（特殊教育）学校就读。为了让学生更好地适应转衔后的校园生活，融合教育资源中心组织开展普特学生"手拉手"、返校体验等活动。对于部分需要远程施教的学生，远程资源中心为学校配备远程设备，并为困难家庭购置平板电脑、安装网络等，做好支持保障工作。学生实现转衔后，特殊教育指导中心仍持续关注学生的发展情况，当现有教学资源无法满足学生的发展需求时，可再次进行转衔。

综上，南通市重残儿童送教上门模式的探索路径如图 3-6 所示。

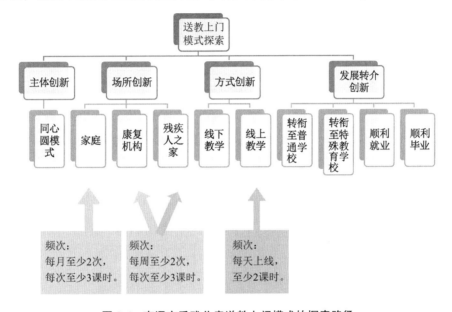

图 3-6 南通市重残儿童送教上门模式的探索路径

五、送教上门机制的建立与健全

在政府、主管教育部门的领导下，南通市成立由教师、医生、社区人员等组成的跨专业工作团队，以实现融合为目标，探索教育运行与保障机制，形成"发现学生—评估鉴定—合理安置—提供送教服务—动态评估—实现转衔"的闭环工作机制，推动重残儿童教育从"送"走向"融"（图 3-7）。此外，通过多年的送教上门实践，逐步探索出送教上门模式，进一步建立健全送教上门机制，形成系统的送教上门管理机制和工作机制。

管理机制包括运行机制、保障机制、约束机制，针对家校社会、人财物安、廉责效等方面具体

图 3-7 从"送"到"融"的工作机制

展开。工作机制包括首诊通报机制、信息共享机制、评估安置机制、"一生一案"个别化康教服务机制、家校社区协同育人机制、送教争议协商机制。

送教上门机制如图 3-8 所示。

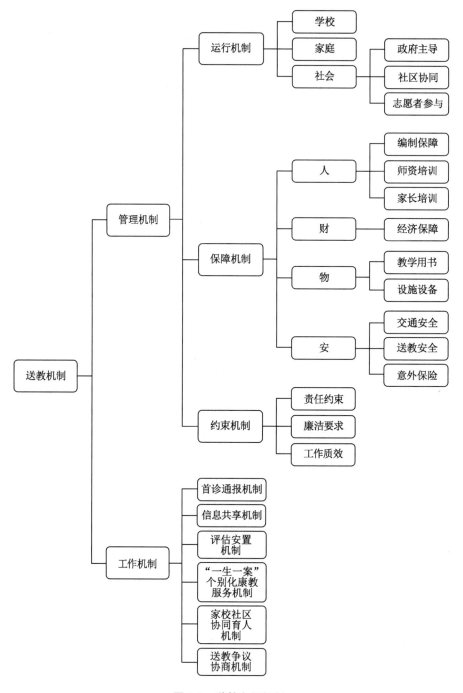

图 3-8 送教上门机制

六、送教上门评价体系的构建与统整

送教上门工作保障重残儿童的受教育权,让其在认知、生活、康复、交流等领域得到适合的教育,并获得显著的发展,同时又为教师发展、学校发展提供平台。就教师发展而言,参与送教上门工作能提高教师的师德修养,丰富教师的专业知识,提升教师的专业技能,也带动教师以送教上门为切入点进行教育科学研究。送教上门工作是造福重

残儿童及其家庭的民心工程，做好此项工作也会产生积极的社会影响。送教上门的评价体系如图 3-9 所示。

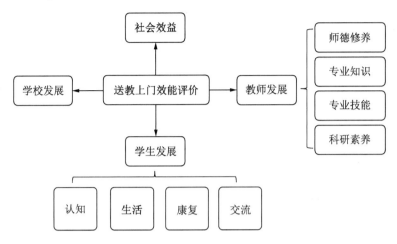

图 3-9　送教上门的评价体系

特殊教育是高质量基础教育体系中不可或缺的重要内容，对教育的整体改革发展和教育现代化的全面推进至关重要，党的二十大报告中提出"强化特殊教育普惠发展"，这是建设教育强国的强基之策。南通市正不断加深探索，重普惠、提内涵，促进特殊教育的扩优提质。

第四章 重残儿童送教上门的机制建设

送教上门是身体残疾程度较重、确实不能到校就读的适龄残疾儿童少年接受义务教育的重要途径，是特殊教育工作的重要内容。《第二期特殊教育提升计划（2017—2020年）》要求"对不能到校就读、需要专人护理的适龄残疾儿童少年，采取送康教进社区、进儿童福利机构、进家庭的方式实施教育。以区县为单位完善送教上门制度，为残疾学生提供规范、有效的送教服务"。《"十四五"特殊教育发展提升行动计划》中要求"健全送教上门制度，推动各省（自治区、直辖市）完善送教上门服务标准，科学认定服务对象，规范送教上门形式和内容，加强送教服务过程管理，提高送教服务工作质量"。送教上门机制建设对于保障区域送教上门工作开展，提高送教上门工作效率，确保各部门、各团队、各成员间科学有效运行等都具有重要意义。送教上门的机制建设可以让送教工作流程明确化和条理化，从而提高送教上门工作的有效性。南通市于2014年9月启动送教上门工作，建立了由教育局、残联和志愿者协会等多部门和组织合作的送教上门队伍，出台了送教上门制度，细化了送教上门管理，制定了送教上门相关政策，明确了送教上门的考核评估方法和经费使用。在此基础上，南通市各县（市、区）统筹协调，进一步建立完善了送教上门机制。

第一节 送教上门的送教队伍建设与协调管理机制

《江苏省第二期特殊教育提升计划（2017—2020年）》要求，由特殊教育指导中心做好送教服务的统筹协调工作，设计好组织架构和管理机制，汇聚卫生健康、民政、残联等部门的资源，共同为重残儿童提供教育和康复服务。各地教育、民政、残联等部门要选派责任心强、富有爱心、业务水平较高且具有丰富实践经验的教师（或退休教师）、康复师承担送教上门服务相关工作，建立"一生一案"个别化康教服务机制。送教上门是一项全新的任务，加强送教上门工作的法治化、规范化和制度化建设，细化分工，明确各方权责，打造一支高素质专业化的送教上门团队是推进送教上门工作的有力保证。为了让重残儿童获得高质量的教育资源，需要有一支专业的送教上门师资队伍。建立送教队伍建设与协调管理机制是送教上门的关键。

送教上门是特殊教育的全新领域，由于送教对象的特殊性，涉及教育、医疗、康复等众多领域，要依赖团队才能实施，合作成为不可回避的选择。送教上门要求教师开展积极的合作，从教育诊断与评估、个别化教育方案的制订与实施到课程资源的开发、教学评价等，都不是教师一个人能完成的，需要团队成员的通力合作。南通特殊教育中心从送教上门的"门槛"抓起，制定入门条件，建立送教上门资质准入机制，经过选拔培训建立送教上门师资资源库。

一、制定送教上门队伍准入标准

（一）巡回指导教师

巡回指导教师由特殊教育学校教师和残联康复师担任，须满足下列条件：

① 有开拓创新精神，能关心爱护特殊儿童，热爱特殊教育事业；

② 有多年的特殊教育或康复训练经历，熟悉智力障碍、孤独症、脑瘫或多重障碍儿童的教育和训练；

③ 具备独立开展特殊儿童教育诊断与评估、制订个别化教学计划、设计和调整课程的能力，有一定的管理和协同教育经验。

（二）资源教师

资源教师由普通学校教师（或退休教师）担任，须满足下列条件：

① 热爱特殊教育事业，关心爱护有特殊需要的学生；

② 乐于承担送教上门工作，坚信每个孩子的差异都是可贵的教育资源；

③ 有担任班主任经历和随班就读工作经验，勇于在教学中尝试创新；

④ 具有团队合作精神和较强的沟通协作能力。

（三）志愿者

志愿者一般是社会公益组织的骨干成员，须满足下列条件：

① 热心公益事业，热爱特殊儿童，有多年的社会公益组织服务经历；

② 有娴熟的驾驶技术，能够为送教上门提供长期服务支持；

③ 有良好的沟通和协作能力。

二、组建送教上门团队，明确相关职责

构建起多方合作、共同参与的送教上门工作管理网络及学校内部的送教上门管理工作机制，从而保证送教上门工作的有序开展。在南通市教育局、南通市残联和南通市教育科学研究院的指导下，各县（市、区）特殊教育指导中心和残疾人康复中心具体组织实施送教上门工作，社会公益组织协同实施，服务对象所在的施教区学校负责具体落实。全市各特殊教育指导中心成立由康复训练师、特殊教育专职教师和社会公益团体共同组成的特殊教育巡回指导小组，对辖区内的送教上门工作进行巡回指导和考核评估。当地乡镇学校建立特殊教育领导小组，分管领导和骨干教师作为特殊教育工作联络员和资源教师，具体负责对本施教区的送教上门学生开展管理和教学、康复训练工作。特殊教育联络员具体负责本校资源教师的日常管理，统筹本施教区的送教上门工作，协调巡回指导小组、资源教师、学生家长共同制订个别化教学计划及确定服务内容、时间。资源教师负责本施教区送教上门学生的新生走访工作，为送教上门学生量身定制教育方案，根据方案开展送教上门的教育教学与康复训练工作。各方的具体职责如下：

（一）特殊教育指导中心

① 负责巡回指导小组的培训管理；

② 负责辖区内送教上门学生的调查与评估和学籍管理（其中，残疾人康复中心负责送教上门学生的康复评估；特殊教育学校负责送教上门学生的教育评估）；

③ 负责对各校送教上门的教学和康复训练工作进行指导；

④ 负责对资源教师进行培训；

⑤ 负责对全市各校的送教上门工作进行考核评估；

⑥ 负责为社区及家长提供咨询服务等。

（二）各普通学校

① 特殊教育联络员负责本施教区送教上门工作的日常管理，统筹本施教区的送教上门工作，协调巡回指导小组、资源教师、学生家长共同制订个别化教学计划及确定服务内容、时间；

② 资源教师负责日常教学协调工作，同时围绕学科补救、康复训练和潜能开发做好日常教学辅导工作，以及送教上门学生的建档和档案管理工作。

（三）特殊教育学校和残疾人康复中心

① 成立巡回指导小组；

② 为接收送教上门学生的学校提供特殊教育技术支持，对学生安置、课程安排、教育教学管理、评价内容与方式、教育资源配置等工作提出意见与建议；

③ 对个别化教育计划的制订与实施、康复训练、教育教学等工作进行技术指导；

④ 对有康复训练需求的学生进行康复训练等。

（四）社会公益组织

① 筛选确定社会公益组织，签订公益服务协议；

② 审查确定送教上门志愿者，组织开展岗前培训；

③ 配合教师做好用车服务、日常线上陪伴、重残儿童及其家庭支援性服务等。

三、送教上门的师资研训与交流

送教上门教师需要具备丰富的教学经验和专业知识，能够制订个性化的教学计划和方案。因此，教育行政机构需要注重教师的培养和交流，为教师提供专业培训和学习机会，让教师能够不断提高自己的送教水平。没有一支高水平的送教师资队伍，就不可能有高质量的送教服务。

（一）分级成立送教上门师资研训小组

1. 成立市级送教上门学科中心组

建立一支高素质的送教上门师资研训小组，是送教上门工作的出发点和落脚点。由南通市教育科学研究院特殊教育教研员领衔，各县（市、区）特殊教育指导中心选派在智力障碍、孤独症、脑瘫或多重障碍儿童教育康复领域的骨干教师成立南通市智障儿童教育中心教研组、孤独症儿童教育中心组、脑瘫儿童教育中心组和多重障碍中心组，它们在南通市教育科学研究院的领导下负责本县（市、区）送教上门团队的业务指导和培训工作，通过组建专兼结合、结构合理、素质优良的送教上门培训师资骨干，带动区域送教上门水平的整体提高。

2. 成立县（市、区）级送教上门学科小组

由市级送教上门学科中心组成员领衔，各县（市、区）特殊教育指导中心成立智力障碍、孤独症、脑瘫或多重障碍儿童教育康复教研组，负责辖区内送教上门工作的业

务指导与培训工作，组织资源教师围绕送教上门学生开展教学研讨和考核评估。送教上门学科小组从送教上门工作需要出发设计、制定培训内容和计划，通过基于需要和实践的培训促使教师自我反思，以行动研究的方式共同分析送教上门教师在送教上门中遇到的问题，提供观察和思考的方法，是实施送教上门的有力保障。

3. 成立乡镇级送教上门工作推进小组

由各乡镇学校分管校长领衔，县（市、区）级送教上门学科小组成员、送教上门学校资源教师为骨干成立送教上门工作推进小组。资源教师具体组织对本施教区内的送教上门学生开展教育教学和康复训练，定期组织教学研讨和成果展示；以听课评课、座谈研讨、集体学习为手段，以问题立项、集体讨论、同伴互助、专家引领等行动策略来推动资源教师的成长。

（二）分类开展送教上门师资研训

重残儿童的教育有别于普通教育和一般特殊儿童的教育，当前很多普通学校包括特殊教育学校缺少满足这些重残儿童教育需求的经验。建立服务于送教上门工作的师资培训保障体系，通过有计划、分层次的培训，进一步确立受训教师的特殊教育理念，使其深刻理解送教上门对重残儿童发展的重要意义，并能够热爱残障学生，热爱送教上门工作。通过培训和实践，教师可进一步掌握送教上门的教学康复技能，顺利开展教育教学和康复训练，让送教上门工作逐步走向规范化。送教上门师资研训采用个人自学、分组教研和集中培训的方式，将专家讲座、研讨工作坊、专题培训研讨、工作经验交流等多种培训途径结合起来，通过培训来指导送教上门工作。

1. 个人自学

师德修养是教师立身立教之本，送教上门是以厚重伦理道德和法律依据为底色的脱贫攻坚事业。因此，教师要集中学习《中小学教师职业道德规范》《中华人民共和国义务教育法》《中华人民共和国教师法》《中华人民共和国未成年人保护法》《中华人民共和国残疾人保障法》等法律法规，并学习特殊儿童心理学、教育学、特殊教育学校义务教育课程标准等专业知识。此外，结合自身找差距，在教育教学中约束自己、规范自己，从而达到自修、自思、自我提高的目的。

2. 分组教研

送教上门学生分布广，涉及的专业人员较多，南通市通过建立远程培训研究机制，搭建QQ、微信即时交流平台，以县（市、区）为基本交流单位，通过在线会议、案例研讨分析的方式，与小组交流、校际交流和全市的送教上门工作交流活动相结合。利用巡回指导、业务学习及教研活动等对送教上门中遇到的问题进行探讨，通过康复师、资源教师、联络员和巡回指导教师的一次次交流碰撞，不断发现问题、总结经验，不断完善送教上门的方法。

3. 集中培训

2020年，江苏省在《关于做好义务教育阶段重度残疾儿童少年送教服务工作的指导意见》中指出，认知能力达到国家培智学校义务教育课程标准所设最低要求的特殊儿童，原则上应安置到学校，不应被确定为送教上门服务对象。教育对象的变化对送教上门工作提出了新的挑战，送教上门师资的专业知识需要不断得到充实和完善。为此，南通市划拨专项经费，邀请专家定期组织开展市、区级培训，既有政策的解读，也围绕智力障碍、孤独症、脑瘫、多重障碍儿童教育教学和训练的专业提升开展培训，通过行政领导培训、骨干教师培训、巡回指导教师培训、资源教师培训等集体集中培训来不断提升送教上门队伍的整体素质。

（三）送教上门师资的调整与交流

1. 建立区域送教上门师资资源库

送教上门师资涉及的对象多、专业广，其培养不是一朝一夕的事，而是一个持续进行的过程。南通市以提高送教上门教师专业能力为出发点，通过不断丰富送教上门教师的教育专业知识，以及医学康复、运动保健、营养卫生的知识储备，打造复合型教师，满足送教上门学生多元化的教育需要。通过长期的培养建立起包括肢体残疾（以重度脑瘫为主）、智力残疾、精神残疾（以孤独症为主）、多重残疾等障碍类别方向的区域送教上门师资资源库。县（市、区）教体局对辖区内送教上门师资队伍实行统一管理。

2. 建立区域送教上门师资流动制度

依据送教上门学生的残障类别，以送教上门学生的生涯发展为方向，结合特殊教育服务清单，以送教上门学生的个体发展现状为基础，每年8月由县（市、区）特殊教指导中心、残联根据送教上门学生的分布进行统筹调度，合理安排送教上门教师，确保每一个送教上门学生都能得到专业的教育服务。

第二节 送教上门的课程区域统筹与协调开发研究机制

送教上门的课程区域统筹与协调开发研究机制是指在一定区域内，通过统筹协调各种教育资源和力量，共同开展送教上门课程的开发和实施，以实现教育资源的优化配置和效益最大化。这种机制有利于提高送教上门的质量和效果，促进教育公平和均衡发展。

一、送教上门的课程开发与实施

课程建设是送教上门的核心。送教上门的课程需要根据学生的实际情况和需求进行设计，要具有针对性和实用性。在课程建设方面，需要注重课程的多样性和灵活性，满足不同学生的需求。同时，还需要注重课程的更新和改进，根据学生的反馈和需求进行调整与优化。送教上门的课程开发，是指通过教师与学生、家长的互动，共同制订有针对性的教学计划和课程方案，旨在为学生提供更加灵活、多样、个性化的学习方式，提高教育教学质量。

（一）送教上门课程开发与实施的具体步骤

第一步，了解学生需求：通过教育诊断与评估，了解学生的现有发展水平和优势、弱势能力及学习方式等方面的信息，为制定课程提供依据。

第二步，召开个别化教学计划制订研讨会议：根据学生发展需求，在特殊教育指导中心的组织下，学生辖区的特殊教育联络员、巡回指导教师、资源教师、学生家长共同讨论制订具体可行的教学计划，包括教学目标、教学内容、教学方法、教学时间等。

第三步，实施课程：按照教学计划，资源教师开展送教上门服务，进行课程教学；在教学过程中，要根据学生的学习反馈，适时调整教学内容和方法，以增强教学效果。

第四步，进行教学评价：资源教师对教学过程进行评价，包括学生、学生家长对课程的满意度及学习能力水平的提高等方面；根据评价结果，对教学计划和课程进行优化调整。

第五步，持续改进：资源教师根据学生的学习和康复训练的进展与需求变化，不断调整和完善教学计划与课程，以提高送教上门课程的针对性和有效性。

（二）送教上门课程开发的前期准备

送教上门课程开发的前期准备要求在设计和实施送教上门课程时需要满足以下五个方面的条件。

（1）学生需求

送教上门课程的开发应基于送教上门学生的实际需求，了解送教上门学生的能力发展水平、优势、弱势等，确保课程内容和方法能够满足送教上门学生的个性化学习需求。

（2）教师素质

送教上门课程的开发需要高素质的师资队伍，教师应具备丰富的教学和康复经验、专业知识和教学技能，能够为送教上门学生提供高质量的教学服务。

（3）教育资源

送教上门课程的开发需要丰富的教育和康复资源，包括教材、教具、教学视频及康复训练器材等，以支持教师进行有效的教学训练活动。

（4）技术支持

送教上门课程的开发需要先进的技术支持，如网络通信技术等，以支持教师进行在线教学。

（5）管理支持

送教上门课程的开发需要得到学校、家长等各方面的支持，确保课程能够顺利实施，提高教育教学质量。

（三）送教上门课程的设计原则

送教上门课程的设计原则是指在设计和实施送教上门课程时应遵循的基本原则，主要包括以下几个。

（1）个性化原则

送教上门课程应根据送教上门学生的个性化需求进行设计，充分考虑送教上门学生的学习能力、优势、弱势等，为送教上门学生提供有针对性的学习内容和方法。

（2）目标导向原则

送教上门课程应明确教学目标，确保课程内容和方法与教学目标相一致，帮助送教上门学生实现学习目标。

（3）参与性原则

送教上门课程由送教上门学生家长、巡回教师、资源教师等多方参与设计，并共同制订教学计划和课程方案，更加贴近送教上门学生的需求。

（4）灵活性原则

送教上门课程应具有灵活性，能够根据送教上门学生的学习反馈和需求变化进行调整，以满足送教上门学生的个性化学习需求。

(5) 有效性原则

送教上门课程应注重教学与康复的双重效果，采用有效的教学和康复训练方法及灵活且有针对性的评价方式，确保送教上门学生能够真正得到发展。

(6) 持续性原则

送教上门课程应注重持续性，根据送教上门学生的学习进展和需求变化，不断调整和完善教学计划与课程，为送教上门学生的后续发展提供持续支持。

(四) 送教上门课程开发的意义

送教上门课程开发的意义主要体现在以下四个方面。

(1) 满足送教上门学生的个性化需求

送教上门课程可以针对送教上门学生的个性化需求进行设计和实施，有助于激发送教上门学生的学习兴趣和积极性，增强送教上门学生的学习效果。

(2) 提高教育公平性

送教上门课程可以帮助那些因为特殊原因无法到校学习的送教上门学生，让他们也能够接受到高质量的教育，从而提高教育公平性。

(3) 拓展教育资源

送教上门课程可以充分利用网络和在线教学资源，拓展教师、志愿者和送教上门学生的教育资源，提高教育的质量和效果。

(4) 促进教师专业发展

送教上门课程可以促进送教上门教师的专业发展，提高送教上门教师的送教能力和送教效果，从而提高区域特殊教育的整体服务水平。

(五) 送教上门课程的类型

1. 言语康复课程

对于有言语康复需求的送教上门学生来说，送教服务能够为他们提供个性化、专业化的康复训练，帮助他们克服语言障碍，提高生活质量。

(1) 课程目标

送教上门学生的言语康复课程旨在帮助送教上门学生提高语言能力，实现以下具体目标：

① 提高发音准确性，使送教上门学生能够正确地发出音标、声母、韵母和声调，掌握对语音语调、语速、音量等方面的控制能力。

② 提高语言理解能力，使送教上门学生能够听懂他人的谈话、理解文字信息，掌握词义、词性、语法、句法等方面的知识。

③ 提高语言表达能力，使送教上门学生能够用语言描述事物、表达观点、叙述事件，熟练运用词汇、句型、篇章等方面的知识。

④ 提高口语交流能力，使送教上门学生能够在实际情境中进行有效的口头交流，掌握对话、提问、回答、表达感情等方面的技巧。

(2) 课程内容

送教上门学生的言语康复课程主要包括以下内容：

① 语音训练：音标、声母、韵母、声调等方面的练习，以及对语音语调、语速、音量等方面的控制。

② 语言理解训练：词义、词性、语法、句法等方面的知识习得，以及推理、判断、解释等思维能力的训练。

③ 语言表达训练：词汇、句型、篇章等方面的知识习得，以及逻辑、修辞等表达技巧的训练。

④ 口语交流训练：语言的实际运用、语境理解、情感交流等方面的技巧掌握。

（3）课程实施

送教上门学生的言语康复课程应采用多种教学方法实施，如：

① 个性化教学：根据送教上门学生的具体情况，制订个性化的康复训练计划，确保训练的有效性和针对性。

② 情境教学：通过模拟实际情境，让送教上门学生在真实的语言环境中进行训练，提高其实际语言运用能力。

③ 合作教学：教师、家长、送教上门学生等多方共同参与康复训练，形成教育合力，增强康复效果。

④ 评估反馈：定期进行康复评估，及时发现并解决训练过程中出现的问题，调整康复训练计划。

2. 生活适应课程

生活适应课程是为了帮助学生更好地适应生活而设置的一种教育课程。其主要目的是帮助重残儿童更好地适应生活，能够独立生活，并且能够处理好日常生活中的问题。通过对生活适应课程的学习，送教上门学生可以更好地理解课程内容，并更快地掌握一些基本技能。此外，生活适应课程还可以帮助送教上门学生更好地了解社会，并让送教上门学生更好地培养自己的兴趣爱好。它主要包括以下四个方面的内容：

① 基本生活技能：个人卫生、饮食、睡眠、穿衣等方面的技能。

② 社交技能：与他人沟通、交流等方面的技能。

③ 日常活动技能：做饭、洗衣、打扫卫生等方面的技能。

④ 安全技能：交通安全、防火安全、防盗安全等方面的技能。

3. 认知能力课程

认知能力课程是为了帮助重残儿童提高认知能力而设置的一种教育课程。认知能力是指人们获取、处理、储存和应用信息的能力，它是人们学习和生活中不可或缺的基本能力。通过对认知能力课程的学习，送教上门学生可以更好地适应学习和生活中的各种挑战。课程主要包括以下内容：

① 感知能力培养：视觉、听觉、触觉、味觉和嗅觉等方面的训练，帮助送教上门学生提高对事物的感知和认知能力。

② 注意力培养：选择性注意力、持续性注意力和分配性注意力等方面的训练，帮助送教上门学生提高注意力集中度和注意力分配能力。

③ 记忆能力培养：短期记忆、长期记忆和情境记忆等方面的训练，帮助送教上门学生增强记忆力和记忆效果。

④ 思维能力培养：逻辑思维、创造性思维和批判性思维等方面的训练，帮助送教上门学生提高思考问题和解决问题的能力。

⑤ 语言能力培养：听、说、读、写等方面的训练，帮助送教上门学生提高语言表

达和沟通能力。

⑥ 情绪能力培养：情绪识别、情绪表达和情绪调节等方面的训练，帮助送教上门学生学会理解和控制自己的情绪。

⑦ 空间能力培养：方向感、距离感和空间想象力等方面的训练，帮助送教上门学生认识空间关系和提高判断能力。

⑧ 时间能力培养：时间感知、时间表达和时间管理等方面的训练，帮助送教上门学生提高对时间的认知和管理能力。

4. 感知肌能课程

感知肌能课程是为训练和加强重残儿童的感知反应和肌能活动的协调发展而设置的课程，其开发包括以下内容。

① 确定课程目标：明确课程目标，如提高送校上门学生做精细动作和粗大动作的能力，改善他们的肌体功能，以更好地完成或配合完成个人自理、适应家庭生活和社区生活。

② 设计课程内容：根据送教上门学生肌体发展现状和需求，设计适当的课程内容。例如，针对脑瘫儿童，以改善肌体功能、延缓肌能退化时间为目标，设计站、走、跑、抓、握、推、拉、举、捏、拧、撕等动作训练，以及结合动作训练设计一些综合性活动；针对孤独症儿童，开展感觉统合训练；等等。

③ 制订教学计划：根据课程内容和送教上门学生的实际情况，制订合理的教学训练计划，确保每个送教上门学生都能按时完成课程任务。

④ 准备教学训练材料：根据课程内容和教学训练计划，准备相应的教学材料和训练设备，如教学视频、课件、各类康复训练器材等。

⑤ 设定评估标准：为了确保课程的有效性，需要设定一定的评估标准，对送教上门学生的学习训练效果及时进行记录和评估。

⑥ 培训教师：为了确保课程的质量和效果，需要对教师进行培训，让他们了解课程的目标、内容、教学方法和评估标准，并具备一定的康复知识和技能。

⑦ 收集反馈：在课程进行过程中，收集送教上门学生的反馈意见和教师的教学建议，对课程不断进行改进和优化。

⑧ 定期检查和评估：为了确保课程的持续有效，需要定期对课程进行检查和评估，了解课程的执行情况，及时发现问题并进行相应调整。

（六）送教上门课程实施需要考虑的因素

课程实施是通过教学活动将编制好的课程付诸实践。在课程实施的过程中不可避免地会出现一些问题，需要按照实际情况对课程进行调适。根据重残儿童的个体差异，在现有送教上门课程类型的基础上，充分考虑送教上门学生的需求和家庭生态情况，结合教学资源和教学方法，从为送教上门学生提供更好的教育服务角度出发综合考虑，将知识传授和康复训练结合起来渗透到教学的各个层面。送教上门课程实施需要考虑以下因素。

（1）课程目标

需要根据学生的学习需求和身心发展情况制定具体的学习目标，提高学生的学习效果。

(2) 课程内容

需要根据学生的学习水平和能力，进行课程内容的整合和调整，确保学生能够更好地掌握知识并得到训练。

(3) 教学方法

课程实施需要采用合适的教学训练方法，如线上线下结合、教师演示和学生实践结合、结合环境实地教学等。

(4) 师资队伍

需要有专业的教师队伍，教师要具备优异的教学能力和丰富的教学经验，能够为学生提供高质量的教育服务。

(5) 教学评价

需要进行有效的教学评价，对学生的学习效果进行监测和评估，及时发现并解决问题，提高教育质量和效果。

（七）其他事项

送教上门的课程区域统筹与协调工作需要各方共同努力，加强合作，形成合力。建立送教课程区域统筹机制，需要考虑以下五个方面。

(1) 明确统筹主体

统筹主体是指在一定区域内负责送教课程规划、实施和管理的机构或组织。例如，南通市建立了市教科研中心领导下的全市各特殊教育指导中心共同参与的送教课程区域联盟，由联盟成员共同承担课程开发管理职责。

(2) 制定统筹策略

统筹策略是指在送教课程区域统筹机制下，各统筹主体应采取的措施和方法。例如，南通市通过资源共享、师资培训、课程研发等方式，提高区域送教课程的整体质量和实施效果。

(3) 建立评估机制

评估机制是指对送教课程区域统筹机制的运行情况进行监测和评价的制度。例如，南通市设立专门的评估机构，依托云平台定期对送教课程的质量和效果进行评估，为统筹决策提供依据。

(4) 加强师资培训

师资培训是指对送教上门教师进行专业知识和技能的培训，以提高他们的教育教学能力。例如，南通市定期组织送教上门教师参加培训班、研讨会等活动，提高他们的专业水平和教育教学能力。

(5) 加强区域合作

区域合作是指在送教课程区域统筹机制下，各统筹主体之间积极开展合作，共同推动送教课程的发展。例如，南通市通过交流合作、资源共享等方式，促进各统筹主体之间的协同发展。

二、送教上门课程合作研究策略

送教上门课程合作研究策略是一种合作性研究方法，要求学校、家长、社区及相关部门共同努力，共同研究、设计送教上门教育方案并加以实施，尽可能确保送教上门学生接受高质量的教育和享受康复服务。

（一）合作研究的原则

区域合作研究的原则是在送教上门实施过程中学校、家庭、社区及相关部门遵循的共同准则。具体原则如下。

(1) 共同参与

学校和家庭应共同参与送教上门活动的规划、实施和评估，确保教育方案符合学生需求，增强学生的学习效果。

(2) 资源共享

学校和社区应共享教育资源，合作开展送教上门活动，提高教育资源的利用效率。

(3) 沟通协调

学校和家庭应保持良好的沟通协调能力，共同解决送教上门过程中出现的问题和困难。

(4) 尊重差异

学校应针对每个送教上门学生的特点和需求，制订个性化送教上门方案，尊重送教上门学生的差异，关注送教上门学生的全面发展。

(5) 持续改进

学校应根据实际情况不断调整和完善送教上门方案，提高送教上门教育的质量和效果。

(6) 保障权益

学校和相关部门应加强对送教上门的监管，确保送教上门学生的学习权益得到保障。

(7) 注重实效

学校和相关部门应关注送教上门学生的学习进步和成长，不断提高教育质量。

（二）合作研究的路径

(1) 以课题研究为抓手，突破送教上门堵点

定期开展研讨交流，将小组交流、校际交流和全市的送教上门工作交流活动相结合。市特殊教育指导中心利用业务学习的时间组织送教上门课题组成员及送教上门核心团队成员汇总问题、交换意见，明晰研究方向、路径。每月，县（市、区）特殊教育指导中心以巡回指导小组为单位，召集康复师、资源老师、联络员和巡回指导教师赴重残儿童家庭开展送教活动，开展小组教学研讨。每年助残日期间，市特殊教育指导中心再组织全市送教上门经验交流和分享。通过康复师、资源教师、联络员和巡回指导教师的一次次交流、碰撞，不断发现问题、总结经验，不断完善送教上门方案，提升教师的送教上门能力。

(2) 以主题教研为目标，化解送教上门难点

组织开展教研活动，以重度智力障碍儿童、重度脑瘫儿童、重度孤独症儿童和多重障碍儿童这几类典型群体为样本编写送教上门教材，开展教学研讨活动，化解送教上门难点。例如，南通市先后通过"学做小主人""有趣的蚕豆""快乐玩球""刷牙""剥豆"等录像课及执教教师的课程讲述来交流和分享送教上门经验。

合作研究是开展送教上门工作的重要手段。在合作研究的基础上可以实施协同教学，如多个教师或机构共同为送教上门学生提供教育资源和指导，这也能提高送教上门教师的教学水平和专业能力。

第三节　送教上门的多元协作机制

送教上门是特殊教育的一种补充教育安置形式，是学校与家庭合力共同教育重残儿童的一座桥梁。学校、家庭、社区及相关部门应遵循共同准则，以保障送教上门活动的顺利进行。

一、家庭在送教上门活动中需要承担的责任

家庭是送教上门活动的基础和支持方，对于重残儿童的生活、学习和康复具有至关重要的作用。送教上门学生分布在一个个家庭，家庭是送教上门学生每日生活、学习、训练的主要场所，充分利用家庭环境提升送教上门质量成为送教上门工作的突破口之一。在送教上门中，家长是重要的角色。家长的心理状态、教养方式及日常康复训练、生活辅导等方面问题的解决是送教上门工作顺利推进的保障。家长的支持、配合与付出是送教上门工作扎实推进的基础。

家长应营造一个温馨、和谐的家庭氛围，为重残儿童提供一个舒适的成长环境，尊重他们的个性和需求，鼓励他们积极参与家庭和社会活动。家庭应负责重残儿童的生活起居，包括饮食、洗漱、穿衣等日常生活照顾，确保他们的基本生活需求得到满足；应给予重残儿童充分的关爱和陪伴，倾听他们的心声，理解他们的感受，为他们提供情感支持，帮助他们建立自信；应承担起对重残儿童的家庭教育责任，根据他们的能力和需求，进行适当的教育，帮助他们提高认知能力和生活技能。家长积极配合送教上门教师的具体措施包括以下方面。

（一）树立正确的教育意识

家长必须树立正确的教育意识。教育孩子不仅仅是学校或教师的责任，也是家长的责任和义务。虽然送教学生多数残疾程度重、学习能力弱，但这并不意味着就不用教或教不了。所以，家长要善于发现孩子身上的可塑点，多着眼于孩子身上的闪光点，树立教育信心，积极配合学校的指导教师对孩子进行教育训练。

（二）加强家长间的沟通交流

在学生中，同伴间的相互影响是非常大的，而送教上门家庭的家长之间的相互影响也是非常大的。所以，要充分发挥送教上门家长之间的相互影响。可以通过建立家长交流群、召开家长分享会等形式加强送教家长之间的沟通交流，让家长相互分享一些切实有效的家庭教育指导方法、心得体会等，家长能从中有所领悟和得到能力提升。同时，这些平台也是家长相互倾诉、进行情绪宣泄的平台，能在心理上给予家长支持和理解，让他们更积极地面对生活。

（三）接受培训，参与送教

家长接受相关培训，学习如何更好地照顾和教育重残儿童，能有效提高家庭在送教上门活动中的服务质量。家长应积极参与重残儿童的教育活动，与送教上门教师共同制订教育计划，关注孩子的学习进度，协助解决孩子在学习过程中遇到的问题；积极主动参与送教上门活动之后的延伸活动，辅助教师做好相关知识技能的再训练，根据特殊学生课程开发的环境生态要求，体现生态性和支持性。

例如，在具体教学中，送教上门教师立足重残儿童个体的具体生活环境指导重残儿童学习刷牙。教学后,家长需要在真实的家庭环境里,对照操作引导图(图4-1),提示与协助孩子进行刷牙实践。通过一个月的实践,孩子熟悉刷牙步骤,掌握刷牙方法,家长对其表现进行评价并填写评价表(表4-1)。在这样的过程中,重残儿童能取得更大的进步。

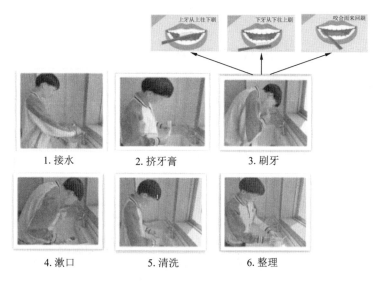

图 4-1　刷牙教学后的家庭辅助操作引导图

表 4-1　生活适应(刷牙)评价表

评价内容	家长评价	教师评价
知道早晚刷牙		
有早晚刷牙需求		
知道饭后漱口		
有饭后漱口需求		
知道刷牙需要用到哪些物品		
会挤牙膏		
会接漱口水		
会刷牙		
会饭后漱口		

(四) 主动建立社会支持网络

家庭应积极参与社会支持网络的建立,与其他家庭、学校、医疗机构等建立联系,共同为残疾学生提供全面的服务。

二、学校在送教上门活动中需要承担的责任

(一) 支持家长,"以家庭为本位"送教

在送教过程中,以提高家长的教育素质、改善教育行为为直接目标,以促进重度智障儿童少年身心发展为目的的一种教育过程,即家庭教育指导。家庭教育指导工作有着极其重要的作用,它直接影响送教上门工作的开展和成效。有很多重残儿童的家长忽视家庭教育的重要性,教育能力欠缺,教育信心不足。这些家长急需专业的家庭教育指导。而要得到家长的理解和配合,家庭教育指导必须以家长的需求为导向,教师要在送教之前做好家长的访谈和信息登记工作,了解家长的需求,征求家长的意见和建议,再根据家长需求并结合学生特点制订家庭教育指导计划,这个前提下的家庭教育指导工作更容易获得家长的支持和配合,对之后的家庭教育指导也会事半功倍。

重残儿童养护者的教育期望值较低,承受的心理压力较大,学校需要充分调动其积极性,使其密切配合学校的送教上门工作。送教深入家庭时,学校应侧重家长的心理疏导及家庭训练目标落实的策略,让家长及时发现孩子的进步点;发挥专家引领作用,由专家小组成员对家长进行心理疏导,使家长树立自信;了解重残儿童情况,提出照料和康复建议,在资源教室对家长进行集体心理疏导,通过视频连线、问题解答和家长经验分享等形式,帮助家长排忧解难,使家长树立"不能否定自己,更不能否定孩子"的观念;主动宣传送教上门工作知识,让家长了解他们应享有的权利、服务及教学的技巧策略;进行家庭环境改造,营造更适合孩子教育与康复的环境,指导家长继续在非送教上门时段巩固送教上门效果。

(二)构建系统的家庭教育指导课程体系

新接到送教上门任务的教师常常一头雾水,不知如何开展工作。如果学校具备完善的家庭教育指导课程体系,那么新上任的送教上门教师就能有所参考,及时明确送教中的家庭教育指导目的,也能根据课程要求制订家庭教育指导计划,确定家庭教育指导内容,最后给送予教家庭合适的服务与指导。因此,系统的家庭教育指导课程体系是提高送教上门的家庭教育指导工作效率的前提和制度保障。学校可以创编《家庭康复训练指导手册》,给家长以科学的指导,让家长对照手册找到学生常见的问题及解决方法,使家庭训练有据可依,辅助送教上门服务取得更好的效果。

(三)确立送教内容体系

送教内容不是单纯地按照学科教学内容来确定的。送教内容体系主要包括五个方面:送理念、送教育、送康复、送辅助器材、送相关服务。其中,送理念是向送教上门学生及家长宣传有关教育的方针政策及特殊教育方面的知识,使学生和家长对送教上门工作充满信心,从而配合送教上门工作的开展。送教育和送康复是结合学生的个别化教育计划,以适应生活、融入社会为教学目标,向送教上门学生及家长提供知识和技能。例如,针对送教上门学生,可以提供认知训练、动作康复、沟通技能、生活自理、社会交往等方面的知识;针对家长,可以提供生活适应、社会交往、行为管理、情绪疏导等方面的教学方法,使他们在没有送教上门教师的情况下,也可以对学生进行教育和康复工作。送辅助器材是根据送教上门学生的残疾类别及残疾程度,向送教上门学生提供一些训练辅助器材、沟通辅助器材等,以帮助他们进行康复训练。送相关服务是结合学生及家长的需要,提供教育补助、其他福利,使送教上门学生及家长感受到政府、学校、社会对他们的关心和帮助。

在对家长进行培训时,应该围绕着送理念、送知识、送技能等方面展开。首先,应转变家长的观念,对家长进行心理疏导,帮助家长树立信心,同时还要重视其他家庭成员的作用、家庭文化氛围的建设,突出家庭教育的优势地位。其次,由于送教时间有限，教师可以先将知识技能教给家长，使其在具体情境中有针对性地对孩子开展教育和帮扶工作，这样也会帮助他们学会相关教育和康复方法，从容面对孩子的教育和帮扶需求，提高整个家庭的生活质量，使家庭生活更和谐，提升家庭的幸福感。

（四）培养专业的指导教师队伍

要想提高送教上门中的家庭教育指导水平，不能光靠课程建设，还要培养一批专业的指导教师队伍，因为一个行业的专业化水平在很大程度上体现在其是否有自己独立的专业团体。送教上门学生的障碍类型是多样的，那么承担送教上门任务的指导教师也应该有相对应的专业能力。学校可以通过专家讲座、团队研讨等途径组建不同专业方向的指导教师队伍，如孤独症训练组、感统康复运动组、学科教学组等。专业的指导教师能根据学生的特点、家长的需求，结合自己的所长提供专业的家庭教育方法，从而提高家庭教育指导水平。因此，培养专业的指导教师队伍是提高送教上门的家庭教育指导工作效率的组织保障。

（五）加强对家长的知识宣传

由于重残儿童不能参与学校生活，其家长也相对处于信息较为闭塞的状态，对特殊教育的知识了解甚少，这在一定程度上影响了送教上门中的家庭教育指导效率。因此，学校应加强宣传工作，通过举办或召开家长会、家长论坛、家长讲座等活动，使家长及时了解一些特殊教育方面的政策和知识，同时可以通过问卷、访谈等多种形式获取送教上门家长的需求和特点，这能为制订相应的家庭教育指导计划和方案提供依据，也能提高家长对家庭教育指导的接受度。因此，加强对送教上门家长的知识宣传是提高送教上门的家庭教育指导工作效率的思想保障。

三、社区在送教上门活动中需要承担的责任

（一）加强对社会性服务的宣传和推广

送教上门工作需要取得社会的支持。社区应通过各种媒体宣传和推广重残儿童送教上门活动，提高社会对这一活动的认识和理解，营造一个包容的社会环境；广泛宣传社会性服务对重残儿童的重要性，让更多的人关注和支持这一工作，为重残儿童提供更多的帮助；分享重残儿童送教上门活动的成功案例和经验，鼓励更多的人参与到这项工作中来，共同为重残儿童的成长和发展贡献力量。

（二）做好随访工作

社区要成立志愿者服务团队，在教师做完指导工作后，做好随访工作。随访不仅能检查指导教师是否认真完成了指导任务，还能在一定程度上监督家长认真做好家庭教育，同时及时解决家长在家庭教育过程中遇到的问题。如果在随访过程中发现当前的方法已不适合孩子当前的能力水平，那么要将随访报告及时反馈给指导教师，方便指导教师根据实际情况调整指导方法。

四、医疗机构在送教上门活动中需要承担的责任

（一）定期随访评估

医疗机构应对重残儿童进行定期的随访和评估，及时了解他们的健康状况，为送教上门活动提供有针对性的医疗建议和支持。

（二）提升专业素养

医疗机构应提升机构人员的专业素质和服务能力，确保他们能够为重残儿童提供高

质量的服务。

（三）更新医疗设备和技术

医疗机构应更新医疗设备和技术，提高医疗服务水平，满足重残儿童的医疗需求。

（四）优化服务流程

医疗机构应优化服务流程，提高服务效率，确保重残儿童在送教上门活动中能够得到及时、有效的医疗服务。

五、各部门通力合作

政策再好，再利民惠民，也得有一支强有力的执行团队来保障落实。送教上门不是单凭特殊教育学校就能独立完成的，而是需要残联、财政、民政、卫生健康等各部门相互配合、各司其职。送教上门工作需要政策引导、领导重视、部门协作、经费保障、教师素质高、家长态度良好等来保证其成功实施。

卫生健康部门建立首诊通报机制，对于在医疗服务过程中发现的本区域内户籍未入学适龄残疾儿童，第一时间告知县（市、区）教体局。卫生健康部门根据教育部门提供的未入学适龄残疾儿童名单，做好医学鉴定工作，配合教育部门共同做好教育诊断安置，并将未入学残疾儿童纳入责任医生签约重点服务对象。在未入学适龄残疾儿童较多的康复医疗机构组建送教（康）服务点，协助和配合学校送教上门教师做好教育工作。卫生健康部门每年组织送教（康）服务教师和康复人员的专业培训，不断提高送教（康）服务质量。

教育部门牵头，通过跨部门与残联、卫生健康等部门合作，整合教育、康复、医疗等专业资源，以团队合作的方式为送教对象提供适宜的服务。教育局和残联在政府督导下，根据部门联合发文规定的任务，由送教对象所在区域内的责任人组成团队，根据服务对象的需求分别落实教育、医疗、康复、资助、资金等方面的工作，实现跨部门团队合作提供送教上门服务。社区、残联应多支持学校的送教上门工作，为学校及指导教师提供制度、经费上的一些保障；同时，要经常走访送教上门家庭，给予送教上门家长一些生活上和心理上的关怀，也可以在社区中创建康复之家等康复室，组织各类活动，让送教上门家庭融入社区，这样有利于家长树立积极的教育心态，也能更加配合学校的家庭教育指导教师的工作。例如，肌萎缩侧索硬化患儿杨某，病情恶化后成为送教对象，学校联系残联，组成服务队伍，送课上门、送经济支持、送辅具到家，所在的乡镇卫生院医生跟进医疗过程。

定期组织召开送教上门协调会议，邀请学生、家长、教师、社区及相关部门参加，共同总结送教上门的教育经验，解决其中存在的问题和困难，为送教上门工作的持续改进提供支持。

第四节　送教上门的教育诊断与评估机制

教育诊断与评估是送教上门流程中的重要一环，也是最为关键的一环，它伴随重残儿童送教上门的全程。"诊断"一词属于医学用语，本意是了解病情后对病人的病症及其发展情况做出判断。在送教上门领域，诊断与评估就是在了解了重残儿童的现状后，对其问题、特殊需要及发展情况做出判断，通过分析、判断影响重残儿童学习成就的任何生理问题、心理过程或行为表现及其原因，为制订有针对性的送教计划和策略及辅助支持提供依据。

一、建立教育诊断与评估队伍

对重残儿童的诊断与评估需要多学科、多领域专业人员的配合，具有较强的专业性，对相关人员也有明确的要求。为了进一步加强重残儿童送教上门工作的规范性、科学性和有效性，使每一个送教上门学生都能够享受合适的教育和康复服务，可在重残儿童诊断与评估队伍的基础上遴选培训，成立以心理精神科、康复运动科医生，特殊教育教师，康复师，普通学校教师，重残儿童家长为主体的多元化重残儿童诊断和评估专家资源库。重残儿童的教育诊断与评估人员主要包含以下四大类。

（一）专业医生

重残儿童或多或少都伴有生理和心理问题，而心理精神科、康复运动科医生拥有良好的职业素质和人文素养，客观、科学、严谨、耐心、善于沟通，他们的加入有利于团队准确把握重残儿童的身心发展现状及其发展方向，有利于学生的潜能开发和缺陷补偿。

（二）巡回指导教师

特殊教育教师和康复师是开展送教上门工作的中坚力量，是纽带和核心。巡回指导教师通常扮演咨询师、诊断与评估者、团队协调员等多种角色，要有多样化的专业知识。南通特殊教育指导中心以重残儿童的需要为目标，分类组建专业化巡回指导团队，定期开展巡回指导。巡回指导教师受过系统的特殊教育专业培训，长期接触特殊学生，具有丰富的特殊教育经验。他们积极协助资源教师开展教学和训练，随时解答和处理送教上门过程中出现的问题。

（三）资源教师

普通学校教师是资源教师的重要来源。南通特殊教育指导中心吸纳了一大批有特教情怀的普通学校教师加入送教队伍。他们虽然具备开展普通教学的知识和能力，有着较高的热情，但缺乏特殊教育领域的专业知识，面对重残儿童就显得心有余而力不足。因此，南通市要加大培训力度，通过系统化、多途径的培训，不断提升资源教师的专业知识和技能，形成"培训一批，上岗一批，储备一批"的资源教师队伍。

（四）重残儿童家长

家长的信念和素质、教育观念和能力在送教上门实施过程中有着极其重要的作用。家庭是重残儿童接受教育的地方，家长是实施重残儿童教育的重要资源，是教育诊断与评估的主要受访者。南通特殊教育指导中心会同社区志愿者走进学生家庭向家长宣传特殊教育的方针政策，对重残儿童家庭开展心理支持，从转变家长观念入手，和家长建立起相互信任的协同关系，集合本社区和临近社区重残儿童家长建立家长互助联盟，引导家长参与到对重残儿童的教育诊断与评估中来。

二、重残儿童教育诊断与评估的原则

对重残儿童的诊断与评估是一个连续性过程，通过评估可以了解儿童的发展现状，确定近端和远端发展目标，指导开展教育教学，促使学生不断成长。为了确保重残儿童的受教育权，提升送教上门的质量，南通特殊教育指导中心建立了闭环式工作机制，通过"发现学生—首诊接待—信息共享—部门通报—诊断评估—提供清单—提出申请—实施送教—定期评估"的闭环式工作机制，助推送教上门工作的有序开展。诊断评估是闭环式工作机制的重要环节，其实施要遵循以下原则。

（一）全员性原则

著名教育家蔡元培指出："教育是帮助被教育的人，给他能发展自己的能力，完成他的人格，于人类文化上能尽一分子的责任。"[①] 在"全人教育"理念的引领下，送教上门落实立德树人的根本任务，坚持德智体美劳并举，注重将缺陷补偿与潜能开发相结合，促进重残儿童全面发展，让个体的生命潜能得到自由、充分、全面、和谐、持续发展。规范科学的教育评估有助于我们更清晰地认识重残儿童，为特殊儿童的教育安置和个别化教育方案的实施提供依据。在和家长有效沟通并取得许可的前提下，南通特殊教育指导中心对所有重残儿童开展诊断与评估，确保一个不漏。

（二）全面性原则

美国哈佛大学教育研究院心理发展学家霍华德·加德纳的研究表明人类的智能至少可以分成语言、数理逻辑、空间、身体-运动、音乐、人际、内省、自然探索、存在等九大范畴。每个智能都是一个单独的系统，这些系统相互作用，有着不同的组合。智能没有高低之分，只有倾向和强弱的不同。多元智能理论让我们看到智能的多样性，给重残儿童的发展提供了多种可能。南通市特殊儿童教育诊断与评估委员会在对重残儿童的运动、认知、情绪、行为等方面进行初步的分析与评判的基础上，根据重残儿童的特点选择和使用合适的工具开展全面系统的评估。

（三）发展性原则

重残儿童的诊断与评估不以选拔为目标，而是为了发现重残儿童的优劣势及各领域的最近发展区，并以此为依据制订合适的个别化教学计划，通过计划实施来促进儿童的全面发展。诊断与评估伴随重残儿童的整个送教上门过程，是调整送教上门方案、评判送教上门效果的重要依据。

（四）科学性原则

诊断与评估是基于科学严谨前提的专业测试，它要求评估人员与被试之间建立和谐融洽的关系，并在一个良好的测试环境中，以规范的语言、方法和程序开展测试，只有这样才能尽可能减少误差，达成诊断与评估的目标。

（五）保密性原则

在开展诊断与评估的过程中，需要收集重残儿童及其家庭的大量资料，但要对相关人员的隐私进行严格保密，未经当事人允许，不得泄露任何内容。诊断与评估资料是对重残儿童开展教学和训练的重要依据，仅在有限范围内使用。

三、重残儿童教育诊断与评估的方法

（一）观察法

专家团队通过拍摄或实地观察不同时段重残儿童在自然情境下的活动，记录他们的行为背景及表现，并以此为依据分析其心理特征，全面了解其发展水平。

---

① 蔡元培. 蔡元培全集：第四卷 [M]. 杭州：浙江教育出版社，1997：585-586.

(二) 访谈法

重残儿童的家庭成员和主要照料者是诊断与评估的重要参与者，他们长期和重残儿童生活在一起，能够观察到重残儿童在自然状态下的日常表现，能够提供重残儿童成长的一手资料。要在与家长建立良好沟通关系的基础上，制订访谈方案，安排医务人员、巡回指导教师、资源教师和家长交谈，收集重残儿童的心理特征与行为表现信息。

(三) 量表评定法

以送教上门学生的生涯发展为目标，结合送教上门课程，通过编制个性化的评定量表，在个别化教学计划制订前和计划执行后开展评定。量表评定法是考察送教效果、制订个别化送教计划的重要依据。

(四) 成长档案袋法

成长档案袋是对重残儿童进行阶段性评估的重要依据。各融合教育资源中心应为每个送教上门学生建立送教档案，档案资料包括筛查评估和医学诊断资料、访谈与观察资料、个别化教育资料等，以及各阶段性教育评估材料。

四、重残儿童教育诊断与评估的内容

(一) 生理评估

生理评估主要是评估重残儿童当前的健康情况，更多地由专业医生来开展。他们通过健康体检、病史询问、仪器测查等来全面了解重残儿童的生理状态，对其感知系统、神经系统、运动系统等做全面的评估。

(二) 心理评估

心理评估包括重残儿童的智力和社会适应能力的评估两个方面。可以通过比内智力测验和韦氏儿童智力测验来了解重残儿童的智力情况，对重残儿童的观察、记忆、思考、想象等智力核心能力进行分析。对于社会适应能力的评估，可以基于社会适应量表和孤独症行为评定量表的项目选择合适的领域题目，围绕语言与沟通、认知、社会交往、生活自理及情绪与行为等方面开展系统性评估，对儿童的自理能力、家庭适应能力、社会化等方面进行分析。

五、重残儿童教育诊断与评估的流程

(一) 确定教育诊断与评估对象

每年5月，在充分宣传发动的基础上，重残儿童的法定监护人主动向所在学区学校提出入学申请，各县（市、区）教育部门切实履行属地摸排职责，主动与当地民政部门配合，共享信息，逐一上门核实了解本辖区内6—15周岁未入学残疾儿童的基本情况，结合医学诊断报告确定重残儿童的残障类别及程度，将重残儿童纳入送教上门学生教育诊断与评估。重残儿童一般包含韦氏量表分在24分以下并伴有社会适应障碍的儿童、智力障碍和孤独症谱系障碍合并症儿童、一级肢体残疾和其他不适宜进入校园的病患儿童等。经过多年的实践与研究，南通市将送教服务对象锁定为拥有残疾证一级或是有特异体质的病残儿童。

(二) 设计教育诊断与评估方案

教育诊断与评估是实施教育训练的起点和发端。对重残儿童开展教育诊断与评估是一项非常复杂而困难的工作。开展教育诊断与评估的目的是找出重残儿童的感知觉、粗大动作、精细动作、语言与沟通、认知、社会交往、生活自理及情绪与行为等方面的教育训练的起点，分析个体的优势和劣势领域，根据儿童的现实需要确定优先发展目标。此外，从重残儿童的残障类别和障碍程度出发制订个性化教育诊断与评估方案，围绕学生个体现状开展综合性评估，涵盖重残儿童的生理发展和心理发展的全部，是各种信息汇总后的解释、评价和判断。为了保障教育诊断与评估的顺利进行，南通市特殊儿童教育诊断与评估委员会要制订翔实的教育诊断与评估方案，明确教育诊断与评估的目的、指标体系、评估内容、时间安排、评估程序和评估方法。重度智力障碍、重度脑瘫、低功能孤独症、多重残疾儿童及病弱和特异体质儿童的残障类别不同，个体间的差别也很大，要依据重残儿童的障碍类别和评估目标来选择评估工具，确定相应的指标体系，制订个性化教育诊断与评估方案。

(三) 组织开展教育诊断与评估

在各驻点巡回指导教师的指导下，由资源教师上门拍摄或记录送教上门学生的日常生活表现，由专业医生、资源教师分析相应信息，上门与重残儿童、家长进行面对面的观察、访谈等非正式评估，收集、完善相应的信息资料。再根据每一名残障学生的残障类别、生态环境和教育训练目标等具体情况使用相应的教育诊断评估量表，一对一开展量表评估。最终通过正式或非正式的观察记录，对每名重残儿童的运动、认知、情绪、行为等方面进行分析，形成诊断与评估报告。

针对重度智力障碍，可以选用韦氏量表、孤独症儿童评估量表、感统评估等测试工具。

(四) 撰写教育诊断与评估报告

撰写教育诊断与评估报告是教育鉴定评估的最后环节，具有重要的意义。诊断与评估报告反映了教育诊断与评估的过程，是对整个教育诊断与评估过程的梳理和概括，通过分析，指出重残儿童的优势和劣势领域，对相关问题做出解释与阐述，并指出训练目标，是制订个别化教育计划的重要依据。例如，海门区特殊教育指导中心对曹某添进行教育诊断与评估后，发现他的优势是语言与沟通前能力、语言模仿能力、语言理解能力发展较好。其劣势是主动提问和复述故事不够完整。因此，训练目标应是能主动表达特殊提问和表达原因。相关建议包括：在教学和生活中引导曹某添主动表达或说出特殊提问句，如"这是什么？我能吃（玩）吗"；在教学和生活中引导曹某添主动表达关于原因的提问，如"为什么"，教师或者家长通过"分段绘本阅读，分段理解记忆，分段复述，再整体复述"的方法来帮助其理解和复述完整故事等。

一般经过正式和非正式评估后，结合医学和教育诊断评估结果，客观分析重残儿童的障碍类型和存在潜能，结合其现有的教育基础、学习障碍、学习能力、家庭环境、教育环境等相关因素，通过团队讨论形成评估报告，做出最终的教育安置决策。另外，所有的评估和访谈均是在家长知晓的情况下落实的。在实践中遇到不太理解的家长，巡回指导教师就通过一对一的沟通交流，让家长知晓评估的意义及评估后学生可以享有的特殊教育服务内容，并形成特殊教育服务清单，以此保障片区内所有残障学生的权益，优化教育服务内容。实践证明：将正式与非正式评估相结合，能简明、准确、客观、全面地判定学生的障碍类型及可能影响其自身成长、学业发展的障碍，为重残儿童教育的安置和干预提供科学依据。

六、建立常态化教育诊断与评估机制

要以全面贯彻党的教育方针，落实立德树人根本任务为出发点，遵循重残儿童的教育发展规律，以促进送教上门学生身心健康发展为导向，建立基于教育诊断与评估的送教上门教育质量评估体系，强化教育诊断与评估在送教上门工作中的指引作用，树立科学合理的送教上门理念，切实提高送教上门质量。此外，还要在充分尊重重残儿童障碍特点、年龄特点和成长规律的前提下，重视教育诊断与评估的过程性资料收集，注重重残儿童发展的整体性和连续性，使教育诊断与评估伴随送教上门全程，渗透送教上门的日常。

（一）搭建教育诊断与评估管理"云平台"

特殊教育学校要依托互联网、云计算、大数据等技术建设符合不同类别、不同程度、不同年龄残疾儿童需要的智慧管理平台，建立相应的特殊教育质量评价制度。教育诊断与评估管理"云平台"是一套突出智慧管理的现代化系统。南通市各县（市、区）依托璟云智慧特教综合服务平台充分挖掘平台在送教上门学生教育诊断与评估中的作用，建立以学生发展追踪记录和评估变化记录为主的资源系统。还要通过平台提供的专业化量表筛查和评估系统，以针对送教上门学生能力发展评估、学业发展评估、障碍评估的 100 多个评估量表的 16 230 条评估条目为基础，根据送教上门学生的发展情况不断修订和自定义制作评估量表，在每个送教上门学生完成相应的教育训练周期后，开展教育诊断与评估，以"时间轴"方式生成图表，得出分析结果，并永久保存，以便不断进行变化对比。另外，平台通过收集送教上门学生日常生活活动能力、肢体功能、运动功能、言语和语言功能、心理功能、感觉神经反射、情绪与行为及其日常教学和训练情况资料，建立完整的送教上门学生生涯教育档案，这种在每学年和每学期定期或不定期的资料收集为教育诊断与评估、送教上门教学质量的考核评估提供了翔实的资料。教育诊断与评估管理"云平台"充分发挥了各类专业人员的优势，实现了对送教上门学生评估的全流程管理，通过"云平台"的资源共享能够实时展现送教上门学生的发展现状，解决了普通学校资源教师缺乏送教上门相关经验的问题。平台不仅可以进行线上评估鉴定，还可以自行完成个别化教育计划的制订和日常教学所需信息的管理与填报。

（二）搭建基于教育诊断与评估的个别化教学计划调整制度

个别化教学计划调整是在个别化教学计划执行中，针对送教上门学生的身心发展状况和送教上门效果而实行的即时性调整。送教上门学生的个体发展差异较大，南通市根据教育诊断与评估情况，找到康复训练和学科教学的结合点，制订有针对性的个别化教学计划，确定相应的送教主题，并围绕主题组织个性化的教育教学和康复训练内容。在提供感统训练、语言训练、运动康复训练、专注力训练及辅助器具矫正等教育服务的同时，根据学生情况增加有关生活自理能力和社会适应能力的培养内容。基于按需施教的理念，在教育诊断与评估的基础上对送教上门学生的个性化教学形式进行选择，考虑评价的个别化设计，结合过程性评估，不断调整教育目标，改进教育教学。提供阶段性的综合评估报告，围绕学业评定、量表评估、访谈观察，最终形成阶段性教育诊断与评估报告，为制订下一阶段的个别化教学计划做准备。个别化教学计划的调整一般一个学期进行一次，对于特殊情况，由资源教师和家长共同提出申请，县（市、区）特殊教育指导中心组织专家团队综合分析评判，召开个别化教学计划修订会议，形成新的个别化

教学计划。

（三）搭建基于教育诊断与评估的教学质量评价考核体系

送教上门教学质量评价考核体系是开展融合教育资源中心、巡回指导教师、送教上门教师的表彰奖励及政策调整、资源配置等方面工作的重要依据。由南通市教育局和南通市教育科学研究中心牵头，参照义务教育质量监测要求，为送教上门学生设置单独评价方案，研制送教上门学生个别化教育质量评价制度。在县（市、区）教育局、指导中心的统一组织下，对履职不到位、违反有关送教规定、违背送教上门学生身心发展规律、送教质量持续下滑的个人和集体，及时进行督促整改，并视情况追究责任。要通过基于诊断与评估的质量考核工作，积极推动属地学校履行相应送教上门职责，为送教上门提供充分的条件保障和良好的政策环境。依托璟云智慧特教综合服务平台，提高管理效率。通过平台实现对送教上门学生的个人基本信息、家庭基本信息与成长信息的录入、筛选和查找，实现送教上门实时记录和电子化管理，并根据不同使用角色进行数据统计。平台实现送教上门学生的评估、安置管理、个别化干预方案制订、家庭融合、社区融合等模块的相互兼容，大大提高了送教上门管理效率。对送教上门学生实行个别化纵向评价考核，依据个别化教育方案制订实施个别化教育质量评价，通过教育诊断与评估表达转换方式来实施对送教上门学生的质量评价，将教师的日常送教上门质量评价纳入考核。

送教上门的机制建设需要从师资队伍培养与交流、课程建设、协同教学等方面进行。只有建立完善的机制，才能提供高质量的教育资源和指导，从而让每个学生都能享受到平等的受教育机会。

第五节　送教上门的保障与激励机制

一、政策支持

政府应制定相应的政策，明确送教上门工作的目标和任务，确保工作人员在开展送教上门工作时具备合法性。同时，政府还应协调相关部门，为送教上门工作提供必要的支持和便利。要加强送教师资队伍建设，教育部门应统筹协调多方资源，建立专（兼）职服务、购买服务、志愿服务相结合，固定性与临时性相结合的动态性专业师资队伍，提供多样化服务；研制相关培训课程，组织开展相关研讨，解决送教上门中的同质性难题；做好利益保障，向工资待遇、职称晋级、评优评选等方面倾斜，保持送上门教师资队伍的稳定性。

送教上门工作实行"属地管理，责任到校，落实到人"的管理机制。在南通特殊教育指导中心的指导下，各责任学校要成立由校长任组长，教导主任、骨干教师、送教上门教师组成的送教上门工作专班，统筹安排学校送教上门工作，把送教上门工作纳入年度工作计划和教学计划。学校要针对服务对象的残疾类别和发展现状的特殊性，合理安排责任心强、热爱残疾教育事业、身体健康、有奉献精神的教师担任责任教师，开展送教上门工作。南通特殊教育指导中心要定期组织开展全市送教上门责任教师的集中培训，并及时提供业务咨询和指导，努力提高责任教师的特殊教育业务水平。

二、经费保障

送教上门工作需要一定的经费支持，包括人员培训费、设备购置费、交通补贴等方面。政府应设立专项资金，确保送教上门工作的经费需求得到满足。送教上门学生生均公用经费标准按照特殊教育学校标准执行，不得降低。送教工作中需要的教具、学具由责任教师向南通特殊教育指导中心提出申请（原则上在学期初申请），由南通特殊教育指导中心审核后统一负责采购发放，学期末统一上交到指导中心。

购买"璟云云送教"提供的微信小程序这一轻量化的服务模式，可快速满足使用者的需求。平台配备便携式教具，"一站式"解决教师送教上门时须携带大量纸质记录表、学习计划、学习内容、评估量表、教辅具等繁重的教学工具等难题；能够提供学生档案、送教上门计划、图文方案、方案记录等云储存，方便教师随时随地管理送教上门学生。通过云平台，教师也可以轻松搜索，随时查阅学生信息及送教上门情况或进度。

三、人员激励

对于送教上门工作人员，应建立激励机制，对其工作进行评价和激励。这包括提高工资待遇水平、提供晋升机会、表彰优秀等。同时，还应加强对送教上门工作人员的培训，提高其业务水平和服务能力。

各责任学校要将责任教师的送教上门工作计入教师工作量，并统筹安排学校教育教学工作，确保责任教师的送教上门时间和送教上门培训、外出学习交流等其他相应工作的完成。保障送教上门教师的权益，按每次4课时计入工作量，同时纳入学校绩效考核与年度考核。

承担送教上门工作的责任教师的工作补贴不计入绩效工资，按每生每次100元劳务费（含交通费、通信费）给予补贴。康复师按每生每次100元劳务费给予补贴，交通费按实际公里数进行补贴（每公里1.5元）。每学期末由南通特殊教育指导中心考核合格后给予发放；巡回指导小组开展巡回指导，每人每生每次100元补贴，原则上以两个人为一组，交通费按实际公里数进行补贴（每公里1.5元）。所用补贴从送教（康）上门工作专项经费中列支，由南通特殊教育指导中心负责统一结算发放。

四、定期考核

将责任学校的送教上门工作纳入南通市教育局对该校每学年度教育教学常规检查的内容之一。

（一）课时考核

要保证送教上门的服务时间，每月为每个服务对象提供送教上门服务不少于2次，每课时30分钟，每次3个课时，确保每名重残儿童每学年接受不少于60课时的送教上门服务（如前一学期送教上门课时不足，要利用假期或第二个学期补足课时）。如遇突发性情况须更改送教上门时间的，要及时与送教对象的家长（或监护人）取得联系。

（二）实效考核

送教上门教师要确保送教工作落到实处，严禁弄虚作假，杜绝出现一图多用、送教教案照搬照抄普通学校班级教学模式教案、教案内容与送教内容不符等造假现象。每次送教都要在"送教登记表"上签到，"送教登记表"要留在送教对象家中。

（三）档案考核

送教上门学生档案管理要做到"一人一案"。责任教师认真为每个送教上门学生建立个人成长档案，用以记录和保存送教上门学生的基本信息、个别化教学计划、教学训练服务的活动记录、学生学期发展评价，以及能够体现送教过程及成果的视频、照片和影像资料等。责任学校要督促各责任教师及时建立和整理服务台账，做好档案台账记录。每学期期末将送教上门工作手册及学生档案材料一并上交南通特殊教育指导中心统一保管。

（四）师德考核

送教上门教师在工作中必须认真负责，对服务对象负责，对服务对象家长负责，对送教上门教师的集体形象负责。在送教上门过程中，自觉抵制社会不良风气的影响，不向学生收取额外的报酬。在与家长的交往中，不收礼，不让家长帮忙办事。平等对待送教上门学生，善于发现送教上门学生身上的闪光点、潜能，在教学过程中耐心引导、帮助学生成长。尊重、爱护送教上门学生，为送教上门学生的健康成长尽心尽职，不得出现歧视、体罚、变相体罚及其他违反教师职业道德的现象。想学生家长之所想，急学生家长之所急，全心全意做好送教上门的各项工作，做真正让学生喜爱、家长放心的送教上门教师。

五、社会保障

送教上门工作人员在工作过程中可能会遇到各种突发状况或意外伤害，为他们提供医疗保险可以确保其在生病或受伤时得到及时的救治，为他们提供工伤保险可以确保其在发生意外时得到相应的赔偿。要加强对送教上门工作人员的社会保障政策宣传和普及，让他们了解自己的权益，维护自身的利益。要为送教上门工作人员提供参加培训和晋升的机会，提高其教育教学水平。以上措施可以为送教上门工作人员提供全面的社会保障，激发他们的工作积极性，提高教育教学质量，为更多送教上门学生提供优质的教育资源，促进教育事业的健康发展。

六、宣传表彰

通过媒体宣传送教上门工作的意义和成果，提高社会对送教上门工作的认识和理解，为送教上门工作人员创造良好的舆论环境。同时，定期对优秀工作人员进行表彰，激发他们的工作热情。

七、树立优秀典型

（一）优秀联络员

优秀联络员须具备下列条件：

① 热爱教育事业，践行社会主义核心价值观，有强烈的社会责任意识和奉献精神；

② 重视特殊教育工作，能定期牵头召开特殊教育分析会议，定期检查送教上门、随班就读工作开展情况；

③ 关心残障学生，能根据送教上门学生的特点协调资源教师，配合特殊教育指导中心巡回指导小组开展好送教工作。

（二）优秀送教上门教师

优秀送教上门教师须具备下列条件：

① 热爱教育事业，践行社会主义核心价值观，有强烈的社会责任意识和奉献精神；

② 热衷送教上门工作，能严格遵守送教上门的相关规定，每月至少上门开展 2 次送教活动；

③ 关心残障学生，能根据送教上门学生的特点制订教学计划，并按计划开展好送教上门工作，教学确有成效；送教上门学生个人成长档案管理规范，资料收集符合要求，并上传及时。

(三) 优秀巡回指导教师

优秀巡回指导教师须具备下列条件：

① 热爱教育事业，践行社会主义核心价值观，有强烈的社会责任意识和奉献精神；

② 热爱残障学生，能根据送教上门学生的特点协调组织各方力量，开展好送教上门巡回指导工作；

③ 严格遵守巡回指导的相关制度，对当地的送教上门教师、资源教师有指导示范作用，效果明显。

第五章 南通市重残儿童送教上门的县域经验

2014年,南通市各县(市、区)特殊教育学校陆续开始了送教上门工作。多年来,南通特教人坚守教育初心,勤勤恳恳送教,孜孜不倦研究,以回归教育原点的责任担当,坚持为重残儿童提供送教上门服务,并形成了独具特色的实践做法。本章以南通市7个县(市、区)的送教上门工作经验为例,全面分享南通市送教上门工作的特色和亮点,展现南通市送教上门工作的具体成果。

第一节 构建"五全"模式 提升送教质量
——通州区送教上门经验介绍

回顾半个多世纪的风雨历程,一代又一代特教人锐意进取,一路艰辛一路辉煌,一路汗水一路凯歌。早在20世纪80年代初,通州区特殊教育学校就着眼于关注每一个特需学生的受教育权,其"设点办学、提高聋儿入学率"的经验在全国得到推广,并获江苏省教科研二等奖。如今,伴随生源障碍呈现出多样性与复杂性的时代变化,秉承"一个都不能少"的教育理念,通州区进一步推进义务教育均衡发展,开展送教上门工作,切实保障适龄残疾儿童享有平等接受教育的权利。自2015年9月起,通州区启动送教上门工作,于2016年5月成立通州区特殊教育指导中心,9月成立"行走之光"送教上门团队。在通州区教体局、残联、民政、卫健委、红十字会等多部门的联动配合与指导下,通州区全体特教人一路"行走"一路"发光",沿途洒下的是汗水,收获的是花香。作为江苏省首批融合教育示范区创建区,为满足特需学生的就学需求,通州区大力推进融合教育工作,以实现适宜融合为目标,逐步形成了县域重残儿童送教上门工作的"五全"模式。

一、建立"全方位覆盖"的闭环机制

通州区送教上门学生障碍程度重且地区分布广,为其提供公平且适切的教育始终是通州区特殊教育高质量发展的重点工作。自2015年起,相关学校在政府、主管教育部门的领导下,以融合为导向,探索送教上门运行与保障机制,关注每一个重残在家的特殊儿童,使其平等享有受教育权,目前已形成"发现学生—评估鉴定—合理安置—提供送教服务—定期评估—实现转衔"的闭环工作机制,逐步实现学段、地区、障碍类型全

覆盖，确保重残儿童接受教育"一个都不少"。

第一步，发现学生。每年5月，通州区通过教育、残联、卫生健康部门的数据共享平台，及时掌握区域内尚未入学残疾学生的情况。第二步，评估鉴定。通州区依托评估专家委员会对残疾学生进行诊断性评估，形成评估报告。第三步，合理安置。依据评估报告，由专家提出合理安置建议，对确不能到校就读的儿童，提供特殊教育服务清单，经家长同意后，将其列入送教对象，并录入学籍库。第四步，提供送教服务。为满足重残儿童的发展需要，通州区坚持以融合为导向，联合多方力量，为学生提供多维场域的送教服务。第五步，定期评估。对学生能力水平的发展情况进行跟踪评估，研判学生是否满足到校就读条件，或为个别化教育方案的调整提供依据。第六步，实现转衔。能力水平达到一定程度的学生，经专家委员会评估通过，可转衔至普通（特殊教育）学校就读。转衔方式主要有特殊教育学校就读（实地/远程）、普通学校就读（实地/远程）、普特融合教学（如半天在普通学校学习，半天在特殊教育学校康复）等，具体方式的选择，由专家委员会依据学生的综合情况确定。

二、铺设"全日学习"的双线教学

部分肢体障碍学生的认知发展较好，但受行动不便、免疫力低下等因素限制，无法实现到校就读。而受固有人力资源的影响，每名学生的送教上门时间有限，仅靠送教上门教师"单枪匹马"行动，无法满足不同地区、不同障碍学生的发展需求。基于此，通州区特殊教育指导中心积极进取，突破教育时空界限，努力在原"以普通学校随班就读为主体、以特殊教育学校为骨干、以送教上门为补充"的特殊教育体系的基础上，增加"以远程课堂为特色"的区域特色板块，优化远程送教模式，利用远程教学系统将学生编入普通（特殊教育）学校相应班级，采用同步课堂方式远程授课，并为其提供个性化学习康复套餐，落实"一人一案"，精准施教，铺设了一条线上线下"双线"并进的重残儿童"全日学习"之路。

一方面，每学期开始，根据服务清单编写个别化教育计划，提供一日作息时间表，教师线下教学、线上指导，机构提供康复服务，家长协助康复训练、进行作业指导。另一方面，努力架构重残儿童的远程学习体系。目前，通州区已架构了"东西南北中"五大远程教学资源部署体系，即以通州区特殊教育指导中心为核心，在东部五接镇五接小学、西部二甲镇理治小学、南部川姜镇姜灶小学、北部十总镇十总小学成立远程资源中心，帮助重残儿童实现在家参与普通学校课堂学习。学生通过网络实时进入课堂，这样的课堂既有学科知识的讲授，又有同伴互助交流，从而实现重残儿童充分就学、适性扬才。从封闭隔离到送教上门，再到融入班级，这满足了各类残疾儿童的发展需求，保障了他们的受教育权。

三、组建"全员参与"的送教上门团队

新时代的送教上门，人人都是参与者。为了真正把送教上门落到实处，送教上门团队成员不辞劳苦，甘于奉献，每周实施送教上门活动，将送教上门活动制度化、科学化、专业化。通州区区域东西跨度大、重残儿童地区分布广的现实问题始终困扰着送教上门队伍。因此，根据重残儿童的现实情况协调各方资源，显得尤为重要。在教育行政主管部门的领导下，通州区成立由康复机构康复师、普特教师、医院医生、社区志愿工作者等组成的跨专业工作团队，构建全员参与的融合送教团队，推动育人环境由"封闭隔离"转向"开放包容"。

通州区教体局在特殊教育工作会议中做出部署，由残疾学生户籍所在地学校参与送教，共同实现"同心圆"送教。以通州区特殊教育指导中心为圆心，由其负责送教上门的整体工作部署。以"行走之光"送教团队为内圆，长期致力于服务有一定学习能力或其他特殊教育需求的重残儿童，依托江苏省党建品牌项目"行走的力量　精准的服务——党员教师结对重残儿童"，借助党组织的力量，常态化开展"我是党员我帮你"活动，坚持发挥党员的先进性与专业性，与送教上门家庭结对帮扶，实现精准服务。由内圆向外拓展，形成外圆。一是集结社区、残联、医院等多方力量，成立"残疾人之家"集中康复服务点。学生在特殊教育教师、残联康复师与医生的共同努力下进行有针对性的系统康复训练。二是积极拓展家庭教育经验分享渠道，搭建微信群、微信公众号等平台，并招募"小先生"志愿者和结对家庭，定点帮扶重残儿童。由此，在全员参与的融合场域下，这既能帮助重残儿童在集体中进步，也能让普通学生对特殊学生有新的认识。三是调动社会各方力量。一方面，通过微信公众号、视频号等媒体，积极对外展示重残儿童的发展现状并开展残疾知识宣讲活动，引导更多的人了解特殊儿童，并逐渐摆脱对特殊群体的刻板印象，正确看待残疾儿童，消解原有的污名观念；另一方面，鼓励社会各界志愿者与重残儿童开展各式各样的融合活动，如通州区新华书店等爱心单位，长期坚持参与特殊教育学校送教活动；通州区残联、通州区卫计委、通州区红十字会等多部门给予支持与鼓励；通州区残联为部分儿童进行家庭环境改造，给肢体残疾儿童配发轮椅或助行器，提供康复治疗指导；通州区第二人民医院免费为儿童提供体检服务；通州区红十字会为特殊儿童捐赠鞋、帽等物资。

四、完善"全面发展"的育人课程

送教上门学生的实际情况因人而异，千差万别。要以优质精细的管理和个性化的教育，服务于每一名送教上门学生。通州区的送教上门工作秉持"适性"教育理念，助力重残儿童实现全面发展。"适性"教育就是"为每个学生提供适合的教育"。"适性"教育理念由来已久，孔子的因材施教思想、加德纳的多元智能理论等都为"适性"教育提供了理论基础。为了每一个残疾学生的发展，"适性"教育需要立足每一个儿童，关注儿童的发展，尊重儿童的差异，实现缺陷补偿、潜能开发、"一人一案"。根据每名学生的实际需求，设计适合学生的教学、康复、职业技能培训、社会适应等方面的课程内容，文体兼备。根据不同学生的身心特点、在学生安置方式与课程设置层面，强调多样化的发展路线，发挥社会、学校、家庭在学生成长中的重要作用。将缺陷矫正与潜能开发相结合，将康复训练与社会适应相结合，更好地满足特殊学生的个性化需求，真正实现"最适合的教育"。通州区充分考虑学生的发展需求，贴近学生生活、尊重学生个性、服务学生发展，形成学科课程、班会课程、活动课程、心理课程、康复课程、家长课程六大板块，为学生的个性发展提供支持；充分利用学校的各种资源，丰富课程建设，为重残儿童的个性发展提供平台，且学校着力打造送教课程，将送教课程纳入学校课程体系。同时，强化送教课堂探究，教师根据每一个送教上门学生的特点制定适当学习目标、传授适当学习内容、强化鼓励与评价，有效提升送教课堂教学质量。对于远程送教，教学要照顾全体（线下特教生），兼顾个体（线上送教生），增强师生互动、生生互动，增强送教上门学生的获得感与成就感。拓展各类送教上门专题研讨活动与培训，切实强化送教上门工作的实效性与美誉度。

为了破解送教上门教材匮乏的现实难题，从学生生活的视角出发，通州区编写了"生活篇""认知篇""康复篇"等系列送教教材。教师精心设计上课内容，以丰富的知识、有趣的故事、操作性强的感统学具循循善诱，因材施教。比如，下肢残疾、由于家庭原因不能正常求学的朱同学，智力发育基本正常，自学能力强，送教上门过程便是指导、点拨和布置作业的过程。针对朱同学的智力水平，团队教师发挥手工专长，教其制作手工包、钻石画、串珠作品等，为其将来谋生奠定基础。又如，因进行性肌营养不良症致残的王同学，曾在普通小学就读至四年级，后因肌体极度萎缩变形辍学在家。基于他的学习能力，送教团队为他申请了相应学籍，鼓励他与家长积极康复，利用微信指导他看课外书、完成手机输入的书写作业。此外，虽然重残儿童身有残疾，但保持其健康的体魄和健康的心态，是阳光教育理念指导下的首要任务。残疾儿童要坚持创造一切可能进行居家锻炼或康复。而对于部分重度或多重残疾的儿童，一般建议由家长（或康复师）辅助锻炼。

五、构筑"全程畅通"的绿色通道

"送"是为了"不送"，实现转衔才是送教上门工作的终极目标。受到专业知识、人力资源与业务压力的限制，部分学生即使达到转衔条件，在实际入学时也面临着许多挑战。传统的送教模式往往关注"送"的各方保障，而忽视了"送"的最终走向。为了破解这一难题，通州区特殊教育指导中心联合教育、残联、民政、卫生健康等部门，全程畅通转衔通道，努力实现"绿色"转衔、"精准"转衔、"零拒绝"转衔。通过一段时间的送教，经阶段性评估确认学生的能力达到转衔要求后，由特殊教育指导中心与属地普通学校商榷，召开专场"绿色通道"转衔会议，由家长、普特教师、康复师等共同参会，评估通过后向教体局备案，转衔进入普通（特殊教育）学校就读。为使学生更好地适应转衔校园生活，各融合教育资源中心组织开展"普特学生手拉手"、返校体验等活动。对于部分需要远程施教的学生，远程资源中心为学校配备远程设备，并为困难家庭购置平板电脑、安装网络等，做好后勤保障工作。此外，学生实现转衔后，并不意味着不再关注，而是应持续了解学生的发展现状，当现有教学无法满足学生的发展需求时，可进行再次转衔。

送教上门工作拓宽了重残儿童的就读渠道，实现了从"送"到"融"的转衔融合。例如，2015年，通州区特殊教育学校通过摸排发现了王博文同学。依据专家的安置建议，王博文被列入送教对象。作为一名重度脑瘫儿童，他的四肢和部分身躯几乎无法活动。送教上门教师发现王博文的舌头特别灵活，便以此为突破口，让他用舌头在平板电脑上完成学习任务。经过两年的送教，王博文进步显著。经评估，他的能力水平已达到特殊教育学校入学条件。为满足他的学习需求，通州区特殊教育指导中心将其转衔到特殊教育学校，运用远程教育设备，让他在家就能实现实时同步课堂学习。2020年，王博文的学习水平超过特殊教育学校同年级学生，授课内容已无法满足他的学习需求。经专家委员会再次评定，指导中心召开专场转衔会议，教体局协调开通"绿色通道"，对其进行二次转衔。他就近转入理治小学，并以远程教育的方式学习，指导中心也定期对他进行有针对性的线下指导，并做好相应的保障工作。如今，王博文每天认真上课，学习成绩优异，还结交了许多好朋友，变得自信、乐观、开朗。王博文的故事先后被中央电视台新闻频道与《中国教育报》、中国网、环球网等主流媒体报道，他于2022年入选"新时代江苏好少年"。

教育公平是社会公平的重要基础，要不断促进教育发展成果更多更公平地惠及全体人民，以教育公平促进社会的公平正义。送教上门是国家关心、社会关注、人民关切的重点工作，也是融合教育高质量发展的重要组成部分。在融合教育理念引领下，通州区送教上门工作创新实践成效显著，区域重残儿童实现从"长久失学"到"纳入送教"再到"普特融合"的转变，送教上门比例大幅下降，至2023年，已有30余名重残儿童成功转衔至普通（特殊教育）学校就读，强化特殊教育普惠发展落到实处。通州区的送教工作实践着教育公平思想，歌颂着"行走的力量"。送教上门团队在教育局党委的坚强领导下，在全区送教上门教师的全力支持下，在无数爱心人士的帮助下，成效满满，收获了孩子离别时的温馨感言、家长发自肺腑的感谢及社会各界对这项爱心工程的赞誉，体现了社会的文明程度和正能量的传递。着眼未来，在新时代背景下，通州区将准确识变、科学应变、主动求变，秉持"功不必期其速，事不必遗其小"的教育理念继续努力，全心全意为特需学生服务，将送教上门工作继续优化，让学生受惠、家长满意、社会放心。

第二节　融爱共育　打造送教上门新模式
——海门区送教上门经验介绍

2019年5月，海门市特殊教育指导中心的荣誉墙上多了一块沉甸甸的金字奖章——全国助残先进集体。在北京人民大会堂受到习近平总书记亲切接见的海门市特殊教育学校校长仇中辉每每谈及受表彰的场面都激动不已，那一刻不仅让他感觉到国家对特殊教育的重视，还成为海门区送教上门团队的高光时刻。2020年，海门区送教上门团队获评"感动南通十大教育人物"；2021年，海门区送教上门团队获得"海门好人"称号；2022年，海门区送教上门团队被评为海门区"四有好教师"团队；2023年，海门区送教上门项目获评江苏省学雷锋活动示范点、江苏省志愿服务大赛银奖、江苏省优秀志愿服务项目、江苏省"三下乡"活动优秀团队。2023年9月，海门区特殊教育学校重度残障儿童康教上门活动团队获评"江苏教师年度人物"。8年来，这个团队从我、你、他，发展成我们、他们，有着太多的感人故事。团队成员都有着一个共同的心愿，就是让那些不能走进校园的重残儿童也能享受幸福完整的教育生活。

一、调查走访，开启送教上门模式

2014年1月8日，国务院办公厅转发了教育部等7个部门联合下发的《特殊教育提升计划（2014—2016年）》，在总体目标中提出"视力、听力、智力残疾儿童少年义务教育入学率达到90%以上，其他残疾人受教育机会明显增加""县（市、区）教育行政部门要统筹安排特殊教育学校和普通学校教育资源，为确实不能到校就读的重度残疾儿童提供送教上门或远程教育等服务，并将其纳入学籍管理"。

海门区自2014年9月起对首批未能入学的87名残障孩子逐一进行电话沟通，实地调查排摸，并借助"孤独症评估量表""韦氏量表"等教育评估工具对他们进行评估，在评估的基础上依据学生发展的具体情况制订切实可行的个别化教学计划，开展送教上门工作，有的放矢地对他们进行教育训练，并且在训练中依据学生的具体表现来不断修正和调整，然后再次评估，为更高层次的计划制订提供依据。

2015年的全国助残日，海门市特殊教育指导中心在教体局和残联的协作下揭牌成立了。海门市特殊教育中心、残联和爱心慈善协会三方联合启动了重残儿童送教上门活动项目。次日，送教上门团队就遍布了海门市各乡镇，海门市特殊教育中心巡回指导教师、志愿者和残联康复师在各自的职责范围内分成5个小组有条不紊地忙碌着。爱心志愿者成了司机，穿梭在乡镇的大街小巷；巡回指导教师细心摸底，给孩子做教学评估，制订个别化教育计划；残联的康复师为家长提供专业的康复建议和指导，助力孩子身体机能健康发展。爱心慈善协会申请的"牵手阳光 爱洒江海"送教上门项目成功入选"南通市公益项目创投"项目并获资助。有了人员和资金的支持，送教上门项目运作得到了有力的保障。

二、建章立制，完善支持保障体系

2016年7月，海门市市长办公会正式讨论通过每年拨付52万元专项经费给残疾儿童送教上门项目。10月，海门市教体局、残联出台了《关于加强我市"送教上门"工作的通知》，海门区域推进特殊教育暨送教上门师资培训会议顺利召开，明确普通学校的资源教师参与全区的送教上门活动，负责本施教区残障学生的送教工作。就此，由教体局、残联、志愿者协会协同合作的，由特殊教育巡回指导教师、普通学校资源教师、残联康复师和爱心志愿者组成的送教团队正式形成，送教上门活动的"海门模式"打造成型。在后续活动中，有更多的社会力量自愿参与其中，他们实地走访调查重残儿童的家庭境遇，和家长亲切交流，给学生送去慰问品。

海门区经过每个阶段的评估诊断，把学生分为两大类。对于具有一定学习能力的学生，组织资源教师、康复师和巡回指导教师安排每月两次送教上门活动；对于重残儿童，在每年助残日和春节安排两次慰问活动，了解学生的家庭困难，联络有关部门逐一落实解决相关问题。2020年新冠病毒感染疫情防控期间，巡回指导教师和资源教师一起为有条件的重残儿童提供线上送教活动，这种新颖的跨时空授课方式给孩子们带来不一样的体验。2021年的"六一"儿童节到来之际，部分普通小学还邀请重残儿童走进校园。第一次走进教室，第一次在舞台上朗诵诗歌，第一次和那么多同龄小伙伴交流，几个重残儿童激动不已。

三、加强培训，提高师资专业水平

"重度残障儿童'送教上门'实践研究"于2015年12月被立项为江苏省教学科学规划"十二五"重点自筹课题，于2016年3月顺利开题，于2019通过结题鉴定。以课题管理为抓手，海门区的送教上门工作更加规范化、具体化和专业化了。

8年来，海门区坚持"一个都不能少"，对全区适龄的重残儿童按计划进行了送教上门活动。从事特殊教育不能光靠热爱，还要有扎实的专业知识和实际操作能力。海门区特殊教育指导中心以省级课题研讨课为依托，借助学校校本研究平台，积极开展送教上门活动课程探索。为提高专业化程度，学校选派骨干教师参加江苏省教育厅组织的多重障碍学生师资培训和随班就读管理培训。回校后，骨干教师将学习到的音乐治疗、感觉统合训练、沟通与交往等诸多实用培训知识在团队内进行二次培训，提升送教上门教师团队的整体专业素养。

对资源教师和巡回指导教师的培训是多样化的，一年一度助残日的特殊教育论文评比、典型的案例交流、送教旅途中动人故事的讲述、送教上门专家专题讲座等培训活动，都成为资源教师和巡回指导教师送教上门教育旅途中的一段可贵历程。

海门区要求送教上门团队的教师们精准了解每一个学生的家庭和身心发展状况，围绕粗大动作、精细动作、语言与沟通、认知能力、社会交往、生活自理、情绪与行为七大板块进行康复评估和结果分析，在此基础上为每一个送教上门学生制订个别化教学计划，并围绕计划开展相应的教学和训练，通过为送教上门学生建立"一人一档"来收集研究的过程性资料。档案包括送教上门学生的基本信息表、康复评估记录表、个别化教学计划、训练服务记录表、学期发展评价表及能体现送教成果的照片和音像资料等。资源教师在学期末对一学期的送教上门训练结果进行分析并撰写学期发展评价表。海门区还着力探索依托学校网站、微信群、QQ群的远程教育沟通平台，运用微课、微视频等开展教学和训练，以学校评价、家长评价和自我评价相结合的方式建立多方评价机制，收到良好的社会效益。

2016年6月，南通市送教上门研讨活动在海门市特殊教育学校举行，来自南通市各兄弟县市的特殊教育教师和资源教师、康复师代表参加了此次活动。海门市特殊教育学校康教上门团队的教师以送教上门学生中的智障儿童、脑瘫儿童和孤独症儿童这三种典型个体为送教上门案例进行了展示，成为创意性送教上门工作的领跑者。

有积累就会有沉淀。送教上门团队骨干针对重残儿童的身心发展状况，组织研发了送教上门"生活适应"课程。此外，2023年5月，海门区特殊教育指导中心第一次承办了南通市重残学生"生活适应"校本课程试教研讨活动。

四、笃实前行，打造送教上门特色

有了理论的引领、笃实的行动，完整的送教操作流程和课例模板应运而生，海门区吸引了众多江苏省乃至外省市的特殊教育学校来校考察交流。2017年7月，《现代特殊教育》编辑部顾明珠主编到海门采访时，谈及送教上门项目，大加称赞。同期局长采访录和海门市特殊教育指导中心、残联的3篇经验文章在《现代特殊教育》上发表，海门区的送教经验正式在全省亮出了瑰丽的名片。仇中辉校长先后赴北京、泰州、扬州、徐州等地，以及在南通大学承办的特殊教育国培班上介绍了海门区的送教上门举措。顾鸣鹃校长先后在海门区教师培训、"全国义务教育送教（康）上门专题研讨会"上进行送教上门培训、送教上门经验交流。

2022年3月，《新华日报》刊登了以"以爱叩门，为'星星'擦去尘埃"为题的活动报道；新华报业交汇点发表了《为"星星"擦去尘埃 海门持续7年给不能正常入学残疾孩子送去康教服务》一文；《潇湘晨报》发表了《海门7年给178名校外残疾孩子送教4 200余次》一文；新浪网发表了《康教服务，为"折翼天使"打开另一扇窗》一文。2022年7月，新华每日电讯、新华网发表了《"康教上门"：给出不了家门的孩子送上一束光》一文。

近两年来，"学习强国"平台多次报道了海门区重残儿童送教上门的先进事迹，融爱共育的"海门模式"在省内外声名鹊起。

孩子们的进步、教师们的执着、志愿者们坚持，让海门区的送教上门这项暖心工程有了民生温度。从 2015 年的送教上门活动启动到 2023 年，教上门活动惠及学生 143 人，累计有教师 35 人、巡回指导教师 38 人、残联康复师 8 人、志愿者 300 余人参与，送教累计 400 人次，行程达 63 公里。海门区特殊教育指导中心先后组织了 7 届特殊教育征文评比，获奖论文近 800 篇，表彰先进集体和个人 182 人次，举办送教上门培训 39 次，组织参加省级、南通市级送教上门培训 231 人次。

2023 年 12 月，南通市教育科学规划"十四五"课题"融爱共育 重残学生送教上门实践研究"顺利立项，这既是对先前送教课题的延伸，也是创新和突破。未来，海门区特殊教育指导中心还会进一步在重残儿童个性化发展、送教上门课程研发、生涯规划等方面精准发力，提高送教质量。比如，打造大数据下的远程送教模式，为超龄的送教上门儿童提供生涯规划，推动普通学校实施无障碍设施建设，减少送教上门学生比例，让更多因故不能入学的重度残障儿童能和普通儿童一样有书声琅琅的体验，有人尽其用的满足感。

送教上门活动送的不仅仅是教育、康复，更是一份希望、一种对未来的期许。现在，这项暖心的民生工程已经化作送教上门团队的使命和担当。海门区将继续以特殊教育指导中心为枢纽，融合多方社会力量，利用各类教育资源，进一步完善重残儿童送教上门保障机制和改革教学策略，培育重残儿童的生活自理能力和社会适应能力，用爱为重残儿童享受平等的受教育权利和实现更好的自我发展提供条件、保障，共同打造"融爱共育 重度残障学生送教上门活动"品牌。

第三节　保障重残儿童受教育权　助推特教普惠融合发展
——崇川区送教上门经验介绍

江苏省《关于做好义务教育阶段重度残疾儿童少年送教服务工作的指导意见》指出，送教服务是保障不能到校就读的适龄重度残疾儿童少年义务教育权益的关键举措，做好送教服务工作对于加强义务教育控辍保学，推进脱贫攻坚和全面建成小康社会，以及提升社会文明程度都具有重大意义。近年来，崇川区特殊教育指导中心在崇川区教体局主要领导的高度重视下，积极协调各方力量，联合成立了送教上门领导小组，制订了具体方案，在人员、时间、经费上予以保障，在服务内容、方式、手段上予以落实，扎实推进送教上门服务工作，取得显著成效。

一、明晰工作职责，规范送教上门服务管理

（一）制定管理细则

2017 年 12 月，南通市崇川区教体局与南通市崇川区民政局、南通市崇川区卫计委、南通市崇川区残联联合下发了《关于建立特殊教育指导中心制度的通知》，正式成立南通市崇川区特殊教育指导中心。随后出台了崇川区特殊教育专家委员会、崇川区特殊教育联席会议制度等方面的相关文件，发布《加强送教上门工作的通知及实施细则》，制定了《特殊儿童送教上门工作手册》，使全区送教上门工作有章可循、稳步推进。同时，在崇川区特殊教育联席会议和崇川区特殊教育专家委员会的指导下，组建了由教育、医疗、心理、康复、社会工作等方面专家组成的特殊教育专家资源库，为送教上门工作提供专业支撑和理论指导。

（二）认定送教对象

由适龄残疾儿童少年的法定监护人提出申请，崇川区组织特殊教育专家委员会成员对特需学生进行评估认定，将确实无法进入义务教育学校就读的适龄重残儿童列为送教上门服务对象，录入学校学籍管理系统。之后，安排人员对这些学生进行入户摸排、了解情况，再按照其家庭地址所处区域及方位进行分组，合理安排送教上门教师，规划送教上门的路线。南通特殊教育中心现管理送教对象25人，其中，智力、多重或精神残疾21人，肢体残疾3人，视力兼智力残疾1人。辖区内适龄特需学生总数为687人，占比为3.6%。

（三）优选送教师资

市区送教服务工作主要由南通特殊教育中心教师承担。南通特殊教育中心坚持党建引领，采取党员领导干部带头示范、普通教师自愿报名与学校选拔相结合的办法，选派30名责任心强、富有爱心、业务水平高且具有丰富实践经验的教师承担送教上门服务相关工作，分为11个送教小组。其中，高级教师10人，市、区学科带头人及骨干教师9人，6人获心理咨询师证书。

二、科学扎实推进，提升送教上门服务品质

为适龄重残儿童提供送教上门服务是一项高成本性的工作，人力、交通、辅具等设施和设备的完善及课程的个性化要求都是挑战，需要整合多方资源。加上此类孩子的有效训练时间有限，他们的教育教学、康复训练的科学性和针对性就显得尤为重要。

（一）全面诊断与评估，有序开展送教上门工作

全面诊断与评估是送教上门工作有序开展的前提。南通特殊教育中心组织精干力量，依据重残儿童的能力特点，分别从感知觉、认知、粗大动作、精细动作、生活自理、语言与沟通、社会交往、情绪与行为等8个领域着手设计了共132个子项目的特需学生评估表。送教初期，送教上门教师通过访谈、观察、测评等方式，对每个送教对象进行全面的诊断与评估，针对每个送教对象的特点，对评估结果做详细分析，提出适当的教育教学和康复建议，为他们制订送教上门长期教育计划和短期教学目标，再根据评估结果和制订的计划选择合适的送教服务内容、方法、形式等，组织开展个别化送教服务。同时，送教上门教师每半年对送教上门学生进行一次阶段性评估，通过纵向数据变化陈述其发展状况，分析优势、劣势，根据分析结果及时调整送教上门方案，不断完善《特殊儿童送教上门工作手册》，真正做到"一生一案"、科学送教。

（二）强化师资培训，有效开展送教上门工作

送教上门需要精湛的专业教师队伍作为保障。目前，崇川区送教上门的对象为重度和极重度残疾儿童少年，且大多是多重残疾，如既有智力残疾，又有肢体残疾、孤独症或脑瘫。障碍程度和类别不同决定了送教任务的艰巨。因此，送教上门教师迫切需要加强脑瘫康复、肢体康复、孤独症语言康复等方面的专业培训和学习。

为不断提高整体送教上门服务水平，崇川区采取"送出去，请进来"的方法，组织教师参加省级特殊教育学校教师"特殊儿童教育诊断与评估能力提升""孤独症儿童社交沟通教育能力专题研修""学习障碍儿童教育教学能力提升"等培训，参训人员达20余人次；邀请南京特殊教育师范学院、南通市教育科学研究院、南通市妇幼保健院的专家走进校园为教师们开设专题讲座。相关学校也多次召开送教上门推进会、经验分

享会等。通过培训学习、交流研讨，送教上门教师对特需学生的评估、康复等方面的专业知识有了更多的了解，其专业指导服务能力得到有效提升，为送教上门工作的有效开展提供了强有力的支撑。

(三) 经费保障到位，稳健开展送教工作

南通市教育局、南通市财政局发布的《关于进一步落实特殊教育生均公用经费的通知》明确规定，特殊教育生均公用经费拨付标准为"特殊教育学校学生、中小学校和幼儿园随班就读学生、送教（康）上门特殊学生生均公用经费均按当地普通同级学校生均公用经费的10倍以上拨付。落实普通学校的特教教师和承担随班就读工作教师的待遇"。崇川区教体局认真贯彻落实，同时大力支持崇川区特殊教育指导中心申报江苏省特殊教育发展工程项目，积极争取中央、省级相关送教上门专项经费，用于送教设备和教具、学具的添置、爱心物资的购买、送教上门学生亲子活动的组织，以及送教上门教师的交通、伙食补贴等，确保了送教上门工作稳步开展。为进一步丰富送教形式，切实提高送教实效，2022年南通特殊教育中心在参照兄弟学校、充分选择比价的基础上购买了11套送教工具箱，其中，教师端2套，学生端9套；为满足教学所需，还采购了专业的教育康复书籍、教具、学具等。

(四) 丰富组织形式，深入开展送教上门工作

1. 送教入户

送教入户是目前最主要的送教方式。实施精准送教，以"二对一"或"多对一"的形式送教入户、送教到人。每个对象每月接受上门服务不少于2次，每次3课时，同时辅以电话回访，收集文字、图片、影像资料，做好过程性评价。2020年12月至2022年12月，送教送康达622人次。

2. 送教进机构

目前南通市福利院有7个送教对象，送教上门教师利用双周周三下午定时去福利院送教。有时，送教上门教师还会在"残疾人之家"、康复机构等同时为多名残疾孩子提供送教服务，既节省人力、财力，也为他们参与生活、融入社会创造了条件。

3. 远程送教

新冠毒感染疫情防控期间不能入户送教，送教上门教师积极响应国家提出的"停课不停学"的号召，定期开展线上送教活动。其间，教师们录制了多节防疫、居家康复训练、生活自理和劳动技能培养、简单文化知识等方面的实用微课供特需学生线上学习。

4. 联合送教

比如，南通特殊教育中心和观音山中心幼儿园一起给有特殊教育需要的学生涵涵联合送教。每月提供送教上门服务4次，每次3课时，服务内容包括教育教学、康复训练、家庭教育指导等，为学生进入义务教育阶段的学习做好衔接工作。后该生在南通特殊教育中心就读。

5. 专题活动

南通特殊教育中心多次组织送教上门学生进校园体验活动，为特需学生提供参与集体学习和活动的机会；两次邀请南通市妇幼保健院的医生来校进行"康复服务行"活动，举办了"特殊儿童家长心理调适"讲座等，为特需学生的家长提供了家庭教育、康复等方面的指导。

（五）优化送教内容，提升送教上门工作质量

针对送教个体的实际情况，送教上门教师以诊断评估结果为依据，结合家长意见，为每名送教对象制订个别化教育和康复计划，坚持课程实施与课程评价相结合，不断优化送教内容，为送教对象提供"送知识、送康复、送温暖、送技能"的综合送教服务。

1. 送教育教学

对于有一定知识接受能力的送教对象，送教上门教师从个体实际出发，结合其特长、兴趣及生活背景等，选择生活中实用的语数知识，补充生活指导、社会适应、艺术欣赏、积极心理等方面的课程内容，提高学生的认知能力和适应生活、社会的能力。送教上门教师每次送教都会做好充分准备，有文字、图片、视频的记录等。

2. 送医学康复

送教对象多是重度或极重度残疾儿童少年，对他们进行康复训练尤为重要。

第一类：通过按摩康复。为患有肌营养不良症的学生进行腿部、手臂等的按压与揉捏，通过按摩放松萎缩肌肉的局部组织，促进萎缩肌肉的血液循环，改善其功能状态。

第二类：使用音乐器材进行康复训练。通过使用三角铁、响板、沙锤、铃鼓、八音钟等音乐器材对盲生、脑瘫学生、孤独症学生和智力残疾学生进行康复训练，提高学生与教师的互动能力，训练学生对声音和节奏的敏感度、手部力量和灵活性，以及手、眼、口的协调能力。

第三类：使用蒙氏教具进行康复训练。使用粉红塔、彩色圆柱体、串珠等感官教具提高学生对颜色、大小、粗细、形状等概念的认知，培养学生三指拿、两指捏和堆叠等精细动作能力及手眼协调工作的能力。在使用数字与筹码、纺锤棒箱等数学教具教学生认识数字0—10的同时，训练学生手、眼、脑的协调能力和模仿能力。

第四类：使用送教工具箱里的器材进行康复训练。借助钉子球、粘粘球等球类器材，对学生的手部感官进行刺激，训练学生手部的抓握、释放、抛扔等精细和粗大动作能力，提高手部的关节灵活性。使用扣纽扣的教具，对学生进行精细动作的训练，提高其手部力量和手、眼、脑协调工作的能力，并将之逐步运用于生活，培养学生的生活能力。使用儿童综合能力康复训练平台和学习机，增强学生的学习兴趣，训练学生安静坐的能力，提高其认知水平。

3. 送爱心温暖

送教上门教师除定期为居家残障学生送教送康之外，还及时了解家长的实际困难与需求。在每年的春节、中秋节、端午节等节日统一购买实用的生活用品和孩子们喜欢的食品、玩具，为送教上门学生及其家庭送去温暖。送教上门教师还主动争取市慈善会、市福利彩票中心的政策支持，为长期生病的送教对象送去慰问金；协调医保局等为瘫痪卧床的送教对象申领康复床，让他们深切感受到社会的关爱。2021—2023年，崇川区送温暖达250余人次。

4. 送家教指导

送教上门不仅仅是给学生送教，更重要的是与家长沟通，培训指导家长，使其树立信心，配合送教上门教师，积极实施孩子的家庭康复教育。送教每月2次，每次3课时，刺激量有限，不足以让送教对象掌握知识和技能，需要家长配合教师完成相关的计划和任务，帮助送教对象练习基本生活技能和生存技能，并适当进行简单的康复训练。

但在实际送教过程中，部分家长的教育康复意识薄弱，甚至拒绝送教。为此，送教上门教师结合医生提供的最新医疗资讯和自身了解的类似学生的发展实例，坚持与家长沟通，再从容易看得见成效的小项目入手，让家长看到孩子的改变，从而使其建立起康复信心。最后，送教上门教师加强对个训方案的解释说明，结合孩子的评估数据，讲清楚制定每一个项目的依据，说明每一项康复的意义，在真正关心学生发展的基础上积极争取家长的支持。近10年的送教实践说明只有家校配合、齐心协力，才能让送教上门工作见到成效。

三、坚持多元评价，凸显送教上门服务成效

（一）个体获发展

送教上门旨在通过积极的训教康复，有效地矫正送教对象生理上的缺陷，去除其心理上的障碍，并使其掌握一定的文化知识和基本生存技能，真正做到"躺着的让他们坐起来，坐着的让他们站起来，站着的让他们走起来"，使他们感受到人生的价值。比如，送教上门学生小花因偏瘫长期卧床，智力相当于两岁的幼儿，不会说话，高兴的时候只能发出唯有奶奶能听懂的哼哼声。在送教上门教师的精心教育下，最终小花竟能主动参与活动，师生互动歌唱。

（二）家长增自信

送教上门使家长对孩子的教育和未来发展增添了信心。比如，小超是云南来通务工子女，小时候得了进行性肌营养不良症，家庭贫困、压抑，送教上门教师为其送油、送牛奶，定期送教送康，孩子进步很大，家长逐渐变得开朗了，家里的笑声也越来越多。

（三）转衔更顺利

根据送教上门学生教育、康复的效果，南通特殊教育中心会同医院、残联等机构，在诊断与评估的基础上，经特殊教育专家委员会鉴定同意后，适时调整教育安置方式。截至2023年，已有16名送教特需生顺利进入学校就读，15人进入南通特殊教育中心，1人进入新桥中学。比如，小俊患有孤独症，原先妈妈一直把他关在家里，后经过两名送教上门教师一年多的教导，他现在在特殊教育学校班级适应良好，老师和同学都很喜欢他；小禾患有脊髓型肌萎缩症，她的愿望是能和其他普通学生一样参加中考，在送教上门教师5年的精心教导下，小禾圆满完成了普通小学阶段语文、数学科目的学习，于2022年成为新桥中学七年级新生。

（四）科研出成果

送教上门教师学习不止、探索不断、笔耕不辍，在平时的送教过程中相互交流经验，及时总结反思，撰写了多篇论文、案例进行发表或参与评奖，对自己在送教工作中的成功经验和先进做法进行分享与推广。在2022年南通市教育科学院组织的送教上门教育叙事评选活动中，《生命的颜色》《相约星期三》等4篇案例文章获一等奖，《我们是一座桥》《走在送教路上》等2篇案例文章获二等奖。他们还制作了"感官教学具操作篇""生活指导""社会适应——认识自我 正视自我 超越自我"等多个校本课程，拍摄的送教专题片《用爱温暖孤寂的心》在市区融合教育活动中多次展示，产生了很大的影响。

强理论，抓实践，促发展，见实效。近年来，在崇川区特殊教育指导中心的引领下，南通特殊教育中心在送教上门工作中逐步形成特色做法，凝练出具有崇川特色的送

教上门模式。送教上门是落实"强化特殊教育普惠发展"目标的民心工程,平凡而艰辛,任重而道远。主城区送教服务工作的有效推进,使南通市残疾儿童入学率显著提高,真正维护了每一名残疾儿童的受教育权益,对全面提升南通市特殊教育质量和整体办学水平起到了积极的推动作用。

第四节 构建"345"联动工作机制 提升送教上门服务质量
——海安市送教上门经验介绍

海安市始终坚持以习近平新时代中国特色社会主义思想为指引,深入贯彻党的教育方针,坚持党对特殊教育工作的全面领导,全面落实立德树人根本任务,特教特办,办出质量和水平。自2016年实施送教上门以来,海安市以"'三定三评',建立送教保障机制""'四位一体',构建协同育人机制""'五化共建',加强规范化管理"的送教上门模式,全面贯彻落实党的二十大报告精神和国家、省市"十四五"特殊教育发展提升行动计划,统筹安排资金,有效配置资源,强化普惠发展,创新思路举措,着力构建送教上门的"345"联动工作机制,为重残儿童提供更精准的服务,有效地促进了教育公平,提高了特殊教育质量。

一、"三定三评",建立送教保障机制

(一)"三定"

1. 定方案

根据学生实际情况,制订送教上门方案。每学期开始,送教上门教师与康复师共同走进学生家中,对学生的智能水平、身体素质、成长经历、家长能力等方面进行综合评价与分析,量身制订个性化教育方案,做到"每生一案"。在送教中,教师根据学生情况,适时采取"线下送教+线上指导"的双行线模式,认真关注学生的成长变化,及时调整方案,康复师、志愿者适时参与送教。

2. 定措施

学校针对每一个学生家庭的具体困难,启动与残联、民政部门、志愿者的合作机制,打通"送教上门绿色服务通道",通过这一渠道,落实学生生活资助经费,帮助特困学生办理低保,指导残疾学生办理残疾证,争取红十字会的支持,帮助实施多次手术的学生解决手术费问题,为学生提供轮椅及康复训练器材,长期保障困难家庭节日生活物品。此外,还积极实施家庭康复引导,开展家长培训会、家庭教育沙龙,推送家庭康复视频,特殊教育资源中心免费为家长、学生开放特殊教育线上资源库,引导家长不放弃孩子,坚持实施家庭康复训练。学校利用与康复中心和医院的合作关系,采用三种渠道实施康复训练:一是医院派康复师定期随送教上门教师到家中对孩子进行评估诊断,实施家庭康复训练指导;二是定期组织孩子到医疗机构,借助专业机构的技术优势和资源优势进行康复活动;三是由家长陪同,孩子定期到学校感统训练室和资源教室活动,资源教师进行专业教学指导,康复师随同观察、指导训练。

3. 定方式

海安市的送教上门形式多样,除送教入户之外,还让学生就近走入当地普通学校的

资源教室活动。由教体局统一协调,送教上门学生可在家长的陪同下,定期就近到普通中小学资源教室进行个训,巡回指导教师及时跟进指导,让学生就近训练。此外,积极引导学生融入社会,让能走出来的学生参加集体活动。通过社区合作,学校组织送教上门学生和在校学生开展"手拉手"互助活动,培养学生的社会参与意识和交往能力。送教上门学生也可以在家长的陪同下走进学校课堂,或者视学生的身体状况,由家长到校陪读,使学生有一种归属感和集体感。

(二)"三评"

1. 学生评价

教师从感官知觉能力、粗动作能力、精细动作能力、认知能力、沟通能力、情绪控制能力、自理及居家生活能力方面对学生进行评价。"评价结果"一栏用等级0、1、2、3来划分,0表示学生不会做,完全缺乏能力;1表示经过教学及康复训练,具备一些微能力,小部分或偶尔能通过;2表示经过教育教学及康复训练,具备较多能力,大部分或经常通过,但未达到需要的能力水平;3表示经过教育教学及康复训练,达到需要的能力水平,全部通过。"教学目标"一栏也用0、1、2、3来划分,0表示学生无法适应环境需要,无法达成目标;1表示仅发展一些微能力,需要特别协助才能适应环境需要;2表示发展较多能力,只需部分协助便能适应环境需要;3表示完全发展出适应环境需要的能力。送教上门人员根据评价结果进行目标调整、策略改进等。

2. 教师评价

由教育管理部门(或学校)从师德师风、送教上门活动、送教上门技术支持等方面对教师进行评价。"评价结果"一栏用等级0、1、2、3划分,0表示非常不满意;1表示基本满意;2表示满意;3表示非常满意。管理部门(或学校)根据评价反馈结果对送教上门人员进行考核,并指导改进存在的问题。

3. 家长评价

由送教上门人员对特殊儿童的家长在环境创设、教育支持、康复支持等方面的情况进行评价,旨在建立更好的"家校社"合作联盟,助力儿童发展。

二、"四位一体",构建协同育人机制

"四位一体"即教育(特殊教育学校、普通学校)作为送教主体,家庭(家庭环境、家长素质)、医疗(康复机构、医院)、社会(政府部门、社区环境、社会志愿者)全力支持,从教育指导、医疗诊治、社区关爱、家庭康复四个维度实施重残儿童送教上门工作。学校与海安市残联建立未入学残疾儿童信息共享制度,精准摸排区域内重残儿童教育问题,形成送教上门工作意见。经海安市政府批示,海安市教体局牵头,采取以下合作方式:一是实施联合送教。建立以教育为主体,残联、民政部、卫生健康部门、社区、家庭联合送教工作机制,为送教上门提供全方位的政策、资源、技术、场地等支持。二是实施医教结合。学校与医疗康复机构联合制订个别化教育方案,在学生发展能力评估、康复训练等方面实施医疗技术介入。三是关注残疾儿童家庭。以政府带动和志愿者帮扶等形式,帮助重残儿童家庭解决困难,创造良好生活、学习环境。四是落实保障措施。在教育经费、教师成长、职称评聘等方面优先保障送教上门的实施。

三、"五化共建",加强规范化管理

"五化"即送教环境绿色化、送教内容生活化、送教服务常态化、送教管理制度化、送教内涵特色化。

（一）绿色化送教

送教上门的服务时间对教师和学生而言是宝贵的不可再生资源，送教上门教师不可浪费学生在课堂上学习的时间与自己的教学时间。学校高举"绿色发展"旗帜，将"和谐""高效"作为送教服务绿色发展的价值追求，努力让课堂变成"环境友好型""资源节约型""可持续发展型"的高效课堂，在送教课堂上关注人的可持续发展，关注人与环境的和谐，关注人与人之间的和谐，关注人与自我的和谐。

（二）生活化送教

重残学生是特殊学生中的弱势群体，他们因为自身有缺陷，没有办法到学校就读。因此，在其教学过程中要重点考虑采用什么样的教学方式才能被他们接受。生活化送教是指将送教活动中所涉及的各类知识及无法直观体现出来的各种活动规律，都以平常生活中随处可见的物品、各种生活场景及各种事情的发展结果为背景进行的教学。生活化送教在一定程度上让枯燥的教学变得通俗易懂，教师在教学过程中可以根据学生的实际情况进行变通，适当降低学习难度，重新调整教学目标。适当的调整不仅可以增强学生的自信心，还能在一定程度上增强他们的学习热情，吸引他们作为学习的主体主动参与到学习中。

（三）服务化送教

送教上门是集教育、医学、心理等于一体的综合性教育服务。为推动送教上门工作的规范化、科学化发展，学校为每一名送教上门学生建立个人档案，内容包括一份送教服务协议、一份医学诊断鉴定、一份个别化教育方案、一份送教学案、一份康复训练档案、一份个人成长档案、一份家庭康复训练指导手册、一份送教记录。在实践中形成的个别化的教育档案，加强了送教服务的过程性监测，记录了学生的成长变化活动，为评估学生的发展提供了依据，为送教上门提供了第一手研究资料。

教师以生动的语言、形象的动作、丰富的表情充分感染学生的情绪，通过表扬、鼓励的方式，帮助他们树立"我能行"的信心，让他们真正享受公平的教育，提供包括送政策、送健康、送温暖、送关怀、送知识、送技能在内的全方位服务。

（四）制度化送教

为全面贯彻落实义务教育均衡发展，保障不能到学校接受教育的重残儿童享受教育权，海安市特殊教育学校将送教对象纳入学校统一管理，建立送教上门工作档案。同时，成立了以校长为组长的适龄重残儿童送教上门服务小组，选派责任心强、热爱残疾学生、思想业务水平高且具有丰富实践经验的教师组成送教上门服务队。此外，制订了切实可行的送教上门计划，采取适合重残儿童发展的教育内容和教学方法，努力提高送教上门的效率；要求每个服务对象每月送教上门原则上不少于2次，每次3课时。学校还将送教上门教师的送教工作纳入学校教育教学管理，送教上门教师针对送教对象的生理、心理特点和残疾类别，提前制订切实可行的个别化教育方案，并在送教上门活动中对重残儿童进行思想品德教育，培养他们良好的行为习惯，引导他们逐步树立自尊、自爱、自强、自立的信心。

（五）特色化送教

海安是一座美不胜言的城市。它海纳百川、崇文尚教、开拓进取，是江海文明的起源,是无数海安儿女根植内心、涌动向上的力量源泉。在送教上门活动中,学校将海安本土文化引进课堂,包括"舌尖上的海安味道""海安十大旅游景点""有趣的海安方言""海安十大非遗传承""海安的运河文化"等,进一步加深了学生对本土文化的认识,激发了其热爱家乡的情感。

开展送教上门服务数年来,海安特教人用智慧躬耕特教,用行动践行理想,探索新路,提升品质,努力打造更精准、更专业的送教上门新样态,助推每一名重残儿童人生出彩!

第五节 送教上门普惠发展的如皋样态
——如皋市送教上门经验介绍

送教上门是特殊教育的补充安置方式,是强化特殊教育普惠发展的重要体现。如皋市特殊教育指导中心立足市情,引入项目管理的长效机制,保障送教上门服务可持续发展。

一、建立长效机制,促进送教上门可持续开展

如皋市设立项目办公室,全面统筹、规划指导全市送教上门工作。抢抓江苏特殊教育跨越发展契机,申报江苏省特殊教育发展工程送教上门奖补项目。制定《服务工作实施细则》《志愿服务团队章程》等规章制度,保障送教上门的计划性、系统性、长效性。编制《送教上门工作手册》《送教上门服务指南》等规范性文件,明确特殊教育指导中心、特殊教育学校、教师管理中心、普通学校、镇区街道、村委社区、爱心组织,以及送教上门家庭的职责、权利和义务,规范送教流程,严格过程管理,落实责任考核。对送教上门的流程、次数、课时、内容、方式、考核等进行细致规定,让过程可量化、可监督,效果可评估、可考核。

基于送教对象的基线测评,制定学期课程安排表和流程导航图(图5-1),对"表"送教,挂"图"作战,提供全方位、立体式、多元化的教育服务,形成一个规范、完整、系统的闭环。

实施任务分解、责任包干,将送教任务划分为若干项目小组,分片包干,组长负责。送教上门教师每次送教后,进行分组汇报、资料汇总。项目办负责收集资料,形成每一批次的送教小结,对送教对象进行阶段性评估,即时调整个别化教育计划和个别化支持计划,调整、确定下一阶段的送教上门方案。

以"融合教育背景下小学随班就读儿童社会性发展的研究"为推手,设立"融合教育背景下'送教上门'儿童社会性发展的研究"子课题,组建以特殊教育指导中心为核心、以特殊教育学校为骨干、以各普通学校为主力的研究团队。以送教上门特殊儿童社会性发展的目标、路径和案例为研究内容,开展行动研究和案例研究,拓展送教上门的研究领域,探索送教上门的实践规律,让送教上门更理性、更科学、更高效。

会同人社、编办、财政等部门共同拟订送教上门专项经费使用办法,明确规定:"送教上门"特殊儿童的生均公用经费为对应学段普通学生的10倍。将送教上门列入延时服务,为送教上门教师提供工作和交通补贴,工作补贴为100元/天,午餐补贴为30

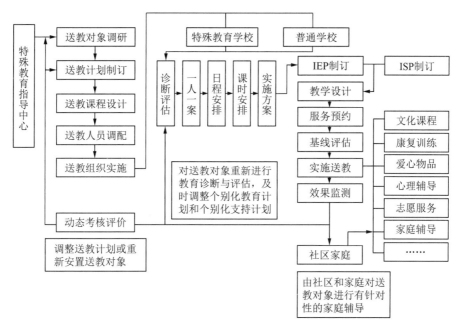

图 5-1　如皋市特殊教育指导中心送教上门流程导航图

元/天。特殊教育指导中心对各镇（区、街道）教育管理中心送教上门工作进行考核评估，根据考核结果发放巡回指导教师、工作组组长及普通学校送教上门教师的工作补贴。

与如皋市慈善基金会、如皋市残联、如皋市教育局财审科（资助中心）等部门开展"扶残助学"长期项目合作，为送教上门提供政策、资源、设备、资金等方面的支持保障。从 2014 年起，如皋市慈善基金会设立"特殊儿童'送教上门'资助项目"，每年资助 5 万元。如皋市残联设立"特困残疾儿童家庭资助项目"，每年资助 5 万元。如皋市教育局财审科（资助中心）将送教上门重残儿童全部列入资助对象，实施精准扶贫与精准送教同步战略，坚决打赢特殊教育领域"扶贫攻坚战"。

二、落实"一人一案"，建构个别化支持体系

如皋市现有各类送教上门对象 43 人，残障类型复杂，残障程度多重。送教对象的残疾类型程度、个性特点、生活环境和教养方式因人而异、千差万别，批量订制、统一配送的课程门类和教学内容，很难与送教对象已有的生活经验和身心发展水平精准契合。送教上门必须加强课程设计，明确目标、内容、效果评估等多方面问题，保证重残儿童获得适合的教育与康复服务。为了让送教上门更精准、更有效，如皋市特殊教育指导中心对送教上门课程进行供给侧结构性改革，改"配给制"为"点菜制"，变"标准餐"为"自助餐"。基于对每一名特殊儿童进行的生理发展、心理认知、生活常识、适应性行为、社会性发展等方面的评估，将学生分为送教育（实施教育课程）、送康复（实施康复课程）、送关爱（实施情感课程）三大类别。根据教师的专业素养和特长、家庭和社区所能提供的环境支持、儿童自身的实际水平和发展需求，由巡回指导教师、家长和送教上门学生共同选择相应的送教课程或子课程，自主开发"生本课程""微型课程"。

如皋市特殊教育指导中心借鉴广东省佛山市顺德区的"个性化课程"和"云平台建设",吉林省长春市二道区育行特殊教育学校的"功能性学科、技艺类课程、缺陷康复及补偿训练"模块课程,以及石道刚、崔维华的"运动语言康复、生活自理能力、脑瘫儿童康复、居家生活安全、家长培训、生活综合技能"等课程经验和模型①,以个别化支持计划理念为指导,将最初设计的"文化课程、技能课程、休闲课程、康复课程"打造成"教育课程、康复课程、情感课程"三大课程体系的41个课程门类的自助课单(图5-2),为送教上门儿童提供简明而有效的个别化支持。与个别化教育计划相比,个别化支持计划的关注视野更广,除了强调儿童主体、成果导向及儿童的自我决定等因素外,还关注他人提供的自然支持、专业支持、科技支持、无障碍环境建设等外部因素。

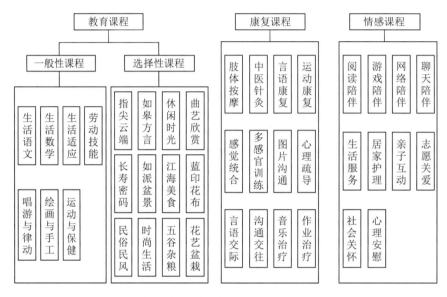

图 5-2 如皋市特殊教育指导中心送教上门自助课单

依托上海七维教育"一人一案"网络平台信息传递迅捷、资源丰富、功能强大、操作简便的优势,将"一人一案"应用于送教上门领域(图5-3),为全市43名送教上门儿童建立了包括发展档案、课程服务、各类评估、教育转衔、医学支持、职业培训、个训干预、教育康复等内容的电子档案,实现送教上门儿童身心发展和生涯发展信息化、电子化、数据化、实时化记录与管理,通过平台数据分析,为送教上门儿童的个别化教育干预提供科学指导。

自助课单和"一人一案",关注每一个送教对象的教育需要与康复需求,实施差异化教学,在细致研判学情的基础上,量身打造一对一、面对面的教学计划和课程表,个性定制康教目标,从"关爱每一个"走向"关爱这一个"。

---

① 石道刚,崔维华. 关于送教课程的探索与思考[J]. 现代特殊教育,2017(9):52-54.

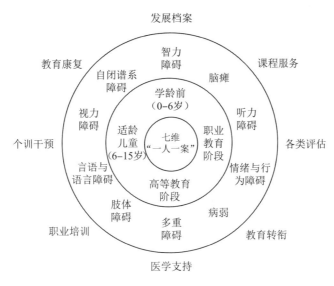

图 5-3 如皋市七维"一人一案"同心圆

三、优化"资源生态",打造送教上门普惠发展的如皋样态

(一)整合人财资源,保障送教效果

如皋市特殊教育指导中心坚持"普特协作、医教结合、康教一体、家校牵手"原则,组建一支由特殊教育学校教师、普通学校教师、医疗卫生人员、专业康复师、心理咨询师、爱心志愿者和义工、社区干部、家长等人员共同组成的送教上门服务团队。其中,特殊教育学校教师负责对送教对象进行专业评估和课程设计、制订个别化教育计划和个别化支持计划。普通学校教师负责施教区内送教对象的课程实施与活动开展。医护人员负责对送教对象进行生理发展、健康状况评估和监控,并提出健康指导意见。康复师根据送教对象的康复需求和发展可能,规划设计并组织实施康复课程。心理咨询师运用精神支持疗法、认知行为疗法等,帮助送教对象和家庭缓解精神压力,提高其应对危机和克服困难的能力,帮助他们走出生活困境。志愿者和社区义工为送教对象和家长提供家庭护理、个人卫生保持、爱心陪伴、"喘息服务"等力所能及的帮助与指导。社区干部利用自身影响力,为送教对象及其家庭营造平等尊重、和谐融洽的社区融合环境。家长既是服务团队的成员,也是送教对象。团队其他成员虽然具备专业知识技能,但是缺少充足时间;家长正好相反,缺少专业知识技能但时间相对充足,二者正好互补。家长作为送教对象,先于孩子掌握教学方法和康复技能;作为团队成员,充分利用一切时间和机会,对孩子进行针对性训练,维持和强化送教效果。

送教上门用车采取公务用车平台申请和自备车两种方式。自备车辆执行强制安全检查制度。送教前,落实专人检查自备车辆的证照保险、维护保养等情况,对驾驶员进行酒精测试,严禁酒后驾驶。为送教人员购买意外伤害保险,防止意外发生。为每个送教小组配备"送教工具箱",包括平板电脑、数码相机、识字图卡、阅读绘本、数字学具、益智玩具、标本模型、康复器材、强化物品等,满足教学康复需要,方便教师随取随用。联合社会爱心组织,为送教上门学生提供"爱心大礼包",包括书包文具、体育用品、生活用品、营养食品等。每学期测量一次孩子的身高体重、三围尺寸,向家长咨询孩子衣服、鞋子的尺码。这样，一方面，爱心组织在对学生进行衣服、鞋袜捐赠时，可以做到心中有数，定向捐赠，精准送达；另一方面，爱心组织可以指导家长对送教上门学生的生理指标进行监测和监控，防止无节制饮食导致过度肥胖及厌食、挑食、偏食引起的营养不良。

（二）借助网络资源，打破送教瓶颈

如皋市特殊教育指导中心借助全媒体、融媒体、自媒体平台，利用各类APP，绘制精确的送教地图，推送精准的网络课程，对送教过程进行监管考评，缓解特殊教育指导中心人员稀缺、时间紧张的现状与送教家长和学生日益增长的共享教育公平、分享普惠教育的美好愿望之间的供需矛盾，打破了送教上门交通不便、人员不足、时间不够、资源有限的瓶颈。绘制全市送教上门对象分布图，为送教分组和送教路线规划提供可视化、直观性的参照。利用微信的定位功能，将送教家庭位置转换成二维码，编印成册，配发到人。在送教分组和人员调整之后，新的小组和教师也能根据定位，准确地导航到送教对象的家庭，减省了打听、问路的环节，避免"吃二遍苦，走冤枉路"。

日益发达的互联网技术，全面普及的移动终端，微视频、微课堂等慕课（MOOC），QQ、抖音、快手、微信等新媒体平台的出现，为远程送教提供了技术支持与实践可能。如皋市特殊教育指导中心为每个送教小组及部分脑瘫学生配备了平板电脑，送教上门教师利用QQ直播和微信视频聊天，对学生进行远程教学。利用微信、QQ、MSN等社交软件平台，将录制好的微课、微视频进行"一对一"推送或群发布，学生家长或学生本人根据自身兴趣和喜好，自行接受，下载播放，自主学习，实时或延时与教师、同伴进行互动。

此外，利用"钉钉"办公软件的课程表、工作审批、出勤签到等系统，对送教上门过程进行全程跟踪和动态监管。送教上门教师将课表导入手机，可以随时查询，也可以进行备注和提示，实现课程、课表的动态管理。教师利用"钉钉"平台申请用车，自动记录车辆信息，实时对车辆的行驶轨迹、运行情况进行动态监控。教师到达送教家庭后，定位签到"打卡"、上传送教活动现场照片或视频，实现送教资料的电子化、信息化管理，增强现场感，为送教效果评价、考核提供第一手资料。

随着5G时代的到来和"智能（AI）+"技术的应用，信息多元、载体多样、视角多维的现代信息技术和网络通信技术，使得送教上门全员参与、全程可控、全息推送、全效评估成为可能。

（三）营造融合环境，优化送教生态

如皋市特殊教育指导中心以特殊儿童及其家庭为圆心，联合并协调残联、民政、教育、卫生健康等部门，以及社会福利机构、公益创投组织、志愿服务组织等群团组织协同运转、同向发力，共建"同心圆"，构建起人与组织、人与社会、人与自然和谐共生、协调发展的生态系统。依托残联的"残疾人之家"及社区康复中心等平台，在全市14个镇（区、街道）设立送教"工作站"，在21个村委会（居委会、社区便民服务中心）设立"教学点"。根据教育部《普通学校特殊教育资源教室建设指南》和江苏省教育厅《关于加强普通学校融合教育资源中心建设的指导意见》等文件精神，在"工作站"和"教学点"建立资源教室，为送教上门学生提供课程辅导、技能训练、康复指导和教育咨询等服务。与儿童福利院联合办学，在福利院内设立送教上门"卫星

班"。组建送教团队,对如皋市儿童福利院的 3 名孤残儿童的残疾类型和程度、认知智能水平、性格情绪特点和身体健康状况进行评估和鉴定,为他们制订"一人一案"和个别化教育/支持计划,利用休息日和节假日,开展送教上门活动。

学校党支部开展党员领导干部"比贡献、创业绩""志愿送教"等活动,工会开展"万师访万家""爱心暖冬"等活动,取得了良好的效果,产生了较大的影响。"打通'送教上门'的最后一米"项目获评南通市教育系统第三批"一校一品"党建文化品牌,送教上门团队被如皋市精神文明建设指导委员会评为"优秀志愿服务组织",被如皋市委、市政府表彰为"优秀教师群体"和"'四有'好教师团队",并获评南通市第三批"'四有'好教师建设团队"。

在实践中探索,在探索中创新,在创新中完善,构建政策、资源、技术共同支持,学校、家庭、社区同向发力,教师、家长、专业人员相互配合的送教上门长效机制,是所有特殊教育工作者的集体责任和共同使命,也是新时代送教上门的宏大理想和美好愿景。

第六节 以问题为导向的送教上门如东模式
——如东县送教上门经验介绍

送教上门是特殊教育的重要组成部分,对推动教育公平,实现"一个都不能少"的目标具有重要的现实意义。如东县送教上门工作由如东县逸夫特殊教育学校承担,其在长期实践中发现传统的送教上门面临诸多难题:在送教上门教师方面,送教路途远,耗时长,上课时间短;送教间隔时间长,难以保证效果;送教内容不成体系,缺少有力参考;教师专业能力水平参差不齐,康复知识欠缺。在家长方面,家长的参与意识差,不能对孩子进行有效指导,教师所教内容得不到复习巩固。在学生方面,学生的残障程度过于严重,存在交流障碍,不能积极配合。为解决这些问题,真正做好送教上门工作,近年来,学校整合各类送教上门的教育要素,通过组建"3+N"送教队伍、立足"三个基本点"、实施"三送达"服务、尝试"三项创新",让如东县送教质量逐年攀升。

一、组建"3+N"送教队伍

如东县逸夫特殊教育学校以乡镇为单位划分送教区域,根据送教上门学生人数编组,每组安排 3 名教师,强弱搭档,集中时间,协同送教,有效避免单人送教、教学随意、监管缺失、无法保证送教质量等一系列问题。每月学校会进行康复技能、心理疏导、安全管理、资助政策等方面的集中培训,让送教上门教师既是老师又是司机,既是康复师也是摄影师,还是党的教育资助政策的宣传员。送教上门教师每次送教时要佩戴统一标识,态度积极且有耐心,不得在送教过程中闲聊,维护好送教队伍的形象。每组及时整理送教上门工作档案,全年主要包括学生基本情况、评估记录表、个别化教学计划、训练康复记录(含照片、视频)、学年评价等。学校每月根据上交档案,评选"送教之星",安排各送教小组总结、分享经验,谈收获、成效,更谈面临的问题,大家再群策群力想出解决办法。

如东县逸夫特殊教育学校还将康复治疗人员、社会志愿者等纳入送教服务队伍,一方面拓展力量，提升康复、干预服务的质量；另一方面让志愿者们亲身感受到特殊儿童家庭的不易与艰辛，吸引更多爱心人士加入服务队伍。学校与助残志愿组织——如东兰馨心理关爱服务中心合作的"种太阳——如东县残障未成年人优势能力甄别培养项目"，在2023年先后服务24个家庭，其中，11个送教对象因优势能力显著增强而变得自信。

二、立足"三个基本点"

（一）建立一种生命认同

教育在起点上，直面人的生命；在过程中，遵循生命的本性；在结果上，促进生命的成长，追寻生命的意义和价值，提升生命的质量。重残儿童的生命同样需要得到尊重、理解。近年来，如东县逸夫特殊教育学校打造"蜗牛文化"，送教对象也是其中的一分子，他们拥有了"小蜗牛"专属的玩偶、T恤、学习书袋、成长档案袋等。如东县希望在细节处让送教对象与校园建立正向融入的关系，让重残儿童首先有校园归属感，在送教上门教师的帮助下"每天进步一点点"。

（二）基于一次全面评估

科学评估是实施送教的基础。首先，送教上门教师对送教对象及其家庭情况进行全面、详细的调查，不仅要了解清楚孩子的身体状态，包括障碍类型、成因、特点、程度等个人基础情况，还要对其家庭主要成员、监护人，特别是与孩子共同生活、起主要看护作用的家庭成员的基本信息有充分的掌握，对送教上门的有利条件和不利因素做出尽可能具体化的分析预判。然后，借助"社会生活能力量表"，从生活、运动、交往、自我管理等方面评估送教对象的综合能力，确定送教对象的学习需求，为其建立详细的个人档案。

（三）制订一份成长计划

为了让送教取得好的成效，送教上门教师需要根据了解的情况、评估的数据，以及每个儿童的身心发育特点等，与担负日常监护责任的家长充分沟通，制订适合他们的切实可行的"一生一案"教育康复训练方案，以及有针对性的、个性化的长中短期教育计划和阶段目标。在整个送教过程中，教师不仅要精心准备送教物品和课程，分层施教，还要与家长做好长期交流，适时调整教学内容和方法，帮助家长树立起信心，充分保障每一个残疾孩子都能接受合适的教育。

三、实施"三送达"服务

（一）爱心送暖，为家庭解压

送教上门的主阵地在家庭，送教上门的时间有限，家长的支持是送教上门取得成效的关键。家中有一个重度身心障碍的孩子，家长除了要承受较重的经济负担外，还会面临来自社会环境的精神压力，以及自身的焦躁情绪。长期照顾孩子不得解脱，再加上周遭异样的目光、不当的言语，家长不堪其重。所以，送教上门工作一方面需要给孩子送康送教，另一方面需要给家长送温暖、送信心，做好家长的心理疏导，如此才能促成孩子的转变。送教上门教师把倾听化作无形的陪伴，耐心倾听家长的心声，在聊家常中对家长进行心理疏导，让他们感受到社会及他人的善意和善举。送教上门教师会在送教物品之外，为孩子准备合适的尿不湿、衣物，解决孩子的生活难题。例如，2022年年底，聪聪突然肚子疼得厉害，经医生诊断为重症急性胰腺炎、急性肾损伤并住进重症监护室，之后三度入院治疗。而聪聪的妈妈也存在智力障碍，全家仅靠聪聪爸爸的微薄收入勉强维持生计。聪聪入院以后，聪聪的爸爸为照顾孩子无法工作，失去生活来源，高昂的医药费让本不富裕的家庭雪上加霜。送教上门教师得知情况后，第一时间给这个特殊的家庭送去关心，跟进了解孩子的后续治疗情况，定期走访并送上所需物品，帮聪聪申请"冬日暖阳"爱心补助，发动全校教职工为他捐款。

"授人以鱼不如授人以渔"，送教上门教师要充分调动家长的积极性，让家庭教育填补送教间隔的"空白"时间，以形成强有力的持久效应。送教时，邀请家长参与孩子的诊断与评估并协助孩子的康复训练，教给家长训练孩子的方法；建立区域送教联系群，加强与家长的经常性沟通，关注孩子的日常状态，鼓励其每天完成训练任务，赞扬其取得的点滴进步。对于一些特殊家庭，送教上门教师还要关注其生活方式，如斌斌家的卫生状况极差，斌斌经常和智力低下的哥哥殴打聋哑的奶奶，每次送教上门教师都会先收拾桌子、地面，现在斌斌已经能一看见送教上门教师的车就擦桌子、收衣服了。针对殴打长辈的问题，送教上门教师联系了村干部，并借助邻里力量来监督，限定斌斌的妈妈要管好儿子们。

(二) 科学送康，小器材大力量

除了爱心和耐心外，送教上门教师还需要引入科学帮助，学习康复按摩、情绪疏导、音乐治疗等诸多内容，让送教上门工作落在实处。准备分指握力器、木插板、指压板、平衡车……这些都是在充分了解孩子的现状后，各送教组有针对性地做的准备。教师设计家庭康复小贴士，现场指导家长掌握康复训练的强度、姿势等要点，让小器材发挥大力量。例如，小宇是一级多重残疾，父母忙于照顾残疾程度更重的妹妹，他被留在了体弱多病的爷爷奶奶家。在充分了解孩子的现状后，送教上门教师准备了分指握力器和指压板，指压板能帮助刺激小宇的手部神经，使用手指分离器可以缓解小宇的钩形手，坚持使用握力器能进行肌力锻炼。如何让送去的"宝贝"发挥作用，让小宇一家会用、爱用呢？送教组多次讨论、多方参考，制订出一份详细的实施方案。送教上门教师出发前，小宇的爷爷就通过手机收到了一份针对减轻手指痉挛、增加手部感觉和运动功能的训练小贴士。送教上门教师到达时，小宇已经在爷爷的帮助下训练起手指来，随后，教师对孩子的手指训练强度、辅助姿势等要点进行了实际指导。

针对对音乐较为敏感的豪豪，送教组把音乐治疗和劳动实践相结合，让其产生良好、积极的情绪。音乐治疗是根据行为矫正、潜意识开发、人本主义等心理学原理，通过较长期的音乐治疗活动，在治疗师、乐器、儿童、家长之间建立音乐关系，激发儿童有意识或无意识反应的积极音乐行为表现，从而促进和改善特殊需要儿童的情绪等诸多问题。音乐出于动作，动作出于音乐，二者互相依存、互相作用。送教上门教师运用奥尔夫理念中的"原本性音乐"，让喜爱劳动的豪豪完全沉浸到音乐中。比如，对于拍手的动作，老师就让豪豪用打菜籽的木棍来代替，老师拍一下手，他就用木棍打一下菜籽，渐渐达到两人同步，最后让他随着音乐执行敲打动作，老师不干预，只做一些观察记录。

(三) 科技送教，一起向未来

中重度残疾儿童大多居家时间长，就像笼中的小鸟，无法窥见外面精彩世界的全貌。学校给孩子们送去"天猫精灵"，它就像孩子的朋友，能智能控制，能播报各地新闻，打开孩子通向外面世界的大门，让他们的生活从睁眼等待睡觉变成了睡醒就期待用上"天猫精灵"。比如，丰利送教组里有个叫琪琪的女孩子，她瘫痪在床，自从教师带去"天猫精灵"后，她的情况有了改观。"我从小小的魔盒里能听到各地的广播新闻，生活也从睁眼等待睡觉，变成了睡醒就期待用上'天猫精灵'。"琪琪兴奋地说，"谢谢老师，我不仅能用它听广播，还能用它听歌呢！"对于没有网络的送教对象，送教小组准备了故事机。即使是没有行动能力的孩子，因为有了故事、音乐的陪伴，其笑容也多了。

随着送教上门工作的深入，越来越多的孩子对校园生活产生了好奇，但怎样让更多孩子参与到课堂中呢？在"远程服务"项目暂时不能到位的情况下，送教上门教师想到了基本各家都有的手机，如东县逸夫特殊教育学校选用简单易操作的"智慧云平台"，面向全体送教对象开设"逸夫线上三立课堂"，每天两节课，点开链接即可听课，内容包括学科教研课、扬长展示课、主题活动课等，缩短送教的距离，扩展重残儿童的学习时长，让课堂的模样在送教对象心里扎根，从而使其对校园生活开始憧憬。对于为数不多的因脑瘫导致肢体残疾而智力正常的孩子，送教上门教师就指导他利用手机、电脑与相应班级在校生实现同步学习，让学习、教育真正发生。

四、尝试"三项创新"

（一）每月主题送教

送教对象的障碍类型多、障碍程度重、差异性显著，这决定了送教上门的复杂性、多样性。如果说每个孩子的心中都有一座"秘密花园"，那么特殊儿童的"秘密花园"有着更独特的锁，要想打开实属不易。送教上门教师思索、探寻"密钥"——以送教学生的生活为核心，以生活中的问题和需要为出发点，挖掘学科知识与生活的联系点，选择学生熟悉的生活化资源，实施主题送教，提高学生的相关能力。每学年分为"尊师、爱国、敬老、律己、惜时、团圆、感恩、自然、勤劳、快乐、实践、独立"12个主题，每月在同一主题下，根据送教上门学生的实际，根据障碍分层、内容分层、时长分层进行个别化课程设计。比如，对于2月的"团圆"主题，学校提供了各式花灯材料和汤圆，送教上门教师针对送教对象的特点设计了认花灯、拼花灯、做花灯、听故事、认球形、数汤圆、煮汤圆、吃汤圆等教学环节，产生了良好的教学效果。

（二）每学期进步评选

每学期结束，送教上门教师会整理好送教对象的成长档案，从学习能力、康复效果、生活自理能力、社会适应能力等方面形成多维度的评价报告，让家长看到孩子的进步。面向县域送教上门学生，学校开展进步评选，颁发奖状和奖品，激发其学习的主动性。各送教组还充分利用社区环境，组织优秀送教上门学生进行社会实践活动，让他们在进一步扩大的社交圈中，通过实践体验感受自己在社会环境中的角色，产生服务他人、服务社会的意识和勇气，锻炼社会适应力。

（三）每学年转衔安置

送教的愿景是提高送教对象的生命质量，让送教家庭有看得见的未来。学校安排的送教组相对固定，送教上门教师需要对送教对象进行长期规划。每学年，学校会安排一部分送教对象到校园里，使其最终通过中职班的学习获得就业机会；将大部分送教对象分层安排到托养中心、"残疾人之家"，或者帮助其申请长期照护。比如，有一个名叫晓晓的同学，先天智力落后，到了上学的年龄还不懂大小便；稍稍懂事后，母亲又不幸患癌症去世。面对这样的孩子，送教上门教师和家长从未放弃教育，为了他今后能自主地生活，教师为他制订了个人成长计划和职业就业计划。首先培养晓晓的生活自理能力，教师手把手地教，反复演示，重复练习。通过正强化、多刺激，晓晓终于掌握了穿衣脱衣、洗漱收拾等基本技能；其次培养晓晓的职业体验，帮助他了解社会、认识社会、适应社会，带他去福利工厂、"残疾人之家"参观，让他选择合适的工种和进行职前体验。送教上门教师主动与残疾人指导中心负责人取得联系，根据"残疾人之家"对学员生活自理、简单劳动、社会适应、庇护劳动等方面的要求，指导晓晓模拟练习测试。在2023年上半年，晓晓顺利地通过了考核、面试，成了"残疾人之家"的新成员，他在新的环境下，和新的伙伴一起工作，笑得很开心。

要让残障孩子享有公平而有质量的教育。如东县特教人常常抱着这样的送教理想——"躺着的能坐起来，坐着的能站起来，站着的能自理起来，自理的能走进校园来"。2021—2023年，如东县先后有8名送教对象走进了校园。2023年，如东县逸夫特殊教育学校的"逸家人"党员先锋"63111"特教行动获评江苏省中小学"一校一品"党建文化品牌项目。送教上门教师走村到户，丈量了如东县的每一寸土地，走访如东县最特殊的家庭和最弱势的群体，耐心地倾听、沟通，帮助一些家庭改善孩子的生存环境；与镇、村协调，为这些家庭解决生活问题。从最困难的案例入手，从最突出的问题抓起，从最现实的利益出发，一年又一年，送教的足迹在路上，温暖的故事留心间。

第七节 让行走之光润泽生命的生长
——启东市送教上门经验介绍

党的二十大报告提出"强化特殊教育普惠发展"，启东市构建了多部门协同的普特融合、医教结合、"互联网+"立体送教体系，形成了循序渐进、螺旋上升、有机衔接的送教工作机制，把"强化特殊教育普惠发展"真正落到实处，开创了新时代送教上门改革发展的新局面。

一、加强顶层设计，提升送教上门管理职能

强化主体责任，将送教上门工作纳入全市教育发展整体规划，构建了政府主导、跨部门统筹协调、普特协同作战的送教上门教育管理体制和运行机制。努力完善启东市特殊教育指导中心的指导管理职能，整合区域特殊教育公共资源、凝聚特殊教育专业力量、平衡特殊教育系统内外多种关系，从设计与架构、内容与实施、支持与保障等角度，创新信息化送教上门模式，建设送教上门数据化共享平台，保障区域内送教上门的科学性、规范性和长效化。健全送教上门专项督导制度，将送教上门工作纳入乡镇特殊教育督导和中小学素质教育综合督导工作范畴，进行量化考核。

二、优化资源配置，夯实送教上门建设基础

从市级特殊教育指导中心到乡镇特殊教育资源中心，再到各学段融合教育资源中心、送教（康）责任学校，建立了全市送教上门管理网络，分层次、递进式管理模式，全方位关注每一名送教上门学生的发展。

(一) 提供精准诊断与评估

创设由启东市教体局、残联及卫生健康、民政部门联合共建的启东市特殊教育专家评估中心，配备具有较强专业能力的工作人员，建立内部管理运行机制，组建专家指导团队。为全市重残儿童提供免费的医学诊断、教育评估等专业服务。在评估的基础上，为每名送教上门学生建立入学档案，做到"一人一案"，并建立学生入学档案信息共享体系。每学期对送教上门学生进行教育评估，根据评估结果调整课程，从而建立科学化送教上门评估资源库，形成有效的常规评估机制。

(二) 构建专业师资队伍

每学期相关学校以市级研讨面上推介、县级研讨效点上提高、校级研讨基层攻坚为思路，上下联动，全面铺开，织密送教上门教学研讨活动网格，提升教学研讨活动实效。通过"请进来，走出去"等路径，聚焦难点，开展专题送教上门研讨、交流和个别指导活动，将研训与送教个案管理有机结合，促进送教上门教师专业化发展。

(三) 打造多元康教服务

着重从强化服务意识、提高服务水平、优化康复质量等方面入手，不断提高送教上门康复师团队的服务能力。通过购买服务，聘请市内知名康复训练专业人士到学生家里进行上门康复。为每一名送教服务对象定制个性化训练计划，全面实行个性化服务，让重残儿童得到最大化的收益。

(四) 推进多元化评价

坚持以送教上门学生的发展为本，实施多元评价，充分挖掘送教上门学生的潜能，定期开展展示评价活动，努力使教学目标和发展目标建立在送教上门学生的"最近发展区"，以教学牵引和促进送教上门学生发展。

三、聚焦课程开发，提升送教上门育人质量

启东市制定了《送教上门工作实施细则》，启动了送教上门质量提升工程，确立了从"送教"到"送好教"的工作目标，实施以评估为导向的送教工作流程与质量管理模式，优化送教资源配置，形成了普特融合、医教结合、"互联网+"送教上门体系。

积极编写康复主题送教课程，统筹生活适应、康复训练与感统训练等多学科，生成满足重残儿童发展的教育教学内容，旨在为区域内的送教项目提供可实施的教材，帮助送教上门学生进行更精准的康复训练，实现课程最优化。基于送教上门学生的残疾程度一般都比较严重的情况，送教上门要回到其个人发展的起点，找到其"最近发展区"，采用生活化的情景式游戏化学习方式，确保送教质量，扎实开展"三送"（送教育教学、送医康指导、送爱心温暖）。

(一) 送教育教学

每一个孩子都是一本值得我们认真研究的书。以注重发展重残儿童的教育潜能，提高其认知能力和适应生活、社会的能力为宗旨，针对送教上门学生的生理、心理特点和残疾类别，启东市制订了切实可行的长期教育计划和短期教学目标、具体实施策略。依据每名学生的特点，确定先从哪个领域入手，再详细探讨对学生是否切实可行，最后制定出具体的送教内容和教学方法，为他们量身定制个别化教育计划。在送教工作中，要求每次送教要备课并记录，工作完成后需要家长签字。同时，用图片和视频进行记录并按要求及时上交相关资料以便检查。

每一次送教都会携带送教上门工具箱，依据编写的送教教材，从语言能力、认知能力、交往能力、生活自理等方面进行训练。利用游戏串珠、夹豆子等对送教上门学生进行精细动作的训练；利用音乐让脑瘫儿童随着优美的旋律随意发音、动腿、挥手，提高其四肢协调能力和发音能力；利用图片沟通系统让送教上门学生进行沟通交往。另外，还充分运用送教家庭家里的现有资源如楼梯等，让脑瘫儿童得到下肢肌肉群的发展；剥橘子、数橘子及吃橘子活动，既发展了送教学生的手指精细运动能力，又使其获得了颜色、形状及数数的知识，同时也让送教上门学生得到味觉体验。

（二）送医康指导

启东市特殊教育指导中心采用"学校+医院""教育+康复""教师+医生"三结合模式，深化医教康结合，积极引进医疗康复资源，先后与启东市妇幼保健院、启东市千帆康复中心签订合作协议，组建康复团队。与启东市第三人民医院共同实施医学鉴定与教育评估，为送教上门学生提供评估鉴定，制订个别化教育方案，动态调整送教课程，满足个体需求，形成链条式医教康结合工作流程。同时，针对家庭中遇到的亲子问题、康复问题、社会适应问题等，充分了解家长意愿之后开展有针对性的家长式培训，为家长提供康复知识的指导，让家长能够很好地掌握针对自己孩子的康复知识，帮助家长树立信心，"小步子、多循环"，为持续的家庭康复奠定基础。

（三）送爱心温暖

在送教之路上，送教上门教师要与家长做好沟通，了解家长的实际困难和需求，帮助家长树立信心。在送教扶贫过程中，送教上门教师为学生送去了故事机、学习机，在节日、年终的时候给学生带去了慰问物品。此外，为每一名送教上门学生建立了困难家庭学生信息档案，建立了困难家庭学生信息数据库，实施科学有效的动态管理。送教上门教师根据送教对象的残障特点，有效实施"三送"，最大限度地弥补单一口径送教的欠缺，为送教对象提供更加切实、急需的服务。

四、强化示范引领，创新送教上门发展样态

探索实施"互联网+"送教上门，购买远程学习设备，借助送教平台，特殊教育学校教师和普通学校教师、残联康复师运用终端设备，对有一定能力的学生、家长实行远程送教工作，极大地丰富了送教形式，提高了工作效率。通过送教"云平台"、送教上门"口袋助手"、送教记录仪等现代信息技术的应用，搭建了全市统一的送教上门综合服务平台，有效提高了送教上门工作协同效率和精细化管理水平，实现了送教上门"零拒绝、全覆盖"和"一人一案"的目标，让中重度残疾儿童借助网络"走进"课堂，享受集体学习的快乐，这真正彰显了特殊教育的责任，体现了"一个都不能少"的送教初衷。

大力宣传特殊教育，努力营造提高送教上门教育质量的舆论氛围，提升全社会对送教上门工作价值的认识，形成推动高质量送教上门工作发展的教育合力。自2018年起，启东市将每年5月确定为"特殊教育宣传月"，在每年年底举办年度"送教上门推进会"，通过专项活动，开展送教上门教育政策宣传、"启东市优秀送教先进单位和先进个人"评选，相关活动受到了社会各方的广泛关注，全市支持送教上门教育工作的社会生态基本形成。

力争促进特殊教育优质均衡发展，使广大特殊儿童的生存境遇和发展状况得到显著改善，使特殊儿童家庭的幸福感得到显著增强。启东市将不断优化送教上门各项工作，实现送教上门教师、送教上门学生、学校的共生长，让启东市的送教上门品牌照亮东疆教育。

第六章 南通市重残儿童送教上门的典型案例

如果说教育是一艘船,那么送教上门就是鼓起帆的风。送教上门教师的工作平凡而艰辛,他们努力地把温暖的"阳光"送进重残儿童的心坎里,让孩子们体验被人关怀的温暖。每一朵花都有花期,每一个孩子都有自己绽放的时刻,长长的路要慢慢地走。送教上门需要所有特教人不断摸索、不断等待、不断努力,直至看到花开的时候。南通市的送教上门教师在平时的工作中把和孩子们共同进步的点点滴滴记录下来,在此分享这"痛并快乐"的生活。

第一节 个性训练篇:"一生一案"点光明

我们常常抱着这样的送教理想——"躺着的能坐起来,坐着的能站起来,站着的能自理起来,自理的能走进校园来"——这美好而又充满挑战!送教上门教师为重残儿童建立详细的个人档案,全面评估其身体状况、智力水平、康复需求等各方面的具体情况,与担负日常监护责任的家长充分沟通,制订出有针对性的、个性化的长中短期教育计划和阶段目标。虽然重残儿童的进步是缓慢的、微乎其微的,但只要我们锲而不舍,便金石可镂。坚信在送教上门教师坚持不懈的努力下,在家长的全力配合下,假以时日,一个又一个像小鸿、乐乐一样的孩子会从艰难的时刻中成功走出来。

用行走之光润色生命片片红——我与学生共成长"送教上门"教育叙事

又是一年秋风起,又到周末送教际。我满怀轻松愉悦的心情,骑着单车来到小鸿家。沿途,邂逅了无数小美好。瞧,风儿与花朵嬉戏,摇曳着花朵美丽的裙摆;俏皮的阳光透过树叶的缝隙洒下碎金,在小鸿家的楼下串成流动的风景;窗前的斜阳照在小鸿稚嫩的脸庞上,犹如摄影师打了高光,明媚耀眼……

这是我到小鸿家送教的第二个年头了。从初识到相知,从陌生到熟悉,从戒备到依恋,从拒绝到期盼……一路行走一路"光",我们缓缓前行,共同成长,一起领略最美的风景。

初次相识

初识小鸿是在 2019 年。当汽车驶过狭窄的乡村小道，停到低矮、简陋的平房前时，我被眼前的一幕惊呆了！这是个如此瘦小的女孩！面部、腿部多处受伤，从新旧不一的结痂来推测，应该是多次摔伤后留下的痕迹。十指短粗，几乎没有指甲，似乎被啃咬过。小鸿的奶奶见我们一脸疑惑，初步介绍起小鸿的情况。从奶奶断断续续的介绍中我们了解到：小鸿 4 岁半时被诊断为智力障碍一级，有注意缺陷，多动，患成骨不全症、进行性骨骼畸形，痛感不明显，喜欢啃咬自己的手指，皮肤较为敏感，不喜欢他人触摸，持续站立时间短暂，平衡力差，易摔倒。发现障碍时间为 2014 年 8 月。家中还有一个比她小 3 岁的妹妹。不到 4 岁时，小鸿的父母把小鸿送到农村由奶奶抚养，从 2017 年起偶尔接到城里与他们同住。最近两年小鸿去过海安天仙儿童康复中心康复，但因出行不便没能坚持训练。除此之外，她没有接受过学校教育。

在小鸿的奶奶与我们交流的过程中，小鸿胆怯地躲在奶奶身后，牵着奶奶的衣角不停地喊道："走，走，奶奶走……"我们示意奶奶将小鸿带回家中后，也跟随进屋。我们学着奶奶的口吻亲切地喊着小鸿的名字，拿出随身携带的零食及玩具递给她，鼓励她接过去。开始时，小鸿极度胆怯，后来在我们友善的示意下，小鸿慢慢移步到我身边，接过糖果和毛绒玩具，嘴角溢出笑意。接下来，我们慢慢接近她，与她交流，和她一起玩简单的游戏。在互动中，我进行自我介绍："我是许老师，是你的好朋友。许老师很喜欢你，以后许老师会经常来你家跟你一起玩，一起学本领……"

较为顺利的初次接触，增添了我们的信心。回校后，我们送教三人组对行为观察、环境观察及个别访谈的结果进行了梳理与汇总。通过梳理，我们发现，小鸿除了具有奶奶介绍的典型障碍特征以外，还多动，情绪不稳定，与陌生人交谈时注意力不集中；做事分心，容易受干扰，手脚不协调，自制力差；对送教上门服务不适应，对老师的教学活动兴趣不大，不主动参与；经常无缘无故哭闹；偏食，喜欢吃肉类食物，不喜欢吃蔬菜。我们初步分析了生理方面的原因及环境教育方面的原因：小鸿出生时全身青紫，有新生儿缺氧症状；家长缺乏基本的育儿知识，使孩子错过了早期干预的宝贵时机；小鸿从小离开父母由奶奶看管，感知刺激缺乏，从而直接影响到认知发展。

执手前行

针对小鸿这一个体，我们送教小组在分析个案的基础上，初步制订了送教计划，确定了教学内容。我们制订了以生活为导向，以培养良好生活态度、传授基本生活知识、帮助获得基本的生活能力、提高生活质量为目标的个性化教学计划，与家长商讨后制订了切实可行的家庭康复训练计划。

一、教学计划及内容

（1）生活适应能力培养

以自我照顾为例，分饮食、穿着、如厕、个人清洁四部分进行训练。在饮食方面，从进食基本能力培养开始，到餐具使用、饮食常识、餐饮礼仪，循序渐进。在穿着方面，从穿脱简单衣物训练开始，到穿脱复杂衣物、戴摘饰品、使用雨具，再到依场合着装、依气候着装，保持衣服整洁、美观等，逐步增加训练难度。在如厕方面，先要求控制大小便、在厕所大小便，再要求在厕所穿脱裤子、处理便后等。在个人清洁方面，包括每日例行的身体清洁、维护身体清洁、处理身上偶发的脏乱、就寝清洁。

（2）生活语文、生活数学学科素养培养

以语文素养为例，从音节到汉字，从词语到短句，从语言沟通到阅读，由易到难，培养小鸿的语文综合素养。在生活数学领域，从数的概念（包括数的比较、顺序与规律、变与不变等）开始训练，到数的认识，再到数的运算……以主题活动的形式开展形式多样、内容丰富的综合实践训练，在活动中培养小鸿的数学学科素养。

（3）学习自制力培养

在活动中创造机会培养小鸿的自制力。首先，解决学习动机的问题。例如，根据小鸿的兴趣爱好，利用目标达成后的相应奖励来激发其学习动机，适当提高奖励频率。其次，解决学习能力不足问题。通过小步走、不停步，反复练、练反复，多形式、多渠道、全方位、立体式训练，逐步提高其自我控制水平。

（4）观察力、注意力培养

通过折纸、涂色、套圈、小猫钓鱼等形式多样的互动游戏，小鸿在老师的示范下进行动作模仿。循序渐进，培养小鸿的观察力，提高其注意力水平。

（5）小脑平衡训练

引导小鸿做一些利于协调能力发展的事情。例如，老师带她做手指操，开展"我是小小音乐家（听音乐打拍子）""我是祖国小树苗（步行训练）"活动，教其学做体操、插花等。

（6）运用游戏辅导提高手眼协调能力，增强视觉、触觉刺激

比如，玩推球运动进行双腿平衡训练，用刺猬球进行刺痒痒训练，等等，通过趣味性游戏，培养小鸿的手眼协调能力，提高其感觉力，在游戏中进行知识及生活常识掌握训练。

二、家庭训练计划及内容

（1）触觉刺激训练

比如，用毛巾、肥皂、海绵等轻擦身体，为皮肤做触觉刺激训练。

（2）前庭刺激训练

比如，用脚丈量地面砖（进行平衡性训练），玩捉迷藏游戏（蒙住双眼转圈圈，进行旋转性训练），以及通过姿势反应训练、速度感训练、体位感训练、距离感训练等培养体验能力。

（3）在确保安全的前提下进行本体感觉刺激训练

通过腿部肌肉收缩、放松运动，提高中枢神经系统本体感觉信息的输入。

（4）改善偏食

通过正负强化、消退、替代、惩罚等方法改善偏食习惯。在训练过程中，家长不断改进处理家庭问题的方法，创造民主、和谐、欢乐的家庭氛围，改进与孩子交流的方式，平时多与孩子沟通，营造良好的家庭氛围，树立正确的教养态度，满足孩子的情感需要。

三、教学目标

有了明确的教学计划后，我们细化了阶段性的送教内容，开始了每周一次的送教服

务。以主题教学"我爱我家"为例，设计了以下阶段性教学目标，并细化了学科教学内容。

（1）生活语文

① 会认汉字"家"，激发学习兴趣。

② 能正确朗读词语"家"，初步理解与"家"相关的话题，并做出适当反应。

③ 能根据任务要求，找出家人的照片，图文对照，准确朗读"爸爸""妈妈""奶奶""妹妹"。

④ 能向他人介绍自己和家人。

⑤ 能按笔画拼写出汉字"家"。

⑥ 激发对家庭、亲人的热爱之情。

（2）生活数学

① 通过数数、认数、看看、玩玩、说说、贴贴、摆摆等形式，感知 5 以内的数量，发展思维能力。

② 学会手口一致地正确点数，能说出家中有 1 个妹妹、4 间房、5 个人。

③ 创设游戏情境，开展数学游戏活动，激发数学学习兴趣。

（3）康复训练

① 粗大动作训练：参观"我家"。能在老师的搀扶下进行行走与平衡训练，一边带领老师参观自己的家，一边介绍自己的家。

② 精细动作训练："请老师看电视"（能使用遥控器调节目频道、调音量）。

③ 通过理疗辅助、器具辅助等手段进行骨骼矫正训练。

（4）情绪与行为训练

① 运用宣泄疗法改善无故哭闹的问题行为。

② 运用心理动力疗法培养积极能动的心理能量。

③ 通过正负强化的行为矫正方法纠正不良模式，建立良好模式。

四、教学过程

在训练的过程中，我发现小鸿喜欢听音乐，喜欢拼拼图，善良、有爱心。这些发现令我欣喜。欣喜之余，我慢慢思考如何将这些兴趣爱好转化为学习资源，并进行有效利用与开发，从而进一步提升小鸿的综合素养；如何将兴趣点与课堂教学内容有机融合，巧妙地解决她在课堂中的"神游"问题，提高其注意力水平……于是，在教学过程中，我增加了相关训练。以音乐为例，在课堂教学前，播放轻柔的音乐让小鸿进行全身肌肉放松训练，安抚她的情绪；在课堂教学中，用音乐改善小鸿的注意力集中情况，激发其学习兴趣；在课间，教学简单的歌曲，进行旋律训练、节奏训练或者在歌声中开展音乐游戏……

五、教育成效

春色本无价，躬耕总有情。有了春天的孕育便有了生根发芽，有了夏天的生长便有了枝繁叶茂，有了秋天的酝酿便有了硕果累累。慢慢地，小鸿逐渐学会了自我照顾，生活适应能力增强了，情绪行为问题减少了，无故哭闹行为也逐渐消失了。周末，她早早地倚在门口等待老师的到来，与老师建立了深厚的友谊。空闲时，我让小鸿玩拼插蘑菇钉、根据图片仿搭积木等游戏，每当她完成一项任务时，我都会开心地抱抱她、表扬她，给足她继续完成的信心。慢慢地，她专心投入游戏的时间越来越长，从一开始搭两块积木就开始东张西望到能够完成一整幅图形的拼搭，她的进步让我欣慰。我觉得两年的送教生活就像我和小鸿一起拼搭的积木，一块一块地摆放，一点一点地进步，从量变到质变。如今的小鸿已基本能够生活自理，能扶着扶手上厕所，学习欲望显著增强，交往能力显著提高，生活语文、生活数学、生活适应等学科素养显著提升。元旦那天，我惊喜地发现小鸿竟然能够跟着音乐唱起儿歌《小兔子乖乖》，且有两三句歌词正确，节奏准确！那天，坐在桌前，歪着小脑袋，认真地倾听、快乐地唱歌的小鸿浑身散发着天使般的光芒，彼时的她就是我心中最可爱的天使！

六、教育反思

自《江苏省第二期特殊教育提升计划（2017—2020年）》颁布以来，海安市特殊教育指导中心按照属地管理、普特融合、就近送教的原则安排送教，有计划、有制度、有考核。普特教师相互支撑、共担责任、共享资源，且行且收获。寒来暑往，海安教育人以智慧、仁心护弱苗，送教的足迹遍布全市每一个乡村，送教的身影成为文明城市中一道亮丽的风景线，形成了具有区域特色的"高平宽"送教"三字经"模式，推进了送教"1234工程"建设，取得了显著成效。

"高"即择高处立，思想境界高、政治站位高。教育的公平和质量是一枚硬币的两面，没有公平的质量是不完美的，没有质量的公平是低层次的。海安特教人始终关注"教育公平"和"教育质量"这一教育改革的热点话题，坚持以人民为中心的教育理念，瞄准"办好人民满意的特殊教育"的总目标，致力于"让每个孩子享受公平而有质量的教育"，高起点、高站位地开展送教工作，促进了一方的特殊教育事业发展。

"平"即就平地坐。根据每一个特殊孩子的实际情况，有针对性地量身定制教学计划、康复计划，精选适切的教学内容，"一人一策"，持之以恒地开展送教活动。在实践中反思，在反思中改进，脚踏实地，躬耕前行，逐步提高服务质量。

"宽"即向宽处行。唯有党和政府的关怀、社会的悦纳和家长的支持息息相通，送教上门工作才能取得长足发展。特教人须主动打破壁垒，走出一条政府主导、社会参与、家长认同、优质融合的送教之路。

"1234"工程即围绕1个核心目标，实现2个"好像"，立足3个"适合"，付诸4项实践，全面提高送教上门质量，进一步推动特殊教育事业发展。"1个核心目标"即围绕"办人民满意的特殊教育"的总目标，高位引领，顶层设计，区域推动，多方联动，打造高质量发展的区域送教之路。2个"好像"即居家好像在校，师生好像亲人。虽然重残儿童因特殊原因不能入校，但其教学、康复活动应以在校生为参照，遵循教育规律缓缓前行。送教上门教师应将仁爱、和美的校园文化潜移默化地渗透到送教活动的每一个细节中，润物无声，育人无痕。3个"适合"即发展适合的（宽容、诚信、友善等）师生关系，选择适合的教学方法，开展适合的活动，让每一名学生享受最适合的教育。4项"实践"即推进融合教育工程，聚力教师培育工程，提升教育质量工程，推高服务效能工程。

眼里有星星，心中亮晶晶。送教上门是向爱、向善的转向，是智慧的转向。每个孩子都是一颗种子，只不过花期不同。花，都有自己的花期。有些花，在春天里灿烂地绽放，而有的花，需要漫长的等待才会盛开！在送教之路上，我们将继续用热爱来滋养，用温情去浇灌，努力让每一朵含苞待放的花盛开！

【点评】

让教育沐浴在阳光下，使教育不再那么沉重，让教育者更加有情怀，更加有温度。在这篇送教上门的教育叙事里，我们已然感受到了教育者对教育成效的期盼和为此付出的努力。送教上门不能停留在为送教而送教，必须"择高处立"。不只是要从教育公平的层面来理解它，更要从生命平等的角度对其加以考量。立于高处，行在微小。送教上门是一项非常辛苦且烦琐的工作，教育者需要从受教育者的情绪、行为等细微处着手制订计划和方案，且要根据实际情况适时调整，最大限度地满足受教育者的需求，以期收到更好的效果。"道阻且长，行则将至，行而不辍，未来可期"，这句话是对送教上门工作最好的注脚。所有参与送教上门工作的教育工作者必须抱有坚定的理想和信念，胸怀大爱、努力探索、大胆实践，为送教上门工作开辟出一条高效和可推广的前进道路。

掬一捧微光，温暖你心房

没有爱就没有教育，没有爱就没有送教上门学生的点滴进步和康复，虽然这条路没有尽头，但我们一直在坚持，身负使命，踏上送教上门路程，去为孩子们的成长使一把力，更掬一捧微光，去温暖孩子们的心房！

一、送教对象

乐乐，女，出生于2012年，为先天性脑瘫，造成脑瘫的原因诊断不明，疑与其母亲在怀孕时因病接受药物治疗有关。主要身体障碍表现：下肢畸形，双脚有轻微内翻症状，腿部力量弱且不能站立；右手轻微合拢，肌张力差，手指不能完全伸直，精细动作能力差；不能行走，后经手术康复后可扶着东西在平地上行走；语言能力尚可，发音有些模糊，不够清晰；生活不能自理，日常吃饭、穿衣、刷牙等都需要帮助，平时的生活主要由母亲照料。

乐乐的父亲是一名听障人士，母亲是智力障碍者，家庭的主要经济来源为低保和父亲做环卫工的微薄工资。

二、教育干预

在送教初期，我深入乐乐的家庭和其父母进行沟通，了解乐乐的日常基本情况，并对其感知觉、动作、言语与语言、情绪行为、障碍类别、教养情况等方面进行评估，并用描述性的语言填写送教上门学生基本情况表。根据学生基本情况测评结果，制定个别化教学训练活动进度表，制定新的课程模式。送教课程根据乐乐的"一人一案"个别化计划，以学生的实际生活为主线，以实际生存需要的能力（身体能力、生活能力、获取能力）为主题，将认知发展、生活能力、适应社会能力、安全防范能力等贯穿送教课程，对语文、数学、常识、美术、音乐等学科进行整合，并融入康复训练和心理健康教育，充分发展乐乐的适应生活能力，以提升乐乐的综合能力为主要目标，使乐乐在送教上门服务中获得更加具体化、形象化的知识与技能。为了保证送教的效果，我固定了送教的时间并且提出了由父母陪同听课的要求，希望他们在课后可以给学生巩固或复习所学，以避免学得快、忘得快，在课下他们也可以延长技能训练的时间，力求让孩子的送教效果最大化。

三、案例

1. 案例1

我在送教的康复课程中强化对乐乐的腿部力量训练，提高其下肢粗大动作能力。利用爬行毯，通过爬行、翻滚等动作训练对她原有的粗大动作能力进行强化巩固，虽然她能独立完成训练并体现出较强的爬行能力，但可以判断出她是借助上肢力量来完成动作的。随后我开始有针对性地加大难度，采用训练时抓住双脚的办法给她设置一定的爬行障碍，让她在利用上肢力量的基础上主动尝试借用腿部力量完成训练。经过一段时间的坚持后，乐乐体会到借助下肢力量能更轻松地完成训练，培养出了使用下肢力量的意识，训练收到了一定的效果。

为了提高乐乐的精细动作能力，增强其手部动作的灵活性，达到双手动作能力的平衡，我们主要针对她的手部灵活性展开训练。我设计了送教课"棒棒糖的家"。我先播放视频，与乐乐一起看"去超市买棒棒糖"的视频，以调动她的已有体验及上课兴趣，我边看视频边讲述其内容，重点讲述"棒棒糖的家"。

接着，我向乐乐介绍今天要玩一个叫"棒棒糖的家"的游戏，并请乐乐重复游戏的名称。我拿出准备好的自制的棒棒糖对乐乐说："乐乐，你看这些棒棒糖没有家，你和妈妈一起把它们送回家吧。"当说到"你和妈妈"时，家长可进行手势辅助，帮助乐乐理解人称代词。

然后，我示范游戏玩法，边示范边讲解：① 我拿出盒子，告诉乐乐这就是棒棒糖的家。在盒子上穿几个洞，洞的大小以能插进棒棒糖为宜。② 我请乐乐用手摸摸盒子上的洞，初步感知洞的大小，进行触觉练习。③ 我示范棒棒糖的拿法（五指攥）：一只手五指张开虎口向上，另一只手拿起棒棒糖，将其放在虎口中间部位握紧；握住棒棒的中间，使棒棒的下部露出。示范的动作要慢一些、夸张一些，使乐乐看清楚。我将棒棒糖"送回家"，请乐乐注意看我的动作，并边做边讲解动作要领（握好棒棒糖找到小洞后，插进去）。

接着，我带乐乐开始游戏：① 请乐乐自选一根棒棒糖后，用语言提示其正确的拿法（对于能力弱的孩子，老师可以进行肢体辅助）。② 当乐乐握好棒棒糖时，给予其鼓励与强化。③ 在乐乐插棒棒糖时，帮助她找到洞，用手指着，并说："我们将棒棒糖送到这个家吧。"④ 当乐乐插好棒棒糖时，及时给予其赞扬与肯定，并鼓励乐乐继续游戏直至完成。

最后，游戏结束，我请乐乐将插好的棒棒糖放到室内进行展示，并再次肯定和表扬乐乐在游戏中的表现；带乐乐做手部、肢体放松活动，以手部放松为重点，可放一些乐乐喜欢的音乐，以舒缓的音乐为主；带乐乐品尝真的棒棒糖。

我还设计了穿珠、钓鱼、捏取黄豆、剥花生等小游戏，激发乐乐的训练兴趣，同时对她的右手手指进行扩张训练和按摩，提高其手指的灵活性。在训练初期，她总是不自觉地用左手去完成训练任务，我们采用奖惩的办法来刺激她，每用右手完成一次训练就给予一定的积分奖励，如果顺利完成两次送教的训练任务就可以兑换一个小奖品，反之每用一次左手就会扣掉积分。在强化的精细动作训练下，乐乐现在的右手灵活性得到了大幅度提升，手指也不再总是处于半合拢的状态。

为了提高孩子的认知水平，我还设计了主题单元教学。

2. 案例 2

乐乐缺少锻炼，身体素质较差，妈妈因智力有限又不能及时发现她生病了，所以在生活中她首先要了解简单的感冒症状，回忆感冒给自己带来的不愉快的感受，体验身体健康的重要性，认识并会使用体温计，学会求助，学会照顾自己。

在送教中，我首先播放童话故事《感冒的快乐小兔》音频，让乐乐仔细听，并在我的引导下说一说：童话故事的名字叫什么？小兔生什么病了？出现了什么症状？小青蛙、小刺猬去看它的时候，小白兔为什么不见它们？我基于与乐乐的谈话，归纳感冒的主要症状：你感冒过吗？你感冒出现了哪些症状？有什么感觉？感冒了会打喷嚏、流鼻涕、鼻子不通、喉咙干痛、头痛等，身体非常不舒服。

我和乐乐讨论感冒的原因及感冒了应该怎么办：人为什么会感冒？感冒了怎么办？（引导她谈一谈感冒时爸爸妈妈是怎么照顾自己的）有鼻涕了怎么办？（教授正确擤鼻涕的方法：用干净的餐巾纸或是手帕捏住一只鼻孔，擤鼻涕，再捏住另一只鼻孔擤鼻涕）我做出总结：当我们受凉或身体的抵抗力下降时，就会流鼻涕、咳嗽等，感冒了要及时量体温，看医生，按时吃药，多喝开水，注意休息等。那么如何看体温计呢？在我带来的众多体温计中，乐乐最终选择了红外线体温计，并主动向送教的同组老师询问能否帮老师测量体温，这是一个巨大的进步。她主动询问，虽然句子很短，但是看得出来这是她考虑了很久才和别人交流的。在后来和乐乐爸爸的沟通中，我了解到他也是非常赞同这种教学模式的。

3. 案例 3

在之后的送教中，我又设置了主题课"寻找春天"，让乐乐对外边的世界充满了好奇。

（1）看春天

我：出示图片，请乐乐说说从图片中看到的春天在哪里。我根据乐乐的回答贴图片。乐乐进行说话练习："春天到了，我看到_____。"

（2）闻春天

我展示蜜蜂、蝴蝶飞舞的图片，并询问：猜一猜，是什么把它们吸引过来了？乐乐回答："花的香味。"乐乐进行说话练习："春天到了，我闻到_____。"

我再次询问："在春天我们还能闻到什么味道？"乐乐回答："能闻到小草的味道。""下雨时能闻到雨的味道。"

（3）听春天

我："刚才我们看到了春天，闻到了春天，春天有没有声音呢？我们来听一听。"我播放雷声、雨声、青蛙叫声、鸟叫声、蜜蜂声，乐乐分辨，并进行说话练习："春天到了，我听到_____。"

在这个环节中，我和乐乐积极互动，看春天、闻春天、听春天，培养乐乐的口语交际能力，使其能够完成一段较为通顺的说话训练，并进一步认识春天，感受春天景色的美丽，产生对大自然的热爱。我紧密联系生活，出示生活中一组春天象征物的美丽图片，如粉红色的桃花，破土而出的嫩芽，漫山盛开的野花，飞舞的蜜蜂和蝴蝶等，生活中的美景美图强烈地刺激着乐乐的视觉和听觉器官，唤起其生活体验，使其感受到生活处处有春天。雷声、青蛙叫声、鸟叫声、雨声、蜜蜂声调动乐乐运用各种感官去感受春天的美丽。乐乐在轻松、愉悦的氛围中积极、主动地进行交流，做到听与说相结合。

四、送教反思

脑瘫儿童的康复是一个缓慢、长期的过程，尤其是受条件限制而不能到机构或学校接受康复训练的孩子，必须接受专业教师的送教上门康复训练和支持性家庭康复训练。阶段性的评估在康复过程中起着至关重要的作用，对送教上门康复训练的计划、内容与实施有着决策性指导和辅助作用。教师除了对重残儿童进行专业的康复训练，采取适合儿童个体特征的训练方法外，还要做好家庭康复的支持指导工作，因为送教工作会受到各方面条件的制约，而家庭康复在重残儿童身体康复成长过程中的作用不可替代。

在语言训练过程中，选择恰当的语训材料非常重要，应力求贴近学生的生活实际，根据日常生活中发生的事及时进行训练，如说说大自然的特征、讲讲动植物的特点、复述童话故事等。根据实际的季节变化选取教学内容，让学生在实际生活中亲身感受、亲自体验，根据自己的生活经验来完成学习，更能引发学生情感上的共鸣，从而激发学生参与学习的积极性。

智障儿童的语言要与周围现实的人、物、大自然及社会现象紧密相连，他们可以通过各种感知觉，如听、触、尝、闻等，获得周围一切语言发展的基础，从而提高认知能力，并在此基础上，丰富语言表达。因此，对学生进行语言训练时，要与其实际生活相联系，使他们能够较为轻松地增加词汇，逐步提高与他人交流的能力，从而达到语言训练的目的。

为了给乐乐树立自信，真正走进乐乐的心里，我每次都会给乐乐带她喜欢吃的食物和好玩的玩具，和她一起交谈，给她讲故事。每次学习之余，我还会主动为她做肢体按摩，增进情感交流。平时上完课，我还会带她在院子里散散步，认识小院里的一些花花草草。现在她跟我越来越亲近，已经打心底里把我当成她的好朋友了。在平时的送教工作中，我也会与家长进行深入的交谈，鼓励家长积极面对孩子的缺陷，还会教给家长一些教育孩子的方法。乐乐的爸爸经常对我说："老师都不放弃我们的孩子，我们也不会放弃对她的教育。有这么多人关心我们，我们不再感到孤单和无助了，谢谢学校，谢谢老师。"每次听到这样的话，我的心里都是暖暖的，也许这就是爱的力量、爱的传递与感染。

虽然我们的送教工作没有成绩的评定，但是效果还是看得到的：学生学有所得，学有所用。家长的积极参与和课后学生的巩固提升不是虚的。送教不仅仅是送温暖，高质量的送教才是我们每一个送教人都应该实现的。在送教上门的路上，我付出了汗水与艰辛，但耕耘与收获并存，我的付出换来了孩子点滴的进步，迎来了家长的笑脸，一切都是值得的。

心若在，爱就在，温暖和希望就在。以后我也将陪伴孩子们一直走下去，用爱让"迟开的花朵"早一天绽放灿烂笑颜！

【点评】

爱是什么？爱是难以定义的，但人人都在做，人人也都在感受。案例中的老师以她的送教经历生动诠释了一个送教教师的爱，她用爱心和专业温暖了送教上门学生的心房，引领其不断成长。

送教上门学生都是一些无法正常到校接受教育的重残儿童。对于这样一批孩子，我们应当给予他们什么样的教育，如何进一步改变他们的命运，或者说我们教育的最终目标是什么？我们如何通过改变教学策略来提高送教效率？案例中的老师给出了答案。送教之初，老师对乐乐的情况进行摸底排查，在全面了解的基础上，找到了孩子的"最近发展区"并制定相关发展目标，围绕乐乐的生活，以提高其生存能力为方向，将知识教学、能力发展、康复训练相融合，选取合适的主题开展专业化的送教。案例从三个方面进行了介绍：一是康复训练主题"棒棒糖的家"，老师通过这一主题活动训练乐乐"五指攥"的精细动作。二是生活适应主题"我生病了"，让乐乐认识感冒的症状，学会使用温度计，学会求助和照顾自己。三是语言训练主题"寻找春天"，让乐乐在看、闻、听、说中认识春天，积累词汇，学会表达。没有什么教学任务比帮助这些孩子提高控制生活的能力，更好地进行自我适应和家庭适应，成为一个好照顾的人、热爱生活的人，过有尊严的生活更为重要。我们要做的就是给他们提供合适的教育资源，让他们发挥潜能去学习驾驭生活和体验生活。

每一个学生都是一个独特的生命，有效的教学犹如"春风潜入夜，润物细无声"的滋养和浸润，送教上门教师用爱做针、用耐心做线、用专业的一捧微光照亮重残儿童前进的路途，让他们在送教上门教师的帮助和引导下逐渐改变……

第二节 联动送教篇：普特共赢促发展

人生若只如初见。送教上门教师与每一个"小博文"的初见，成就了他们"特别的幸福"。这份幸福源自学生和家长迫切的需要、真诚的信任、特别的依赖。送教上门是爱的事业，爱心是从事送教上门工作的教师所必备的。送教的"朋友圈"里的朋友们以爱心为本、以潜心为法、以恒心为绳，"三心"合一，慎终如始，不抛弃、不放弃，为孩子"缝补好折掉的翅膀"。"衣带渐宽终不悔，为伊消得人憔悴"，既然选择了送教，他们便只顾风雨兼程。

天生我材必有用——送教上门学生博文的故事

2008年出生的博文，刚出生时就与众不同。随着时间流逝，别的孩子蹦蹦跳跳，他却不能动弹，手脚僵硬，细如豆芽。一家人曾想尽办法，走遍全国带他治疗，可是限于医疗水平，目前尚没有办法让他如常人般自由运动。受桎梏的躯体困不住渴望飞翔的灵魂，所幸上帝给博文留了一扇窗：他的智力水平基本与常人无异。

一场注定的相逢相伴

2016年年初，通州区特殊教育学校收到江苏省残联提供的一组数据，表示通州区尚有二十几个残疾儿童没有如期入学。我们立即行动起来，想尽办法去排查他们在哪里。有的发动在公安系统工作的家属一起找，有的请来镇村干部帮忙……在二甲镇的一个偏僻的角落里，我们找到了他——8岁的博文。那时的他，每天就是躺在床上与电视为伴，四四方方的电视是他了解外界的唯一渠道。我们迅速集结，成立队伍，决定为他送教上门，我们的队伍取名为"行走之光"。"你不能来，我去！"这不仅是一句口号，还是一个承诺、一段坚守。

一开始，博文的家人、邻居都用异样的眼光看待我们这群送教老师。她们窃窃私语，充满敌意："估计是骗子，哪有天上掉馅饼的事儿，还免费来教书！"有人说："就是摆摆样子的，弄个几次就算了，坚持不了几天的。"还有人对博文的家人说："老王啊，你要注意啊，千万不要让陌生人进门啊！"从最初家长不理解，到现在孩子盼望老师的到来，我们用六年的行走和坚持改变了家长的态度，成就了孩子的别样人生。博文从一个懵懂无知的儿童，变成了阳光自信、闪耀着光芒的少年……

2018年，博文练就了一个独门"绝活"，那就是舔屏学习。因为手脚长期无法动弹，他尝试着用舌尖来控制iPad的按键。只见他伸出舌头，迅速而有力地舔着iPad电脑下沿，"按住"启动键，屏幕亮了。他盯着iPad，舌头像手指划动一般，快速地舔着屏幕，控制着iPad。用这种看着让人心疼的方式，博文不断汲取知识，不停向上生长，渐渐成为特殊教育学校里的"佼佼者"。他能用舌头自如地学习、上网、看视频甚至打游戏。背诵古诗、唱英语字母歌等也是张口就来。起初学校三个老师每月到博文家送教半天，后来发现他学习能力较强，也很好学，小小的眼睛里充满了对知识的渴望。老师主动加担子，将送教频次改成了一周一次，满足了他的学习需求。

2019年，学校发现博文进步很大，为了满足他的学习需求，给他更适合的教育，购置了2万多元的远程教育设备，提供给博文，让他每天在家进行线上学习，他又成了我校七年级的一名新生。爱学习的博文每天都到培七班"报到"学习，这样从每月一次到每周一次再到每天都能够上课，大大提高了送教效率。通过"线上学习+线下送教"，博文的学习及其他各方面进步都很大，甚至超过了培智七年级学生的水平。

一次感人的情景再现

2019年的教师节文艺会演令博文终生难忘。博文参加了《许你微光　梦生翅膀》的演出，感动了在场所有的观众，分管副区长含着泪告诉我："这个节目是最令我感动的节目！"

节目现场，博文侧坐在轮椅上，动情地描述他接受送教以来的变化和感受。他说："白日不到处，青春恰自来。苔花如米小，也学牡丹开。老师，遇见您之前，我的世界阴霾晦暗；遇到了您，我的世界缤纷斑斓。曾经，陪伴我的只有父母的唉声叹气和无助的泪水。我只能天天躺着发呆，看腻了田野的空旷，听腻了小鸟的欢鸣，连彩色电视都成了黑白世界。今天，您要来了，奶奶早早将我推到屋外，我循着路的尽头，看着，想着，开心着，兴奋着……您来了，带着阳光，带着爱，陪伴我学习、游戏、康复、训练，还时常推着我感受窗外的精彩，教我做最简单的家务劳动……亲爱的老师，您让我懂得，其实我并不孤单，有党的关怀，有全社会的帮助，还有好多像您一样的热心人的牵挂。我还懂得，总有一天，我能通过康复到学校求学，我能通过努力做对社会有用的人，我能像在残奥会上勇夺金牌的大哥哥一样创造人生的奇迹。老师，您是天使，是我的太阳；您的陪伴，是我最好的礼物。老师，我爱您！"

博文的动情表白感动了在场和线上所有的人。事后，与博文同台演出的葛老师在"朋友圈"发了这么一段话："有些鸟注定是不会被关在笼子里的，因为它们的每一片羽毛都闪耀着自由的光辉——《肖申克的救赎》。将这段话送给今天表现超级棒的孩子！"被束缚的是身体，自由的是灵魂。看到的是台上一分钟，看不到的是台下孩子的付出。在博文演讲初稿出来后，我们考虑是给他提词器还是让他自己背诵，在征求他的意见的时候，他坚定地说："我可以的。"于是，他从在家自己读、背，到老师上门帮他矫正读音、清晰咬字，提醒他注意抑扬顿挫，他都很用心。"他真的当回事似的在练。"博文的奶奶说，"晚上做梦还在念叨台词。"那个暑假，从决定参加演出开始，陆续经历了到学校去备选，到通州高级中学中彩排，再到现场演出，一次次、一场场，博文从没有叫过一声苦，没有喊过一声累。他用内心的坚定和坚忍完成了这场表演。台下，他的奶奶、爸爸和妹妹也抹着泪。他们从没有想过他还能登上全区的教育大舞台，表现还如此优秀。

自此，博文也收获了一批粉丝，就是送教班级里的同学们。在他们的一个微信群里，几个志趣相投的同学和葛老师形成一个小联盟，博文是其中的小领队。课余时间，他们有时候玩玩成语接龙，有时候讨论网络游戏，有时候讲讲自己最喜欢的老师，有时候对社会事件发表观点……在这里，有的同学因为身体原因有些丧气，博文会及时开导他；有的同学与父母有矛盾，博文也会教他换位思考。

一场难忘的入班仪式

2020年，博文说他想学习英语，但我校培智部不开英语课，于是我们有了一个大胆的想法：把他的学习接入普通学校课堂，让他跟着普通学校的节奏走走看。

博文接受送教上门服务三年多后，在各方面取得了较大的进步，尤其是2020年上半年接入特殊教育学校远程同步课堂后，学习热情更高了，学习效果更好了。由于博文各方面的认知水平已经超过了特殊教育学生的学习内容与学业水平要求，因此，我们根据相关要求拟将其接入属地学校理治小学进行远程课堂学习。

通州区特殊教育学校和理治小学共同为博文的语文、数学、艺术等学科做学业水平评估，了解其能力水平，以便有针对性地将其接入相应年级课堂。理治小学根据博文现有的能力水平将其安置到相应年级进行远程教学，并结合党建"我帮你"活动开展常态化教学。指导中心定期到理治小学和博文家了解其学习情况，继续做好送教上门服务工作。通州区特殊教育学校与通州区残联、卫健委联系为博文量身定制合适的辅具，以便其更好地使用笔记本电脑和iPad。理治小学为远程教学采购的相关设施设备经费由指导中心和理治小学双方协商共同承担。博文的学籍、资助、医保等由通州区特殊教育学校统一管理，远程送教教学管理则以理治小学为主，纳入班级管理，全方位关心其学习、心理发展。

说干就干，通州区特殊教育学校出钱，理治小学出力，在两周内就完成了设备采购、安装、调试等工作，架起了远程同步课堂设备，为"博文专列"的顺利开通铺好了"专轨"。

2020年12月1日下午，理治小学举行了一场特殊的入班仪式，通过远程同步视频的方式，博文又成了理治小学三（3）班的一员，实现了和普通学校学生一起学习的愿望。入班仪式在温馨友爱的氛围下展开，互联网将教室里的师生和博文的心紧密相连。理治小学精心制作的PPT向博文展现了富有文化底蕴的校园环境，小班干的热情讲解让博文感受到了团结活泼、积极进取的良好班级氛围。在远程连线的现场，博文为同学们朗诵了一首《望天门山》。"天门中断楚江开，碧水东流至此回……"博文的诵读虽然吐字吃力，但展现了他顽强的意志品质，感动了在场的每一个人。

博文的入学牵动着许多人的心，江苏省教育厅基础教育处副处长、通州区副区长也出席了入班仪式，并高度赞赏："博文专列"的正式发车标志着通州区送教上门工作真正实现了为每一个特殊孩子提供适合的教育。接入普通学校线上学习的博文如鱼得水，畅游在知识的海洋里；每天还可以和妹妹讨论学习上的问题；和同学有了更多的话题，变得更加阳光自信、更加坚毅有力，他希望能够像残奥会上的大哥哥、大姐姐一样夺取金牌为国争光，也希望有机会带上自己喜欢的手办去看动漫展。

一场特别的颁奖典礼

现在的博文更加幸福，既加入普通学校的课堂，又可以享受特殊教育为他量身定制的线下课程。比如，他的拼音不太好，老师就为他补拼音；他的英语学习有点跟不上，老师就上门为他矫正发音。认真的博文每学期都能获得来自两个学校的奖状。

2021年2月，一场特殊的颁奖典礼正在进行。这次颁奖不仅有学校的校长、老师出席，还把江苏卫视的记者也请过来了。两个学校为他组织了一场特别的颁奖典礼。坚韧不拔的学习品质使得博文的荣誉墙上又多了一张奖状，上学期是"进步之星"，这学期是"优秀之星"。除了校长亲自颁发、张贴奖状外，班主任、任课老师送给博文的奖品也很暖心：一个毛绒玩具，一条集围巾、帽子、毯子功能于一体的多功能方巾，这也是为博文量身买的。

当江苏卫视的记者采访时，博文又露出了腼腆含蓄的微笑，提高嗓门说了一声："谢谢老师们，我真是太高兴了，你们就是我的太阳！"博文的奶奶说："老师对他这么好，我们也是真的感动。我们一开始对老师还有误会，以为是骗子，坚持不了几次，结果越做越好，孩子现在已经离不开老师了。"

用送教上门教师葛老师的话说："博文一方面要与病魔做斗争，另一方面要用顽强的意志去努力主动地学习，这一点足以让成年人也能够从他身上汲取力量。他这种向上、向善的愿望，也感染了他的同学们，孩子们学会了包容，学会了大爱，学会了感恩。"他的故事陆陆续续上了新华网、人民网、环球网、《扬子晚报》；教育厅的领导来看望他了，教育部的领导也来看望他了……

我们不能选择生活，但我们可以选择如何去生活。博文不因病痛而放弃梦想，不自卑、不自怜，坚强、努力地通过舔屏的方式为自己灰暗的人生打开了一扇明亮的窗。"天生我材必有用"，让我们一起为身残志坚的少年博文点赞！加油，少年！

教育反思

在六年多的送教实践过程中，我们遇到了很多像博文这样的孩子。一开始我们克服了原始信息有误、家长拒绝送教、路途遥远等诸多困难，联合卫生健康部门建立首诊通报机制；联系残联，对接地区残工委，实现康教服务对接；针对家长态度问题，形成送教争议协商机制，由专家委员会负责协商协调；针对交通问题，联系政府平台，形成用车申请制度……

送教队伍一开始以特殊教育教师为骨干，普通学校教师和康复教师共同参与，协同制订送教计划、提供服务清单、确定送教频次、择选送教内容、制定评价方式等。送教上门工作也积极争取家长的支持和配合，实现家校合力、共同成长。从送教到家庭到实施远程同步课堂，接入普通学校等方式的创新为重残儿童及其家长提供了更多的选择，推动送教工作从"送到"向"送好"转变。

同时，"一人一案"为学生提供了丰富的学习康复套餐，助力精准施教，让重残儿童在家如同在校；远程同步课堂，将学习能力较强的重残儿童编入特殊教育学校、普通学校班级，使其通过网络实时进入课堂，这样的课堂既有学科知识的学习，又有同伴互动交流，从而实现充分就学，提供适性教育。

在下一阶段，我们还要不断完善当前的课程体系，将课程打通、渗透，更突出课程的逻辑体系、设计理念、基本原则、总体目标等，继续优化、不断完善基础版本课程。同时，我们要借助"重残儿童送教上门的模式与机制建构研究"前瞻性项目的推进，继续做好做优这项为民办的大好事。

【点评】

一个都不能少。"为每一个学生寻找合适的教育"必须建立基于循证的因材施教专业服务体系和支持保障体系。"行走之光"送教团队的实践探索得益于通州区对特殊教育的政策支持、经济保障、精神鼓励，当然也离不开特教人的教育情怀与专业引领。特需学生的个别化教育方案、个别化教育评价等是特殊教育的精髓所在。只有坚持优质精细的管理和个性化的教育康复服务，将缺陷补偿与潜能开发相结合，将康复训练与社会适应相结合，不断创新送教模式，坚持"一人一案"，结合医学诊断和教育评估来确定课程实施内容和教育策略，才能真正满足每一名送教上门学生的发展需求。送教上门是保障不能到校就读的适龄重残儿童接受义务教育的重要举措，但更多的特殊儿童还是需要通过普通学校随班就读的方式接受教育。"十四五"期间，我们应坚持尊重差异、多元融合、促进公平，努力探索适应特需儿童和普通儿童共同成长的融合教育模式，力争"让每一名有特殊需要的儿童都有人生出彩的机会"。

送教之路，且行且暖

每一个孩子都是一个等待绽放的蓓蕾，他们渴望成长，渴望被接纳。我们身边有一个特殊儿童小卢，他是五年级学生，重度脑瘫，四肢无力，协调能力差，语言表达欠佳。尽管如此，他也从没放弃学习，每天坚持到校随班就读，并在融合教育蓓蕾资源中心接受个训辅导，表现一直都很优异。近期，小卢患上了季节性哮喘，不能正常到校学习，只能在家中休息。学校了解情况后，立即部署送教上门工作，党员老师们积极主动报名，组建了"绿太阳公益项目"团队，为小卢同学提供送教上门服务，而我也是其中的一员，不为别的，只为孩子心中那份对美好生活的渴望与期盼……

春天里，最美的约定

为了保证送教上门质量，"绿太阳公益项目"团队的老师们仔细查阅了小卢的档案，走访了小卢的家庭，对小卢的身体近况、学业需求及家庭情况等进行了详细了解，对他进行了测试和评估，并建立了个人档案，制订了切实可行的送教上门计划，以保障送教上门工作的高效开展。

春天的早晨，暖暖的，我们一行来到小卢家，远远地，就看到小卢和他的妈妈站在小区大门口，一见到我们，小卢的妈妈就热情地打着招呼："老师，这里！这里！"家长的热情招呼让我们心里倍感亲切和温暖，我们带着为小卢准备的新书包、新课本、各种文具用品和一些零食走进了小卢的家。虽然小卢来自单亲家庭，还有个年幼的妹妹，平时由妈妈照顾，但他家里收拾得干干净净，物品摆放得整整齐齐，可见主人是个勤快、讲究之人。小卢的妈妈热情地为我们拿来拖鞋，泡好茶，并且端来了小桌子和椅子，准备工作做得很到位。

小卢的妈妈告诉我们，得知老师要来上课，小卢特别高兴，早上六点左右就醒了，上午还特意缠着妈妈陪他去门口的理发店理了发，说要以最好的状态迎接老师的到来。小卢很喜欢数学和科学两门学科，我们给他带了数学读物、科学学科绘本，他看到自己喜欢的读物，眼睛亮亮的，满心欢喜。

由于小卢在家休息了一段时间，我们发现他有点儿跟不上同班学生的学习进度。我就从五年级的第一节数学课开始上起，进行系统的查漏补缺。在轻松愉快的氛围中，小卢很快就掌握了数学第一课时的主要内容。我还和他一起制订了接下来的学习计划。俞老师执教的是心理健康课"说说我自己"，通过绘本中的读一读、想一想、说一说等活动，帮助小卢正确认识自己的长处和短处，学会接纳自己，树立自信，做更棒的自己。

在不知不觉中，两节课很快就上完了，我们也要准备返回学校上课了，小卢依依不舍地抱着我们说："老师，你们什么时候再来给我上课呀？""孩子，只要你需要，我们会经常来看你的！"

临走前，小卢的妈妈忽然快步走到柜子前，从里面拿出了两箱牛奶，硬是要我们每人拿一箱。见我们反复拒绝，小卢的妈妈动情地说："老师，你们能来，我们真的很开心，真的非常非常感谢你们！我在学校陪读时，不管是课堂上、课间，还是午间在食堂就餐，见到你们老师个个都很有爱心和耐心，给我孩子安排了最好的座位，还配了两个学习小助手，给予我们很大的帮助！家里也没有啥，我就准备了牛奶，是我的一点小心意，你们别嫌弃。"我的心里忽然涌起一丝酸楚和感动，酸楚是因为一个单亲妈妈靠一个人打工赚钱养活两个年幼的孩子，虽然生活艰辛，自己舍不得乱花一分钱，却执意给我们买了礼物，以示感谢；感动是因为我们只是在本职工作岗位上做了自己应该做的事，却赢得了家长的无限感激。我和俞老师都表示心意我们领了，礼物万万是不能收的，规劝小卢的妈妈把牛奶留给两个孩子喝。面对这样的特殊家庭，我们怎么忍心接受她的馈赠呢！

你不能来，我们上门去——春天里，这是我们最美的约定！

适合的，才是最好的

艳阳暖，情谊长，又到了小卢和老师约定见面的时间，这次为小卢上课的除了心理健康老师俞老师外，还有一名学校里的计算机高手——朱老师。送教老师们准时来到了小卢的家里，和小卢一起学习、一起游戏。

朱老师了解到小卢对计算机情有独钟，小卢的妈妈也有意让孩子学一些基本的计算机操作技能，以后学开网店，为生活谋得一技之长后，主动请缨，加入了送教队伍。

来到小卢家中，朱老师首先询问了小卢对计算机技能的学习意向，随后开始了 Scratch 程序软件教学。Scratch 是一款适合小学生学习的程序设计软件，主要采用积木编程的形式，培养学生的逻辑思维能力和分析解决问题的能力。朱老师通过教小卢编制简单的小游戏，培养小卢对软件编程的兴趣。授课中朱老师悉心指导，风趣幽默，不时地手把手教小卢操作；小卢时而提问，时而思索，常常被游戏制作过程中的有趣之处逗得开怀大笑。授课结束时，朱老师还不忘嘱咐小卢勤奋练习，希望小卢能通过自我学习，不断提高自己的计算机操作水平。为了方便联系，朱老师和小卢还互加了微信，成了微信好友。

计算机课结束后，俞老师接着上次的科学绘本阅读，和小卢一起读完了《一天天长大》《虫虫世界》，小卢还给老师读了一小段《爱的教育》。尽管小卢因语言表达缺陷，读起来有些费劲，不过其一字不落的朗读、一丝不苟的态度，还是让俞老师情不自禁地竖起了大拇指。

老师们看着小卢充满笑意的脸庞，看着他对知识无限渴求的眼神，深深地感受到教育路上"一个不能少"，更加坚定了送教上门的步伐。孩子的期盼、家长的信任，让我们坚信送教上门一定花香满路！

生日里的小惊喜

三月里，幼苗在拔节；三月里，百花在绽放；三月里，希望在播撒；三月里，"绿太阳公益项目"志愿教师从未停下送教的脚步。

第三周的送教课，恰逢小卢的生日，小卢的妈妈特地请了半天假，早早地准备好了生日蛋糕，和小卢一起在家中等待我们的到来。我们也没有辜负这一份等待，准时来到了小卢家中，点生日焰火、许生日愿望、吃生日蛋糕……当然，怎么能少了生日祝福！朱老师和小卢用 Scratch 程序，一起编出了动听的生日快乐歌，祝福伴着歌声在小卢的心中播下温暖的种子。

年轻的英语老师鲁老师带给小卢一个大大的惊喜。为了帮助小卢增强语感，提高口语交际能力，鲁老师把外籍交流生帕克也带过来了。帕克超有爱心，给小卢带来了他最喜欢的玩具。上课时，他教小卢认识各种动物的英文名。鲁老师又当老师又当翻译，而语言不通的两个人，在她的帮助下，很快就熟悉了。帕克直夸小卢聪明，小卢也对帕克恋恋不舍，分别时把自己最喜欢的蜘蛛侠玩具送给了帕克。

回去路上，朱老师对我们说："关爱残障儿童是我们每个人应尽的义务，作为一名教师，用我的课余时间，给孩子上一堂课，这真的是一件微乎其微的小事，也是我分内的事。"是啊，对于我们老师来说，这是自己应尽的义务和责任，然而对于一个有特殊儿童的家庭来说，这无疑是雪中送炭。孩子在原来的基础上，哪怕只有一点点的进步，家长都是开心、快乐的！

病毒无情，人有情

在新冠病毒感染疫情防控期间，我和阎老师做了充分的防护措施和预案，在征得了小卢妈妈和小卢的同意后，踏上了送教之路。

金色的阳光洒满大地，道路两旁花香、草香、泥土的清香扑面而来，在这无限的春光里，一切显得格外的明媚，分外美好。在不知不觉中，我们就到了小卢的家。小卢的妈妈激动地拉着我们的手说："老师，听说学校的孩子们都在上网课，白天我要工作，孩子一个人在家，网上学习不是很方便，你们能来，我真的很开心！"

于是，我们在小卢的计算机上下载了"钉钉"，一遍一遍地教他如何正确、规范地使用学习软件，小到每一个步骤，我们先示范，再让他自己动手操作，他对新鲜事物十分好奇，学起来也是非常得快。

接下来，阎老师和我对小卢之前落下的功课，逐一做了辅导，并设计了个性化的作业单，让孩子在巩固练习中学习新知，提升自己。上课结束后，我们嘱咐小卢要学会保护自己的眼睛，合理使用电子产品，不能沉迷于电子游戏，并告诉他只有自强自律才能成为最好的自己。

小卢的妈妈拉着我们的手，感谢的话不绝于耳，非要留我们吃个便饭，我们婉言谢绝了。走出门，太阳已经渐渐西沉，落日的余晖洒在我们身上，还是那么温暖。

为了爱和责任

天气不是很好，绵绵的细雨、低低的气压，使得小卢的身体状态变得有些差，哮喘有些严重，然而他还是早早地起来，安安静静地待在家里，等候我们的到来。

我和小卢系统地复习了五年级上册的数学知识，从多边形的面积计算到小数的加减法练习，从空间位置的确定到解决问题的策略，细细讲解，层层递进，通过模拟生活情境，提升小卢学习的积极性和主动性，培养他独立获取知识及应用知识的能力，让他实现从"学会"到"会学"的转变。

许老师根据汉字的构字特点，通过猜谜记忆、对比记忆、组合记忆等，和小卢一起复习了五年级上册的生字，帮助其理解常用汉字的音、形、义。聪明的小卢很快掌握了识记汉字的规律，还编出了有趣的谜语给老师猜——"今天得了很多宝贝""又把宝贝分掉了"……有趣、形象的谜语让老师连连竖起大拇指。

经过一段时间的送教，小卢变得越来越自信，开朗阳光了许多。孩子的点滴进步，我们看在眼里、喜在心里，觉得所有的坚持和努力都是值得的。

冰心说："成功之花，人们只惊美它现时的明艳，然而当初它的芽儿，浸透了奋斗的泪泉……"风雨挡不住我们送教的脚步，为了心中的爱和责任，我们会坚定不移地走下去。

生活中，有太多这样的特殊孩子，虽然他们被折断了翅膀，但他们依然向往在蓝天里飞翔；虽然他们被关上了一扇门，但我们愿意为他们打开一扇窗……也许，这也会占据我们的课余时间，甚至可能会占用我们陪伴家人的闲暇时光，但是只要我们用心去做，用爱去陪伴，崎岖之路皆是风景。

送教之路，且行且暖，一个都不能少，一个都不会少，让每一个孩子都享受到同样的幸福教育，让每个孩子都能更好地适应社会，是我们教育人的初心和使命！

【点评】

"为了每一个学生的终身发展"，"绿太阳公益项目"团队的老师们积极行动。送教前，团队老师对小卢的学习、生活、健康状况进行科学评估，量身定制了适合小卢的送教上门计划，开展个别化的送教上门活动。从心理疏导、学科补偿到潜能开发，老师们精心策划每一次的送教上门活动。在心理健康教育课上，从"认识我自己"入手，引导小卢悦纳自己，树立自信；在数学课上，对小卢进行系统的查漏补缺，引导小卢举一反三，熟练运用；在计算机课上，手把手地教小卢学习软件编程，教会他正确规范地使用学习软件；在英语课上，外籍交流生共同参与。难忘的生日会、有趣的语文实践活动课、快乐的师生绘本共读等让小卢度过了美好而又快乐的送教时光！愿每一个有特殊需要的孩子都能快乐成长！

第三节　家校共育篇：家校协同护成长

"我只是一束微光，照进重残儿童心里最需要的地方。我相信越来越多的微光汇聚在一起，终会成为耀眼的光亮。"这是每个参与送教上门活动的教师和志愿者们刻在心里的誓言。开展送教上门活动的初心是掸去重残儿童心中的阴霾，带着他们去看春日野花遍野，去游夏日莲叶满塘，去品秋日硕果飘香，去赏冬日瑞雪纷扬。

一程送教路，两处挂念人

这一程，从东到西，从南往北，从学校到家里；这一路，风景不同，心境不同，目标却一致。一程送教路，走过春夏秋冬，经历风吹日晒，顶着寒风暴雨，你我相遇。这一头，生活怎样？学习如何？那一处，老师何在？何时再来？两处挂念人，互相靠近，心儿紧相连，月月课堂见。就这样，我们开启了漫长的送教之路。

个案基本情况及问题

小睿，男，出生于2013年10月。他是先天性残疾，一出生就被医生判了"死刑"，这对于原本幸福的家庭来说犹如晴天霹雳。从此，小睿开始了漫长的求医之路，爸爸妈妈多次带他辗转于各大医院，医生都束手无策，只能进行康复治疗。于是，小睿的妈妈辞去了工作，天天在家陪伴小睿，带他进行康复训练。正是妈妈无微不至的照顾、姐姐无时无刻的鼓励、小睿坚强的意志，让他们撑到了现在。

音乐敲开心门

当我们第一次踏入小睿家时，小睿的妈妈站在门口翘首以盼，热情地将我们迎进屋里，边走边迫不及待地给我们讲小睿的基本情况。来到小睿的房间，我们看到了躺在床上的小睿，虽然事先翻看了他的档案，对他已经有了初步了解，但还是被眼前的一幕震惊了。他躺在床上，无法动弹，更别说翻身了，只有那一双明亮的眼睛忽闪忽闪的，似乎在打着招呼。"他就只能……"我们不忍心继续说下去。"是的，他完全不能自理，每天都是我帮他翻身，帮他换尿不湿，帮他穿衣，帮他……"小睿的妈妈赶紧将话茬接了过去，她满脸笑容，丝毫没有抱怨与不满。看到小睿的情况，我们一行四名老师紧急商议，临时改变原先的教育计划，针对小睿制订了一对一教学计划。小兰老师是我们四名老师中经验最丰富的，她当机立断，对小睿展开了音乐治疗。小兰老师借助送教物品中的电子击打鼓，敲出了"哆""唻""咪"三个音，我仔细观察着小睿的反应，刚开始，小睿还处于游离状态，当第三个音发出的时候，他面部表情忽然生动起来，仿佛用尽了全身的力气在寻找这声音的来源。小睿的妈妈见状，连忙扶着他坐起来，让他能看到小兰老师手里的电子击打鼓。我们都很欣喜，就算是没有任何语言交流，甚至连眼神交流都没有，但小睿那费尽力气想要寻找声音的样子深深打动了我们。小兰老师慢慢地击打出一首《世上只有妈妈好》，只见小睿全神贯注地听着，嘴角费力地抽动着，似乎下一秒就要跟着哼出声来。小睿的妈妈看到小睿的变化，激动万分，她哽咽着，小心翼翼地说："小兰老师，您可以教会我击打这首儿歌吗？等你们走了，我还可以继续敲给他听。"我们被小睿妈妈的话感动了，小睿有这样一位伟大的妈妈，何愁不会有进步？虽然这一次送教，我们并未用到之前准备好的教案，但给我们的送教之路指引了方向、坚定了信念。

绘本拉近距离

有了第一次的经验，在给小睿进行第二次送教之前，我们四人凑在一起给小睿制订了第二个个别化教育计划。小兰老师说："经过上次的观察，可以发现小睿对音乐是有感觉及反应的，再加上平时他妈妈在家对他进行的训练，我觉得这次我们依旧可以以音乐为背景。"经过激烈的商讨与思维的火花碰撞，我们决定让小吴老师在舒缓的音乐中给小睿声情并茂地讲绘本故事。于是，我们忐忑地踏上了第二次送教之路。还是那条熟悉的路、那片熟悉的风景，但我们无暇顾及，因为在路的那头还有个孩子在等着我们的到来。一进小睿家门，小睿的妈妈就很激动地说："上午接了你们的电话之后，小睿就一直很兴奋，挣扎着要坐起来等你们。"我们一个一个地跟小睿打过招呼，只见他已不似上次那般毫无反应，而是咧着嘴笑了。我们顿时觉得浑身充满了力量。小睿的妈妈将小睿抱坐到客厅的小车里，这样更有利于我们之间的交流。小兰老师拿出提前准备好的小音箱，一首舒缓的曲子轻轻敲打着我们每一个人的心。小吴老师温柔的声音随着音乐声缓缓流出，这次我们选的是宫西达也的绘本《永远永远爱你》，它讲述了慈母龙妈妈的伟大：它温柔地对待捡来的蛋，如同对待自己的宝宝一样，在得知这个蛋孵出来的是可怕的霸王龙宝宝后，慈母龙妈妈依然坚持选择将它孵出来，并抚养长大。小睿的妈妈不正如同绘本里的慈母龙妈妈一样吗？在小睿被医生判"死刑"的时候，小睿的妈妈并没有放弃，而是毅然决然地将小睿抚养长大。小吴老师用她那温柔而又坚定的声音慢慢告诉小睿这个绘本传递给我们的母爱的伟大。"小睿，如果你听懂了这个故事，就轻轻地勾一勾妈妈的手。"小吴老师轻轻地说着，并将小睿的手放在妈妈的手掌心。我们紧紧盯着小睿的手指，大气都不敢出，更不敢眨眼，生怕错过什么。一秒，两秒……时间似乎变得如此漫长，只见小睿的食指缓慢而又艰难地在妈妈的手掌心动了动。"动了，动了。"小睿的妈妈激动地叫起来，她抱了抱自己的儿子，仿佛这一刻时间都静止了，她多年来的坚持与努力终于得到了儿子的回应。我们也很开心，虽然小睿不会说更不会写，但这个绘本故事让小睿懂得了妈妈对他的爱，拉近了我们彼此之间的距离。临走前，我们将宫西达也的恐龙系列绘本全部留给了小睿。我们希望这些有趣的故事能让小睿收获关于恐龙的知识，更能让他体会到爱与被爱的快乐，在他心里播下善良和爱的种子，让他学会接纳这个世界的善与恶。

绘画传递情感

　　经过两次送教，看到小睿的反应与进步，我们都充满了信心。针对第三次送教，我们又进行了一次集体备课。根据前两次上课的内容与效果，我们决定延续之前的教学方式。第一次上课我们让小睿听了《世上只有妈妈好》这首歌，第二次上课我们讲了《永远永远爱你》这个绘本故事，所以第三次上课我们定为"妈妈的自画像"。课前，我们联系了小睿的妈妈，让她发了一张生活照，马老师照着小睿妈妈的生活照，画了一张小睿妈妈的自画像。就这样，我们带着这张自画像，开始了我们的第三次送教。这一次不同于前两次，一路上我们有说有笑，猜想着小睿今天会给我们什么样的惊喜。不知不觉，我们来到了小睿家。这一天风和日丽、阳光明媚，我们踏入小睿家的时候，小睿和他妈妈正坐在走廊里晒太阳，旁边凳子上的音箱里正放着那首《世上只有妈妈好》，小睿的妈妈手里拿着宫西达也的绘本《永远永远在一起》，轻轻地讲述着。这一景象是多么的美好，我们不由自主地放轻了脚步，生怕惊扰了这平静。我们静静地站在一旁，陪着小睿听完了这个故事，这时小睿的妈妈才发现我们的存在，一脸歉意地看着我们，我们满不在乎地摇摇头，因为我们有着同一个信念，那就是希望小睿越来越好。马老师率先走到小睿跟前，握着他的手说："小睿，老师们又来啦！""咿，呀，呀……"小睿张着嘴巴，努力发出声音，小睿的妈妈兴奋地说："他这是在跟你们打招呼呢，见到你们来了，他很开心。""小睿，老师也很开心见到你！"我走上前，拍了拍小睿的腿。"今天马老师给你带了礼物哦！"小吴老师神秘地说。接着，我们就围着小睿坐了下来，马老师拿出那张提前备好的小睿妈妈的自画像，举到小睿眼前说："小睿，你知道这是谁吗？""啊，啊……"小睿激动起来，小兰老师连忙安抚道："小睿，是不是认出这是妈妈了呀？如果是，眨眨你的小眼睛。"只见小睿用力地眨了眨眼睛。小睿的这一回应让我们欣喜若狂，这几个月的努力总算是没有白费。马老师乘势追击，继续说："小睿，想摸摸妈妈的脸吗？想就眨眨眼。"小睿乖乖地眨了眨眼。马老师轻轻握住小睿的手，让他在那张自画像上摸了摸，马老师一边握着他的手划过妈妈的眉毛，一边说："小睿，这是妈妈的眉毛。"又握着他的手指了指妈妈的眼睛，说："小睿，这是妈妈的眼睛。"接着又点了点妈妈的鼻子，说："小睿，这是妈妈的鼻子。"最后握着小睿的手摸了摸妈妈的嘴巴，马老师突然调皮了起来，噘起嘴巴说："小睿，你看马老师的嘴巴，你想不想试一试噘嘴巴？"小睿眨巴着眼睛，似乎在说："想！"只见他抽动着嘴巴，试图噘起来。我们示意他不要着急，慢慢来。这一节"妈妈的自画像"课就这样在轻松快乐的氛围中上完了。看着小睿一点一点的进步，我们内心充满了感动。他的进步离不开妈妈的悉心陪伴，他的进步离不开自己坚强的意志。正是送教让我们相遇，拉近了我们之间的距离。

线上赋予能量

新冠病毒感染疫情防控期间，送教被按下了暂停键，小睿的妈妈心急如焚，我们也急得像热锅上的蚂蚁。送教组召开紧急会议，决定将送教从线下转战到线上。一接到消息，我们赶紧和小睿的妈妈连线，给小睿线上授课，并要求小睿的妈妈全程陪同，让她带着小睿一起跟着我们练习，采用一对二的教学方式，利用小睿妈妈的理解能力辅助孩子进行练习，训练小睿的粗大动作、精细动作等。看着屏幕里小睿努力的样子，我们知道疫情并没有阻断我们的送教之路。我们变得更坚强、更充满能量了。

每个孩子都是一本书，都值得我们认真研究，而小睿只是其中一本。我们这一组送教的七个孩子七个样儿，根据他们的实际情况，我们关注差异，注重实效，精心为每一个孩子制订"一人一案"。我们从教育与康复、知识与技能的角度出发，结合音乐、美术、情绪矫正等相关内容，进行送教上门康复训练。教学过程不求快、不求多，只求不间断，有起色、有进步。

每一朵花都有花期，每一个孩子都有自己绽放的时刻。长长的路慢慢走，我们希望每一次的送教能给孩子们及他们的家人带来一丝笑容，让原本空洞的眼神流露出欢喜的情绪。

送教上门是一项长期的特殊教育工作，而我们的工作可以说是才刚刚开始，希望我们送教的每一名老师都能做到以下几点：克服困难，坚持上门；加强学习，及时充电；精心取舍，注重实用；关注差异，因材施教；注重教法，循循善诱。让我们本着"一个都不放弃的原则"，让每一个孩子都能奔赴更好的明天。

【点评】

这个送教上门案例以送教上门的音乐康复、绘本阅读、美术情感治疗、线上赋能四个教学策略为切入点，生动而详细地阐述了具体送教的过程。这个教学案例体现了送教上门教师的"察之精"，他们察觉到小睿对音乐有一点反应，迅速调整教学内容，改为上音乐治疗课，让小睿在打击乐器音乐中接受音乐康复。这也体现了送教上门教师的"勤于思"，基于孩子的兴趣点集思广益，合理选择更为有效的"音乐康复+绘本阅读"方式。这还体现了送教上门教师的"教之适"，基本从小睿的家庭情况、障碍类型、学习特点出发量身定制一对一个别化康复训练方案，科学精准施教，让教育的温情润泽残缺的生命。

长长的路，我们一起走

身患残疾是孩子及其家长的不幸，而成为送教上门教师最初也不是我主动选择的。习惯了在教室里进行集体教学的我，对在家长的陪伴下进行个别化教学没有信心。进入送教团队的我最初非常紧张和焦虑，"送什么？""怎么送？""达到什么目标？""孩子不配合怎么办？"一切都压在心头，让我惴惴不安。在领导的支持和帮助下，我"一路颠簸、晃晃悠悠"地踏上送教之路。回顾这四年的送教工作，有苦有乐。我很庆幸我能成为送教团队的一员，因为送教，我认识了她们，虽然我们的送教之路并不是一帆风顺的，但长长的路，我们一起走……

我和她们的故事

一、气馁

我第一次送教的对象是两个"小唐宝"——婷婷和小英，这两个"小唐宝"让我遭遇了我教育路上的第一次滑铁卢。

婷婷没有接受过任何类型的教育，基本不会说话，经常发出一些无意义的声音。她常年由在家做缝纫工的奶奶看护照料，从洗漱到穿衣吃饭再到上厕所，奶奶亲力亲为。长时间不接触外人的婷婷有点儿认生，喜欢玩舌头，嘴巴里时不时地发出奇怪的声音。小英说话速度很快且口齿不清，别人无法理解她所表达的意思。她还是一个沉迷于手机、平板电脑等电子产品且有斜视的小女孩。她大部分时间由外婆照顾，外婆主观上对于孩子的教育比较重视，但迫于生活的压力，对待孩子以顺从、鼓励、表扬为主。小英性格比较倔强，想做什么就做什么。

结合婷婷和小英的实际情况，经过送教小组的讨论，我们精心制订了送教计划，准备了许多教具、学具和强化物，信心满满地踏上了送教之路。可是计划赶不上变化，三套方案竟均不奏效。倔强的婷婷在送教过程中的配合度很低。在认知训练中，她无法根据老师的指令指认相关物品，即使是她认识且喜欢吃的香蕉，老师进行示范、奶奶进行手把手的配合都无济于事。在语言训练中，让她练习发音，她怎么也不肯开口说话，连日常生活中无意义的声音也没有发出。无论是通过镜子看嘴型还是通过小手感受声带的振动，她都不愿意。进行粗大动作和精细动作训练时，她总是做自己喜欢的事，可是当老师加入她的活动时，她又失去了兴趣……而小英的送教之路比婷婷的更加坎坷，不管送教效果如何，婷婷在奶奶的陪伴下还是进入课堂了，可是手机不离手的小英让老师和家人都头疼不已。内容精彩的绘本、种类繁多的玩具、香甜可口的食物都无法吸引她的注意力，老师的轻声细语、妈妈的疾言厉色也不能让她放下她心爱的手机。

我们根据孩子的情况，不断调整内容、教具、强化物，但总是收效甚微，多次挫败的送教让我对自己的工作产生了怀疑，我甚至在想：这样的送教有意义吗？有送教价值吗？我能胜任送教上门的工作吗？

二、调节

1. 自我调节

心态决定思路，思路决定出路。面对送教过程中遇到的困难和挫折，我首先要做的是调整好自己的心态，给自己积极的心理暗示。我在工作之余阅读了《窗边的小豆豆》《海伦·凯勒的日记》等书籍，聆听了《我相信》《阳光总在风雨后》等歌曲，从这些书籍和歌曲中汲取能量，让自己心向阳光，相信一切皆有可能。拥有多年从教经历的我深知特殊教育教师是一个特殊的职业，我们面对的是一群有特殊教育需求的孩子，他们或智力落后，或情绪不稳，或有沟通障碍。我们没有绘声绘色的课堂，没有桃李满天下的成就，但多年的工作让我对教育有了更多的耐心，知道千百次的练习只为那一点点的进步。我相信我能胜任学校的教育教学工作，也一定能给送教上门学生和家庭带去希望与温暖。

为了有效开展送教上门工作，我不仅针对送教过程中遇到的问题与同事共同探讨，还不断学习，充实自己的专业知识，阅读了《智力落后儿童教育学》《智力落后儿童早期教育手册》等，掌握智力落后学生的教育教学方法。为了更好地处理送教过程中遇到的困难和突发事件，我阅读了《特殊儿童行为管理》，全程参与了"苏台融合教育线上咨询活动"，从一个个鲜活的案例中，找寻相似案例，思考解决办法。

2. 教学调整

情感是沟通的桥梁，爱是开启教育对象内心世界的钥匙，没有爱便没有教育。患有唐氏综合征的孩子虽然智力受限，但是依然有着自身的情感体验，当他们熟悉你、喜欢你、信服你的时候，你就能顺利进入他们的世界，影响他们的行动。由于没有接受过学校教育，老师对他们而言是一个非常陌生的称呼。而且，他们在家大部分时间都是自己看电视或自娱自乐，很少有人和他们交流互动。老师像一个外来者，毫无预兆地闯进了他们的世界，不仅打乱了他们的生活节奏，还让他们被迫参与一些教育活动，孩子从心底里排斥对他们而言是陌生人的老师。要想提高送教效率，必须转变学生的观念，让学生从心底接受老师。每次送教，我们都会提前半个小时到达学生的家里，和其家人沟通，了解学生最近的生活状况，谈一谈学生或其家庭成员最近遇到的一些趣事，针对闲聊的内容，时不时提一些简单的问题，将学生带入我们的聊天中，在不知不觉中走进学生的生活。

教育方法和教学策略的重要性是不言而喻的。智力障碍学生的认知速度缓慢，且注意力容易分散。没有接受过课堂教学的婷婷和小英很难长时间坐在那儿配合我们施行教育活动。为此，我们送教团队的所有老师在送教过程中，仔细观察、认真记录，找出她们能够静态学习的最长时间、最感兴趣的事情，合理调整课程，将送教内容游戏化，在上课过程中穿插一些动态游戏，动静结合，让她们感受学习的乐趣，将送教上门的效果最大化激发出来。经过思考，我们从她们喜欢的动画片入手，通过音频、角色扮演等，将送教的知识和她们喜欢的动画片充分融合。例如，在认知训练中，我们结合《小猪佩奇》中寻找宝藏的游戏，将其中的巧克力蛋换成需要她们辨认的水果。在粗大动作训练环节，结合《小猪佩奇》中单脚跳、跳着走、双脚跳的游戏，通过截取的视频展示、老师的模仿示范，引导她们在老师的辅助下训练自己的粗大动作。在送教过程中，不管她们的配合度如何，我们都耐心地和她们进行互动交流，让她们在送教过程中获得成功的体验、情感的满足。

3. 家校共育

家庭几乎是重残儿童唯一的活动场所，家人是陪伴他们时间最长的人。由于受自身条件的限制，重残儿童的康复干预是一个长期、系统的过程，家校结合是最有益于重残儿童康复的一种干预模式。最初，婷婷和小英仅接受每月两次的送教上门服务，她们所学习的知识和技能缺乏后续的泛化和巩固，康复效果大打折扣。为此，我们针对她们的实际情况和家长进行沟通，让家长认识到自己在孩子康复路上的重要性。通过周边的事例，家长看到孩子取得进步的可能性，增强了自身的信心；通过讲解，家长习得专业的知识，获得专业的技能；通过作业指导，家长学会将康复内容融入生活，实现康复的延续性和有效性。例如，为了保证小英接受送教上门服务的时间，我们和小英的家长商定，严格控制她接触电子产品的时间，上课的这一天，老师来之前，她不可以玩手机、平板电脑，减少她发脾气的次数。再如，指导家长在日常生活中有意识地渗透对常见蔬菜和水果的认知、常用的生活技能训练和简单的对话练习，让家长意识到生活处处皆教育，要及时、合理地抓住生活中的教育机会。

三、收获

1. 学生的收获

在不知不觉中，小英和婷婷均从被动配合变成主动配合了，尽管学习速度很慢，但和曾经的她们相比，进步还是非常明显的。婷婷已经能跟着老师说出两个连续的音节；能够指一指、说一说生活中常见的水果和蔬菜；可以根据老师的指令，或模仿完成叠叠高的任务，或根据形状一对一地将积木送回小车里，或和老师完成沙包抛接、足球传递任务；学会了自己洗手，自己用勺子吃饭，自己小便。小英能够在外婆的提醒下控制自己看手机的时间，知道说话时要放慢速度，尽量表达自己的想法。此外，她还学会了自己穿衣服、鞋子，帮外婆做一些力所能及的事情，如搬桌子、倒垃圾等。最重要的是现在的她们愿意学，对于我们也有了情感上的依赖，每当看到我们来，她们的脸上就会露出些许笑容；每当我们要走的时候，她们总会依依不舍，有时候甚至试图通过耍小脾气来挽留我们。我觉得我们送来的不仅仅是知识、技能，更是孤独世界里的一丝光亮。我相信，在我们的持之以恒下，在家人的高度配合下，在孩子的积极努力下，孩子还能习得更多的知识，掌握更多的生活本领。

2. 家长的收获

首先是心态的调整。几乎每一个重残儿童都有一个人专门照顾其生活起居，365天、24小时的看护其实是一件让人非常烦躁的事情。我们的到来能够让长期压抑的家长有一个倾诉的对象，让他们诉说自己的无奈与孤独，让他们感受到党和政府及社会各界人士对他们的关心与关爱。

其次是专业知识和技能的习得。送教上门教师会根据实际情况，结合家长和学生当前的需要设计一些专门的教育活动，家长能从老师的实际操作和指导中掌握一些行为矫正的技巧及康复训练的方式和方法。

反思与收获

回望来时路，那深浅不一的足迹见证了我和孩子们的成长历程，现在的我早已不是那个因为要去送教而焦虑不安的新手了。多年的送教经历让我进一步认识到特殊需要儿童个体差异的普遍性。在送教之前，我们需要对学生进行全面系统的评估，了解学生的"最近发展区"和最需要学习的技能。教学计划的制订要从学生的实际情况出发，并制订应急方案；教学内容的选择要侧重功能性知识，注重生活自理能力的培养；教学过程要灵活多变，要能根据学生的参与程度及时调整教学内容，确保送教效果最优化。四年的实践与反思也让我收获颇丰。

对于个人的专业成长而言，为了更好地服务于这些重残儿童，我阅读了很多相关的书籍，积累了丰富的专业知识，在送教过程中积极实践，及时反思，并积极参与家校联动机制下送教上门的实践研究相关课题研究。2020年，我撰写的《浅谈送教上门数学教学的问题与对策》发表于《文理导航》；同年，在南通市特殊教育送教上门活动中执教公开课"发间飞舞的蝴蝶"。2021年，被评为"通州区送教上门先进个人"。

对于我的家庭而言，送教上门的服务工作也帮我营造了宽松和谐的家庭氛围。在送教上门的过程中，一个知识点可能需要上百次的重复才能使孩子掌握，多年的磨炼让我对自己孩子的教育也有了更多的耐心，我们家的学习氛围是相对轻松愉快的。在日常生活中，孩子也会从我手机里的照片、视频等了解送教上门的工作内容，也通过微信视频认识一些特殊儿童。这些都给了她很大的触动。她能从身残志坚的小文、小豪等孩子那儿学会什么是自强不息，从乐观开朗的小英、婷婷那儿明白我们只需做最好的自己，从病魔缠身的小月、小峰那儿知道生命的可贵……我相信，从小接触特殊儿童的她未来也许不一定能成才，但一定会更加珍爱生命、知道感恩、懂得互助，成为一个自尊、自信、自强、自立的人。

送教工作，平凡而艰辛，但我为自己能从事并做好这项工作而感到自豪。孩子们在语言和生活习惯上都有了进步，我的送教也赢得了家长们的理解、支持和感激！我们把温暖的阳光送进了他们的心坎里，让他们体验到了被人关怀的温暖，所以送教虽苦，我却很乐意。今后我也会更加努力地去做好这件事！我相信，每一朵花都有花期，每一个孩子都有自己绽放的时刻。特殊需要儿童的成长之路是漫长而曲折的，长长的成长路，我愿和他们一起走。

【点评】

每一个送教者走过的路都不会是一帆风顺的，但不管遇到多大困难，我们都要迎难而上。案例中的送教上门老师从起初的迷茫、焦虑到自我调节、学习探索，再到最终促进孩子进步，让大家看到了成功的喜悦。孩子只有得到充分的关爱和尊重，才会有安全感，才会全身心接纳。案例中的送教上门老师在整个送教过程中重视情感沟通，重视循证实践，重视家校共育，发挥家庭主阵地作用，从而达到精准送教，呵护生命，与孩子共同成长。老师用温暖和专业点燃送教上门学生的生命微光！

第四节　师生情谊篇：暖心陪伴感人心

教育要有一种美好的生命姿态。送教上门教师选择的美好姿态是"慢慢看"——和孩子一起慢慢看世界。慢慢看，老师们想看到每一个孩子都得到关注，特别是那些角落里的孩子，那些容易被边缘化、被忽略的孩子，包括瘫痪的小越。看到每一个人的存在的姿态，有一种公平之美。慢慢看，老师们想看到每一个孩子都能入学，哪怕是用一种超常规的方式。看到每一个愿望都能实现的姿态，有一种成全之美。慢慢看，老师们想看到每一个孩子都能成长，哪怕用平生气力、全部智慧换来的仅仅是细微的变化，都心甘情愿。送教老师们看到儿童们的姿态，是一种最美的姿态。

乐为东风化雨，甘做春泥护花——一个脑瘫儿童的送教上门故事

老是把自己当作珍珠，就时时有被埋没的痛苦；把自己当作泥土吧，让众人把你踩成一条道路。

很喜欢鲁藜的这首小诗，它告诉我要怀着一份"泥土的情怀"对待工作、对待学生。多年的特殊教育教学工作让我深深体会到：教育技巧的全部奥秘就在于如何爱护儿童。所以，作为一名特殊教育老师，我愿把自己化成泥土，为学生铺就一条充满爱的成长道路！

就在2017年9月，我开启了我的送教之旅。

"两只老虎，两只老虎，跑得快，跑得快……"在简陋而温馨的集装箱房子里，不时传出欢歌声，并伴随着"咯咯咯"的笑声，一个坐在轮椅上的小男孩兴致勃勃地听着歌、拍着手……

坐在轮椅上的小男孩就是小越，他出生的时候，因难产缺氧而小脑瘫痪，脊柱无力，不能走路，不能正常上学，连坐在轮椅上都需要用一根绳子对身体进行固定。他多想上学啊，多想跟小伙伴一起玩啊，可是每天他只能待在家里。他丧失了一切自理能力，连走路、上厕所也必须靠别人。甚至因为这个病，他手部和腿部都出现了萎缩现象，双腿完全不受控，双手也只能稍微晃动一下，或拿一些轻微的物品。幸运的是，他有一个充满爱的家。奶奶全天候留在家里照顾他，父母只要一下班就回来陪着他。

苏霍姆林斯基说过，这些孩子不是畸形儿，他们是人类无限多样的花园里最脆弱、最娇嫩的花朵。那个9月的下午，我认识了小越，源自送教上门工作的开展。因无法入学，他成了送教上门孩子中的一员。而我恰巧被安排去了这个离学校不到5千米却无法走进课堂的孩子的家，我和他从点点滴滴的小事中结下了深厚的情缘，共同谱写出一首温暖的师生之歌，这首歌是这样唱的——

起——春有百花秋望月，夏有凉风冬听雪

那是一个凉爽的下午，我带着培智部的语文、数学教材，以及一些文具出发了。穿街过巷，我来到了一个集装箱房前。它在一个厂区里，而且还是这个厂区的保安室，虽小却整洁。小越的奶奶打开门，把我迎进了屋。小越本在开心地笑着，见了我，有点害羞，微笑着把头低了下去。

"小越，你好！我是学校的老师，今天来跟你一起学习，开心吗？"我说。

看到小越点点头，我心里真高兴，没想到他精神那么好，没想到这样的家庭没有一点沮丧的气氛。

"小越，快叫老师啊，这是季老师。"小越的奶奶说。

"阿——姨。"小越没有发"老师"的音，但是发的"阿姨"的音还是很清晰的。最重要的是他脸上总带着甜甜的笑容。

接下来我教他拼音，教他数学。他学得那么起劲，那么有兴致，那么开心。

"嘴巴张大aaa"，我说着，小越跟着张嘴发音。a的音虽然易发，但是要把它发准，

对小越来说还是有一点难度的，我一遍遍发着，他一遍遍艰难却执着地跟读着……

"1字像铅笔……"我指着数学书说。小越已经迫不及待地抢着读"1"。"小越读得非常棒！我们再来读一下好吗？1——"小越不能说完整的句子，能发的就是"1"，于是跟着一起读。为了让小越更好地理解"1"的含义，我拿出带来的牛奶和苹果。"这是____瓶牛奶？这是____个苹果？"小越大声地喊出"1"。回答声和肯定声交织着，好不热闹。

从小越家出来，我感觉到小越是个聪明的孩子，我能教他是一件多么有意思的事情啊！

承——只恐双溪舴艋舟，载不动许多愁

之前听说送教上门学生的残疾程度都相当严重，而我遇到了这样一个孩子，一个有学习能力的孩子。过了一周，又到了去小越家的时候了。我恨不得马上教会他更多的知识。见到我，小越特别高兴。他奶奶问他是否认得我，他还是笑着喊"阿姨"，看来他记得我。"好，我们首先开始复习。"我指着书本让他说说上次学过的内容，很可惜，他已经忘了。我的心凉了一下。但就在一瞬间，我给自己打起气来："加油，不放弃！"于是，我又像第一次一样，一句一句地教。这一次我着重让他加强形象记忆。他还是那么开心，丝毫没有发现我内心的不安。我取出笔，手把手地教他写字，可是他的手根本抓不住笔，无法写出像样的线条来。幸好我这次还给他带来了彩笔和涂色本，与他一起玩起涂色来。差不多一个小时了，小越要休息了，我跟小越道了别，出了门。

在家门外，我对小越的奶奶说出了心中的不安："我会尽力来教，也许效果不明显……"

"老师，别这样说，你们能来看看小越，他就开心得不得了了。他很想去学校，但去不了，电话里一听到你要来，他就要我马上抱他出来等着你。你从学校来这里的十几分钟，他都焦急地等着。"

我既感动又心酸，说："辛苦您啦，小越奶奶。"

奶奶笑笑说："他开心就行了。"

回去的路上，我也在思考着：对于这样一个孩子，我还能做些什么？也许可以再给他的手部做些锻炼，也许上课的内容可以再形象一些，也许……

转——落红不是无情物，化作春泥更护花

时间一天天过去了，我想，书本上的知识毕竟有限，对小越来说也未必是最合适的。于是，我带上了绘本，带上了玩具。我给小越讲起绘本，让他从绘本里寻找那个童真的自己；带着他一起玩玩具，让他在玩具中找到本该属于他的孩童世界。还记得在给他讲绘本故事《哪个球才合适？》时，他聚精会神地听完了故事，我正准备轻轻将书合上，他猛地伸出右手一个劲地拍着书。我对上他着急的眼神，试探地问："小越是不是想让老师再读一遍？"小越狠狠点着头。此时，一种叫默契的东西在我们身边悄悄"发芽"。那天我把这个故事讲了五遍。到后来他奶奶都看不过去了，赶紧说："小越乖，季老师讲的故事太好听了，是不是？但是老师也累了，小越快让老师休息一下。"他有点不舍，但还是点了点头。我看出了他的小心思，于是拿出彩笔，与他一同画了一个刚才绘本里讲的"合适的球"，并涂上颜色。看着我俩合作完成的这个"合适的球"，他

满意地笑了。

我惊喜地看到,小越的心情越来越好了。听他奶奶说,以前我没来看望他时,他有时会闹情绪,现在他不会了。他还学会了几首儿歌,大人们累了没空陪他聊天的时候,他会在那儿悄悄哼唱起学过的儿歌来给他们听,虽然音不那么准,但能知道他是在用歌声来缓解大人们的辛苦与劳累。

合——春播桃李三千圃,秋来硕果满神州

我和小越的故事讲完了。三年的情谊被铭记在心。如果有人认为小越是个脑瘫儿童,什么也学不会,那就错了,他的智力可能不如一般的孩子,但是他的情商确实不低。他没有怨天尤人,没有自暴自弃,而是每天都快乐地生活着,更难能可贵的是,他的家人,为了这个孩子,互助互爱,不离不弃!人性的光辉在小越家闪耀着!

与其说我送教上门是为了帮助小越,倒不如说小越让我懂得了无私的爱。我在这三年的送教上门中深深懂得:爱,是快乐的源泉!有了爱,就会战胜一切困难,就会得到心灵上的愉悦。

在特殊教育这条路上,我时刻收获着,收获着这世间最珍贵的东西。我也愿将自己化作泥土,留下学生温暖的脚印……

【点评】

老师以爱为光照亮特殊孩子求学之路,为集装箱里的一家人带去了欢声笑语。孩子点滴的进步来自老师无微不至的浇灌与培育。"亲其师才能信其道,信其道才愿受其教",孩子正是因为信任才翘首以盼,因为相信才无比依赖。小越对知识的渴求不是装出来的,他一遍又一遍地让老师讲绘本故事,老师不厌其烦地讲着,这是属于他们的默契。老师往返奔波三年为小越送教,让小越认识简单的"1",发出不同的音,让他在各个方面都有不同程度的进步,不断超越自己,焕发出勃勃生机。满足学习弱势群体的教育需求,实现其发展可能,这是老师的信念。每个特殊孩子都是一个完全不同的生命个体,老师用专业的知识为孩子制订适合的学习和康复方案,让孩子与其家人感受到教育的公平。教育是最大的真,爱学生是最大的善,提升专业能力是最大的美。教育路上,一个都不能少,一个都不会少。让每一个孩子都能更好地生活,让每一个孩子都能有做人的尊严,让每一个孩子都能共享人类文明进步的成果,这是教育人的崇高使命。

牵着蜗牛散步——栟茶组送教上门案例

初次到沈同学家,她对我们三位老师的说学逗唱、食物诱惑都无动于衷。这个孩子的家里十分困难,没有能力为她进行康复治疗,她错过了早期干预的黄金时期。她第一次的表现:一言不发,没有任何言语沟通;目光闪躲,不进行任何肢体接触;问什么都不回答,只是一个人坐在椅子上不停摆弄自己的手指(可能存在刻板动作)。第二次送教上门,我们携带了"孤独症儿童发展评估表",对沈同学进行各个方面的评估。

根据评估结果,沈同学不属于孤独症谱系障碍儿童,但在各方面仍存在问题。根据沈同学的身心发展特征,我们为其制订了个别化训练方案,见表6-1。

表 6-1　沈同学的个别化训练方案

领域	优劣分析	训练目标	训练方法
感知觉	① 优势：视觉辨认能力较好；触觉、听觉反应和嗅觉辨别能力较好 ② 劣势：听觉注意及听觉辨别能力较弱，难以专心聆听声音，不能辨别多种铃声。视觉追视能力较弱，难以灵活追视	① 提高视觉记忆和追视能力 ② 提高听觉注意和听觉辨别能力	① 提供多感官的练习，充分运用嗅觉、触觉的优势 ② 通过游戏的方式培养其感听觉辨别能力，从喜欢的食物或物品中选择合适的材料进行练习，每次只练习一样物品 ③ 通过物品分与合的游戏，培养对物品整体和部分的感知
粗大动作	① 优势：具有坐、站、跑、行走、抛球、推的能力 ② 劣势：单脚活动难以进行；只能原地跳，跳跃能力较弱；不能独立下楼梯	① 提高单脚跳能力 ② 训练左右跳及跳上跳下台阶的能力 ③ 训练独立上下楼梯的能力	① 在游戏中加强"后"方位知觉动作的训练，如倒退 ② 在球类游戏和沙包游戏中加强单脚运动的练习
精细动作	① 优势：摆弄物品、基本操作、握笔写画能力较强 ② 劣势：无法用双手拼装玩具，手眼协调能力差，工具使用能力较差	① 能双手拼装玩具 ② 能使用工具画出 10 厘米长的直线，能模仿画出平行线和相交线 ③ 能穿珠子、解扣子和系扣子 ④ 能用剪刀剪出正确图形	① 在生活中通过做家务，培养其手眼协调能力，如拨豆子、擦桌子等 ② 培养其使用工具写、画的能力，可以从兴趣点出发
语言与沟通	① 优势：语言与沟通能力较强，能模仿单音，模仿叠音词，模仿表示物品的词，模仿方位词；能进行名称指令的语言理解，表达要求及回答问题，说短语 ② 劣势：对动作指令理解比较差，复述能力较差，缺乏主动沟通意愿	① 能够认识上午、下午和晚上 ② 增强理解整体与部分的关系的能力 ③ 培养主动提问的能力	① 增加语训，针对其发音问题，利用语训工具和多媒体增强其言语主动性 ② 在日常生活中，告知她只有表达出问题才能获得答案继而获得物件，或者给其时间表达自己的想法
认知能力	① 优势：可以进行经验表征，有空间概念、颜色概念、形状概念 ② 劣势：实物配对能力较弱（缺乏配合），数概念较弱	① 提高物品图片的分类能力 ② 锻炼配对能力，加深对事物的认知 ③ 加强其辨认一半和整体的能力	① 在日常生活中训练其对物品进行分类的能力 ② 从感兴趣的东西入手，增强其对配对的兴趣 ③ 在吃东西时明确一半和整体的概念

续表

领域	优劣分析	训练目标	训练方法
社会交往	① 优势：认识自己，能与照顾者互动，与陌生人的互动较好，近距离告别和电话告别能力较强 ② 劣势：与照顾者的互动较弱，与陌生人互动分享的能力较差，主动自我介绍的能力有所欠缺，不能主动表示感谢、抱歉和称赞	① 提高近距离打招呼和远距离打招呼的能力 ② 培养道谢、表示歉意和称赞的能力	① 设置不同的情境提高自我表达及与他人交流的能力 ② 在日常生活中，家人或师长针对不同对象、不同环境，训练其表达谢意、称赞和歉意的能力
生活自理	① 优势：进食能力较好，会用毛巾擦手擦嘴，拉拉链能力较好，睡眠能力较好 ② 劣势：未掌握如厕技能	训练其完成复杂的如厕过程（如便后清理、洗手等）	家长可使用任务分解法，训练其掌握较复杂的如厕技巧
情绪与行为	① 优势：情绪稳定，无攻击与自伤行为 ② 劣势：回应行为反应差，情绪理解能力较弱，专注力较差	① 训练其调节情绪和用语言表达情绪的能力 ② 培养其对干扰的忍耐力 ③ 提高其专注力	① 老师注意其情绪变化，给予基本安抚，再教授其情绪调节技巧，如听音乐、述说心情感受，学会用语言表达情绪 ② 创设情境，引导其树立主动寻求帮助的意识和掌握挫折的概念

  沈同学是一个清纯灵动的水乡女孩，第一次见她，只见她怯生生地攥着奶奶的衣角，大半个身子躲在奶奶佝偻着的背后，眼睛眨巴眨巴地看着我们，又害怕又好奇。为了快速与她拉近距离，我们拿出了美味的棒棒糖，可是她不为所动，更加用力地攥紧奶奶的衣服，一脸防范地看着我们，我们只能采取迂回措施，开始和奶奶聊起家常，如最近庄稼长势如何、奶奶身体怎么样，躲在奶奶身后的小姑娘渐渐感受到了我们的善意，开始稍大幅度地探出小脑袋，宛如刚出生的小鸡崽好奇地打量着这个世界。特殊需要孩子的世界真的很小，于她而言，世界的尽头就是家门口用石头堆砌的小路，小小的世界里只有年迈的爷爷奶奶和小小的她。当她再一次眨巴着小眼睛好奇地打量着我们的时候，我们抓住机会拿出绘本，说："这本书可有意思了，我们一起边吃棒棒糖边看书好不好？"再内向怕生，她也只不过是一个豆蔻年华里的孩子，很快被绘本吸引住了，任由带队的张老师拉着她软糯糯的小手坐在了门口院子里的长凳上。经验丰富的张老师并没有过于急切地教她知识，而是亲切温柔地拉着她的小手，不轻不重地拍拍她的手背。不一会儿，刚才还有点怯生生的小姑娘一点点放下了戒备，张老师见状，轻声细语地向小姑娘介绍起来："你好啊，我是张老师，你应该怎么和我打招呼啊？""张—老—师？"小姑娘默默地念叨着，又重复了几遍，张老师轻轻摸摸小姑娘的脑袋，用充满惊讶、赞许的声音给予表扬。也许是与正常的课堂脱节太久，小姑娘在听到表扬后表现出异常的兴奋，抱着绘本，抬眼看着张老师笑了很久。我们和小姑娘共同制订了第一个目标：学会打招呼。我们基于这个简单的目标开始了一遍又一遍的练习。我们深知，这个奶娘特殊的不仅仅是自身的状况，她的家庭也很特殊：父母离异，妈妈有严重智力障碍并在烧火时不小心烧到自己去世了。小姑娘与爷爷奶奶相依为命，共同居住在年代久远的自建

房里。为了挑起生活的重担,爷爷不顾自己年迈多病,在村委会的帮助下,找到了一份为村里清理垃圾的工作,一个月八九百块钱,这远低于平均水平的工资,却是这个贫苦家庭全部的经济来源。隔三岔五,小姑娘的碗里能多上几块香喷喷的红烧肉。和我们道别时,小姑娘站在堆满垃圾的小院子里,目送着我们远去。

第二次,未见其人,先闻其声:"这儿,这儿。"稚嫩的嗓音混合着的是满满的欣喜。犹记得上一次,小姑娘对我们很冷漠。这一次,她居然挥舞着双臂在二楼阳台上朝我们招手,张老师用惊喜到颤抖的声音说:"小霞你看到了没?你拍到了没?"我说:"张老师,很抱歉,我只拍到了你因为惊喜而张大的嘴巴。"这次的送教,李老师挑选的益智启蒙安静书帮了大忙了,这本书的可玩性很强,里面的三角形、长方形背面的魔术贴可以被贴在书的内页,而且对应页有正确图案的轮廓,只有对应正确了,图片才会与轮廓重合,这就使得这本启蒙安静书具有极强的自主纠错性。其实,我们送教上门的孩子大多是由爷爷奶奶照顾的,而爷爷奶奶大多以务农为主,给予孩子的教育时间是压缩了再压缩的。这时,一本涵盖了17个主题的可玩性强的益智启蒙书不仅弥补我们一个月送教两次的短板,还让知识储备欠缺的爷爷奶奶有了教育孩子的素材,并在这个看似无聊的过程中,锻炼了孩子的手指力量及各关节的灵活性。"我不想叫你老师,我想叫你阿姨。"正当我们被孩子温暖的话语打动时,奶奶刺耳的吼叫声传了出来:"呆子就是呆子,人家是老师,你在瞎说什么,再瞎说就把你送走。"奶奶尖锐刺耳的话语像冰雹一样狠狠砸了下来,瞬间凝固住小姑娘期待的目光,也狠狠砸疼了我们的心。我们难以想象一个十几岁的孩子每天被恶狠狠的讥骂包围是多么无助。张老师率先"出击",打断了奶奶接下来的话,李老师紧随其后,心疼地拍了拍小姑娘的后背,两个人像老鹰抓小鸡游戏里的鸡妈妈那样护在小姑娘面前。这场"较量"显然是"栟茶三人组"获得了胜利,别的不多说,奶奶一个人再怎么也是说不过我们三个人的。奶奶也并非什么恶人,未经他人苦,莫劝他人善。生活的一个又一个打击就这样一点点磨灭了她对小姑娘耐心的微光,或许奶奶自己也没察觉吧,在给孙女戴上毛茸茸的帽子的时候,她自己眼里满满溢出的都是对小姑娘的疼爱,在我看来,那些苛责的话只是奶奶对不能给孙女更好生活的自己的苛责。

又是一次送教,不同于上次的进步,这次小姑娘表现出了异常的情绪。预想中的欣喜的神色不在了,映入我们眼帘的是小姑娘陌生且具有防范意识的眼神,像一只守护领地的小猫咪,浑身参起了毛。因为新冠病毒感染疫情,各种线下活动被推迟了,我们的送教上门也被迫按下了暂停键。可能在常人看来,这无非就是一个月两次的上门送教没进行而已,不算个什么大事,但是只有我们知道教育的连贯性有多么重要。尽管我们坚持以视频电话的方式与小姑娘及其家人保持联系,但是远程教育毕竟有它的局限性,尤其是对于有自闭倾向的沈同学而言,远程教育的弊端最大限度地暴露出来了,缺少反复练习的小姑娘已经忘记了在上上次送教就学会的与送教老师们打招呼,虽然没有像第一次见面时一样,害怕地躲在奶奶身后,但表现出一种疏离与漠然。我们拿出了学校精心准备的糖果礼盒、双面防晒太阳帽、小蜗牛毛绒玩具、小蜗牛短袖衣服等,奶奶看到了,一个劲地感谢我们,说感谢学校把他们放在心上。看着小姑娘已经看不出原本颜色的短袖衣服,张老师热情地向她展示起我们学校的蜗牛短袖衣服,精致的校徽印在纯白色衣服的左上角,衣服的背面印着可爱的蜗牛图案,图案的下方是特殊教育学校老师们对孩子们的期待,即"每天进步一点点"。张老师拿着衣服在沈同学身上比画着大小,嘴里不停念叨着真好看,含着笑意的眼眸里是满的快要溢出来的关切。小姑娘却很抗拒,手脚并用地推开衣服。李老师拿出了学校准备的糖果礼盒,希望安抚一下沈同学的情绪。充满童趣的纸盒快速抓住了沈同学的注意力,而且想要打开这么漂亮的盒子需要稍微用些力气,而这又能够锻炼沈同学的手眼协调能力。打开盒子后,是8块形状各异、独立包装的美味糖果,对于精细动作欠佳的沈同学来说,在一次又一次打开糖纸的过程中可以锻炼手部力量。小姑娘许是调皮劲儿上来了,抓着糖果就往外丢,我急忙制止。就这样,出现了小姑娘丢、我捡的"魔幻操作",我捡得越快,小姑娘丢得越起劲。经验丰富的张老师制止了捡糖的我,转手拿了一块已经剥好的巧克力给小姑娘,小姑娘飞快地拿走了,三下五除二就咽下去了,随后眼巴巴看着张老师。张老师抓住时机,慢条斯理地说:"巧克力很好吃,吃了一块还想吃,那我们需要一块一块地从地上捡起来吃。如果想吃到好吃的糖果就需要把它们捡起来。"说着,张老师捡起一颗糖果放到了小姑娘的手心里,随后小姑娘也学着把地上的糖果捡起来了,不一会儿就捡完了。张老师趁热打铁,拍了拍小姑娘手上的灰,告诉她如果我们不乱丢的话,其实可以更快吃到糖果。小姑娘若有所思地点点头。

对于反应能力接受能力较差的孩子,严厉地呵斥和一味地纵容都是收效甚微的。一方面,过于严厉的苛责会打击孩子的自尊心;另一方面,送教上门学生的残疾程度一般都比较重,很容易让人悲悯,老师往往会因为同情心而对这些孩子进行"怀柔"式教育,但这样的教育是不完整的,正是"他都残疾了,我们不能对他有太高的要求"这种思想的存在,导致这些孩子的日常行为习惯与健全孩子差别很大。

每月两次与孩子们的相约,不仅是孩子们期盼的事,还是我们特殊教育老师的牵挂。其实我们也知道,一个孩子的成长就和一棵小树的成长一样,需要精心的呵护。在给沈同学送教的这一年里,她的进步需要我们透过放大镜才能发现,送教之路就好像在夜色中播撒希望的种子,我们不知道种子有没有扎根,也不确定能不能在种子萌发的关键期保证其有充足的阳光、雨水,更不知道是否会开出芬芳的花。纵使有这么多的不确定,即使我们送教人只是"寄蜉蝣于天地,渺沧海之一粟"的渺小存在,我们依然会在凛冬播下希望的种子。

【点评】

牵着"蜗牛"去散步,是需要爱心情怀、专业素养和教育创意的。要对"蜗牛"产生发自肺腑的喜爱,要对"蜗牛"的脾气秉性、个性特点了如指掌,要为"蜗牛"规划最科学、最适宜的行进路线。三位老师无疑是最具爱心、情怀和创意的"送教姐妹花"组合。她们为沈同学制订了详细的个别化教育计划,融爱于心、寓情于景,形成了一种令人慰藉的精神张力,见人、见事、见真情。三位老师忠实地刻录下送教上门过程中的酸甜苦辣、喜怒哀乐,闪烁着师爱的理性光芒。

参考文献

[1] 刘菁菁,关文军. 政策工具视角下我国地方"送教上门"政策文本分析 [J]. 中国特殊教育,2022 (11):25-35.

[2] 戴慧群,等. 障碍儿童特殊教育"送教上门"理论与实践研究 [M]. 北京:中国纺织出版社有限公司,2022.

[3] 朱宗顺. 特殊教育史 [M]. 北京:北京大学出版社,2011.

[4] 肖非,傅王倩. 所有残疾儿童教育法 [EB/OL]. (2022-12-21) [2023-09-21]. https://www.zgbk.com/ecph/words?SiteID=1&ID=567030.

[5] 付佳. 邛崃市义务教育学校开展送教上门工作现状的调查研究 [D]. 成都:四川师范大学,2017.

[6] 刘毅宁. 日本访问教育探究及对中国送教上门的启示 [J]. 佳木斯职业学院学报,2022,38 (1):67-70.

[7] 西村圭也. 日本的访问教育 [J]. 现代特殊教育,2002 (3):46-47.

[8] 汤广全. 特殊教育发端于法国的原因探析 [J]. 南昌师范学院学报,2017,38 (5):134-140.

[9] 梅越,欧玉琦,王琳琳. 法国《特殊儿童与青少年学校教育指南》解读及启示 [J]. 现代特殊教育,2022 (23):76-79.

[10] BANERJEE G R. Care of the mentally retarded [J]. The Indian Journal of Social Work,1955,16 (1):75-82.

[11] RAHMAN H. History of Special Education in India [M]. Delhi:Sanjay Prakashan,2005.

[12] 阮元. 十三经注疏 [M]. 北京:中华书局,1980.

[13] 杜佑. 通典 [M]. 杭州:浙江古籍出版社,1988.

[14] 张廷玉. 明史 [M]. 北京:中华书局,1974.

[15] 黄培森. 中国特殊教育史略 [M]. 成都:西南交通大学出版社,2015.

[16] 舒新城. 中国近代史资料:中册 [M]. 北京:人民教育出版社,1981.

[17] 中国第二历史档案馆编. 中华民国史档案资料汇编·第3辑·教育 [M]. 南京:凤凰出版社,1991.

[18] 李景文,马小泉. 民国教育史料丛刊·85·教育学·教育职能 [M]. 郑州:大象出版社,2015.

[19] 宋恩荣，章咸. 中国民国教育法规选编（1912—1949）[M]. 南京：江苏教育出版社，1990.

[20] 何东昌. 中华人民共和国重要教育文献[M]. 北京：新世界出版社，2010.

[21] 东城区教委办公室. 东城区教育委员会东城区残疾人联合会关于印发《东城区为适龄重度残疾儿童少年送教上门工作实施方案》的通知[EB/OL].（2022-01-01）[2023-10-09]. https://www.bjdch.gov.cn/zwgk/zfwj/qtwj/202304/t20230415_3034300.html.

[22] 江苏省教育厅. 关于做好义务教育阶段重度残疾儿童少年送教服务工作的指导意见[EB/OL].（2020-09-09）[2023-09-27]. http://jyt.jiangsu.gov.cn/art/2020/9/9/art_58961_9496179.html.

[23] 南通市竹行中学. 南通市竹行中学送教上门工作方案[EB/OL].（2020-04-27）[2023-10-09]. http://www.ntkfqjy.com/Print.aspx?id=26847.

[24] 王培峰. 特殊教育政策：正义及其局限[M]. 南京：南京大学出版社，2015.

[25] 胡炳仙. 教育学性：教育学之理论基础[J]. 当代教育科学，2006（1）：6-8，13.

[26] 皮埃尔·布迪厄，华康德. 实践与反思：反思社会学导引[M]. 李猛，李康，译. 北京：中央编译出版社，1998.

[27] 管仲. 管子[M]. 杭州：浙江人民出版社，1987.

[28] 班固. 汉书[M]. 北京：中华书局，1962.

[29] 联合国教科文组织国际教育发展委员会. 学会生存：教育世界的今天和明天[M]. 华东师范大学比较教育研究所，译. 北京：教育科学出版社，1996.

[30] 孙本文. 社会学原理：下册[M]. 台北：台北商务印书馆，1974.

[31] 陆学艺. 关于社会建设的理论和实践[J]. 国家行政学院学报，2008（2）：13-19，112.

[32] 叶澜. 教育概论[M]. 北京：人民教育出版社，1991.

[33] 袁振国. 当代教育学[M]. 3版. 北京：教育科学出版社，2005.

[34] 马金晶，陈梦鸽，梅越. "培养什么样的人"：特殊教育的历史回答[J]. 绥化学院学报，2020，40（10）：11-13.

[35] 邓猛. 融合教育理论指南[M]. 北京：北京大学出版社，2017.

[36] 钟志贤. 多元智能理论与教育技术[J]. 电化教育研究，2004，25（3）：7-11.

[37] 林崇德. 发展心理学[M]. 2版. 北京：人民教育出版社，2009.

[38] 刘杰，孟会敏. 关于布郎芬布伦纳发展心理学生态系统理论[J]. 中国健康心理学杂志，2009，17（2）：250-252.

[39] 杜宁娟，范安平. 从Bronfenbrenner生态系统理论的外层系统看儿童发展[J]. 健康研究，2013，33（1）：70-71，75.

[40] 梅越，赵德虎，陆文深，等. 近20年来国际"残疾污名"的研究热点与前沿：基于Web of Science期刊文献的可视化分析[J]. 现代特殊教育，2022（12）：51-60.

[41] 杨治良，郝兴昌. 心理学辞典[M]. 上海：上海辞书出版社，2016.

[42] 李颖. 群际接触理论介绍及其发展[J]. 山西经济管理干部学院学报，2008，16（3）：62-63，68.

[43] SLININGER D,SHERRILL C,JANKOWSKI C. Chidren's attitude toward peers with severe disabilities:Revisiting contact theory[J]. Adapted Physical Activity Quarterly,2000,17(2):176-196.

[44] 时勘. 社会排斥与融合模式研究[M]. 北京:经济管理出版社,2018.

[45] 何雪琴. 西方群际接触理论的相关研究及展望[J]. 民族高等教育研究,2020,8(1):55-59.

[46] 赵小红. 地方特殊教育立法的进展、问题与建议[J]. 中国特殊教育,2018(7):3-8.

[47] 杜文洁. "互联网+"背景下远程直播送教的实践探索[J]. 现代特殊教育,2020(23):60-61.

[48] 张国强. 实施送教上门质量提升工程,实现从"送教"到"送好教"[J]. 现代特殊教育,2019(11):11-13.

[49] 邱天龙. 特殊教育医教结合改革的趋势与挑战[J]. 吉林省教育学院学报,2014,30(2):87-88.

[50] 黄昭鸣,杜晓新,孙喜斌,等. 多重障碍,多重干预综合康复体系的构建[J]. 中国特殊教育,2007(10):3-13,40.

[51] 黄昭鸣,杜晓新. 言语障碍的评估与矫治[M]. 上海:华东师范大学出版社,2006.

[52] 黄昭鸣,周红省. 聋儿康复教育的原理与方法:HSL理论与1+X+Y模式的构建与实践[M]. 上海:华东师范大学出版社,2006.

[53] 杜晓新,黄昭鸣. 教育康复学导论[M]. 北京:北京大学出版社,2018.

[54] 方俊明. 医教结合支持保障体系的建构与完善[J]. 现代特殊教育,2017(5):31-33.

[55] 徐飞. 送教上门5S学习支持模式研究:以某特教学校为例[D]. 济南:济南大学,2017.

[56] 丁兴富. 远程教育学[M]. 2版. 北京:北京师范大学出版社,2009.

[57] 陈丽. 远程学习中的教学交互原理与策略[J]. 中国远程教育,2016(9):5-6,13.

[58] 赵园静. 残疾人远程教育学习者特征与课程设置的相关性分析[D]. 天津:天津理工大学,2013.

[59] 何丽坤. 广西远程高等教育残疾学生学习动机研究[D]. 南宁:广西大学,2012.

[60] 黄丹,杨顺起,平凡,等. 成年残疾人远程教育学习者特征的调查分析[J]. 成人教育,2015(6):49-52.

[61] 陈青云,陆灵俊,吴爱琴. 以融合为导向的区域送教上门实践探索:以江苏省南通市通州区为例[J]. 现代特殊教育,2023(5):47-49.

[62] 蔡元培. 蔡元培全集:第四卷[M]. 杭州:浙江教育出版社,1997.

[63] 石道刚,崔维华. 关于送教课程的探索与思考[J]. 现代特殊教育,2017(9):52-54.

附录一　南通市历年重残儿童送教上门荣誉汇总

学　校	荣　誉
如皋市特殊教育学校	第三批南通市中小学校"一校一品"党建文化品牌项目——"党建+课程"打通送教上门的最后一米
	如皋市优秀教师群体
启东市特殊教育学校	启东市工人先锋号
	启东市巾帼示范岗
海门区特殊教育学校	全国助残先进集体
	海门好人
	江苏省高校青年志愿服务项目大赛阳光助残类别三等奖
	2021年度南通市优秀志愿服务项目
	海门区"四有"好教师团队
	南通市第二届新时代文明实践志愿服务项目大赛金奖
	第九批江苏省学雷锋活动示范点
	江苏省文明实践志愿服务项目大赛银奖
	江苏省学雷锋志愿服务先进典型宣传推选活动"优秀志愿服务项目"
	江苏省文化科技卫生"三下乡"活动优秀团队
	2023江苏教师年度人物
海安市特殊教育学校	第三批海安市中小学校"一校一品"党建文化品牌项目——爱心育残苗　践行特教梦
如东县逸夫特殊教育学校	第四批江苏省中小学"一校一品"党建文化品牌项目——"逸家人"党员先锋"63111"特教行动
	首批南通市中小学校"一校一品"党建文化品牌项目——党员送教上门
	第二批南通市中小学校"一校一品"党建文化品牌项目——党群融合送教上门

续表

学　校	荣　誉
通州区特殊教育学校	"从'送'到'融'：实现一个都不少"获评教育部融合教育优秀教育教学案例
	首批江苏省中小学校"一校一品"党建文化品牌项目——"行走的力量　精准的服务——党员教师结对重残儿童"
通州区特殊教育学校	江苏省先进基层党组织——"行走之光"党建品牌
	江苏省巾帼志愿服务征集交流展示活动十大优秀项目——"行走之光"重残儿童送教服务项目
	南通市优秀教师群体——"行走之光"送教团队

附录二　南通市历年重残儿童送教上门科研成果汇总

学　校	项目（课题）	论　文
如皋市特殊教育学校	重度脑瘫儿童送教上门的个别化教育研究	《融合教育背景下精准"送教（康）上门"实践研究——以江苏省如皋市为例》
海门区特殊教育学校	重度残障儿童"送教上门"实践研究（江苏省教育科学"十二五"规划2015年度课题）	《康教融合在海门：一条渐行渐宽的新路》
		《海门市普特融合保障体系建设的思考与实践》
		《关于重度残障儿童"送教上门"的实践与思考》
		《"送教（康）上门"个别化教学例谈》
		《学龄前脑瘫儿童美术训练个案》
如东县逸夫特殊教育学校	2017特殊教育发展工程项目"送教（康）上门"	《特殊教育小学生如何树立正确的劳动观教育》
		《特教学校送教上门教学实践的有效性探索》
	特殊教育学校智障生潜能开发的策略研究（南通市教育科学"十四五"规划2021年度课题）	《夯实智障学生自信心，筑牢潜能开发根基》
		《打造"扬长教育"特色　铸就残障学生幸福人生》
南通特殊教育中心	2018年江苏省特殊教育发展工程项目	《特殊儿童送教上门工作分析和应对策略——以江苏南通市崇川区为例》
	2021年江苏省特殊教育发展工程项目	
通州区特殊教育学校	重残儿童送教上门的模式及机制建构研究（江苏省基础教育前瞻性教学改革实验项目）	《重残学生送教上门教育策略探索》
		《送教上门，培养重残儿童的社会适应能力》
		《行动·密思·探究——通州区送教上门工作实践与思考》
		《送一缕温暖　静待花儿绽放》
		《以融合为导向的区域送教上门实践探索——以江苏省南通市通州区为例》

续表

学　校	项目（课题）	论　文
通州区特殊教育学校	家校联动机制下的特殊儿童送教上门实践研究（江苏省教育科学"十三五"规划2018年度课题）	《远程编班，差异发展——基于云课堂的重残儿童教学研究》
		《送教上门工作从"送到"到"送好"》
		《重度残疾儿童少年送教上门教学方法探究》
		《立足生活，精准送教》
		《巧用教材，培养送教上门学生的核心素养》
		《浅谈送教上门数学教学的问题与对策》
		《送教上门脑瘫学生的书写与会话训练策略》
		《浅谈送教上门的有效策略》
		《创设故事情境，提高送教上门学生综合素养——以个训课蒙台梭利〈二项式〉》为例
		《融合教育架构下送教上门模式的探索与实践》
		《阳光送教，快乐成长》
		《家校沟通——送教上门工作的支撑点》
		《为"送校上门"学生提供合适的教育力》
		《家校合力，共同托起特殊儿童的明天——家校联动机制下的特殊儿童送教上门活动的实施策略探微》
		《让家校成为残疾儿童的保护伞——家校联动机制下的特殊儿童送教上门的内涵与价值探微》
		《汇聚融合新力量　强化特殊教育普惠发展》
		《送教上门，打通实现教育公平的最后一公里——江苏省南通市送教上门工作的实践探索》

附录三　重残儿童送教上门制度手册

《江苏省"十四五"市县特殊教育发展主要监测指标》

义务教育入学率、巩固率均达到98%以上，所有学生安置在本设区市内。送教上门学生超过适龄残疾学生总数5%的，纳入失学或辍学统计。

对送教上门教师、参与特殊教育的医生、康复治疗师等人员，提供必要的工作和交通补助。

《江苏省"十四五"普通学校融合教育发展主要监测指标》

施教区内特需儿童义务教育入学率、巩固率均达到98%以上，送教上门学生不超过适龄残疾学生总数的5%。

对送教上门教师、参与特殊教育的医生、康复治疗师等人员，提供必要的工作和交通补助。

《"十四五"特殊教育发展提升行动计划》

健全送教上门制度，推动各省（自治区、直辖市）完善送教上门服务标准，科学认定服务对象，规范送教上门形式和内容，加强送教服务过程管理，提高送教服务工作质量，能够入校就读的残疾儿童不纳入送教上门范围。

进一步优化完善残疾学生特殊学习用品、干预训练及送教上门教师交通费补助等政策。中央财政特殊教育补助资金重点支持中西部地区特殊教育学校改善办学条件、向重度残疾儿童接受义务教育提供送教上门服务等。

《江苏省"十四五"特殊教育发展提升行动计划》

巩固义务教育。各级教育部门要将义务教育入学率和巩固率纳入常规管理，确保特殊教育全覆盖、零拒绝。义务教育阶段所有学生安置不出设区市，特需学生优先安置在普通学校普通班，特殊教育学校重点招收中重度残疾儿童少年入学。健全送教上门制度，规范送教的形式和内容，送教上门学生不超过适龄残疾学生总数的5%，超过的纳入失学或辍学统计。儿童康复和福利机构中如有尚未接受义务教育的适龄特需儿童，机构有责任及时告知并协助教育部门解决其入学问题。到2025年，各设区市及常住人口达20万人的县（市、区）均建有1所特殊教育学校，有条件的地区可提供全学段衔接的十五年一贯制特殊教育服务。办好康复机构、"残疾人之家"、儿童福利机构的特教办学点。

落实津贴补助。各地对特殊教育学校可按不超过当地事业单位绩效工资基准线的10%增核绩效工资总量。对设有融合教育资源中心、重点承担特殊教育工作的普通学校，可适当增核绩效工资总量，增核的绩效工资总量主要用于专职特殊教育教师的绩效工资分配。对普通学校部分承担融合教育教学和管理任务的教师，在绩效工资分配上给予倾斜。融合教育资源中心特殊教育师资的绩效考核，由普通学校与特殊教育指导中心共同实施。对送教上门教师、参与特殊教育的医生、康复治疗师等人员，提供必要的工作和交通补助。

《关于建立特殊教育指导中心制度的通知：江苏省设区市、县（市、区）特殊教育指导中心工作职责》

区域特殊教育质量管理。会同省特殊教育专家委员会，组建省特殊教育专家资源库，指导各地做好特殊教育质量多元化评价工作。协助省级教育行政部门制定特殊教育质量管理办法，视导区域内各普通学校和特殊教育学校的融合教育、送教（康）上门等工作，并将视导结果纳入区域教育工作年度综合考评。协助指导"残疾人之家"、指导普通中小学校实施义务教育阶段送教（康）上门工作。

区域特殊教育评估与管理。制定特殊教育工作管理办法，视导区域内各普通学校及特殊教育机构的融合教育、送教上门等工作，并将视导结果纳入教育行政部门对学校的年度综合考评。会同民政、卫生、残联等部门，全面掌握本行政区域内适龄残疾儿童、少年的数量和残疾情况，实现职能部门间数据对接共享。搜集管理本地区特殊教育信息、资源，为学校、家长、学生提供辅导、咨询、远程教育等专业支持。

《特殊教育办学质量评价指标》

根据适龄特殊儿童数量变化及其分布，合理规划特殊教育资源布局，形成以普通学校随班就读和特教班为主体，以特殊教育学校为骨干，以送教上门和远程教育为补充的特殊教育发展格局。

义务教育阶段特殊教育生均公用经费补助标准达到国家规定标准，有条件的地方可适当提高补助水平，并确保足额拨付到位；随班就读、特教班和送教上门的义务教育阶段生均公用经费标准按特殊教育学校执行；学前、高中阶段生均拨款政策向特殊教育倾斜。

对特殊学生学习用品、干预训练及送教上门教师交通费补助予以保障。

建立特殊儿童招生入学联动工作机制，压实义务教育阶段普通学校接收特殊儿童随班就读工作责任，同等条件下在招生片区内就近就便优先安排特殊儿童少年入学，能够入校就读的残疾儿童不纳入送教上门范围，确保适宜安置，保障具备学习能力的适龄特殊儿童不失学辍学。

制定并实施送教上门教育教学计划，规范送教上门的程序、形式与内容，加强送教上门过程管理，保证送教上门课时量，探索线上线下相结合的教学模式，采取个别送教或集中授课等形式，提高送教上门质量。

《关于进一步做好特殊教育机构编制保障工作的通知》

幼儿园招收残疾幼儿达到3人，要配备专职特教教师。义务教育阶段学校招收的残疾学生达到5人，应当设置特教资源教室，配备专职特教教师。加强康复医生、康复治疗师、康复训练人员及其他专业技术人员的配备，并对招收重度、多重残疾学生较多的学校，适当增加教职工配备。特殊教育指导中心按照每人指导3—5个融合教育资源中心的标准，分学段组建融合教育巡回指导团队。

《残疾人教育条例》

适龄残疾儿童、少年需要专人护理，不能到学校就读的，由县级人民政府教育行政部门统筹安排，通过提供送教上门或者远程教育等方式实施义务教育，并纳入学籍管理。

县级以上地方人民政府教育行政部门应当统筹安排支持特殊教育学校建立特殊教育资源中心，在一定区域内提供特殊教育指导和支持服务。特殊教育资源中心可以受教育行政部门的委托承担以下工作：（一）指导、评价区域内的随班就读工作；（二）为区域内承担随班就读教育教学任务的教师提供培训；（三）派出教师和相关专业服务人员支持随班就读，为接受送教上门和远程教育的残疾儿童、少年提供辅导和支持；为残疾学生父母或其他监护人提供咨询；其他特殊教育相关工作。

附录四　重残儿童远程课堂指导手册

一、手册简介

依托远程课堂技术，将重残儿童远程编班入学，使之与特殊教育学校（普通学校）在校生进行混合编班随班就读，构建以技术支持的远程学习与面对面学习相结合的学习共同体，创造最少限制环境，为重残儿童提供适合其特点和需要的教育，实现他们的差异发展，为他们今后融入社会奠定基础，成为纾解重残儿童教育需求困局的一条重要路径。为方便学校教师、学生、家长了解重残儿童远程课堂设置、常用设备与使用说明、注意事项等内容，特制定该远程课堂指导手册。

二、重残儿童远程课程设置

为重残儿童提供远程特殊教育学校（普通学校）课程服务，以语文、数学、英语、班会、音乐、美术等室内课为主。每学期初根据重残儿童教育服务清单制定课程纲要，编写教育计划，提供一日作息时间表。课程设置以立德树人为根本目标，以生活性、实用性、发展性、针对性为原则，根据重残儿童的类别与需求，分低、中、高三个学段设置共性课程和个性课程。共性课程，即面对每一个重残儿童，分品德艺术、生活适应、实用认知、康教结合四个板块。个性课程，即分别针对脑瘫、智力障碍、孤独症、多重残疾四类学生开启，主要有休闲与娱乐、运动与康复、沟通与交往、感觉与知觉等课程。

三、远程设备配置与使用说明

根据学校的硬件基础和送教上门学生的现实需求采用不同的方案，利用不同的硬件组合和软件平台，搭建一个按需支持、功能完备、多元交互的远程课堂系统。

（一）简易交互系统

简易交互系统可以满足一般需求的远程直播课堂教师讲解提问、学生聆听回答的日常教学需要。只需在教室内的一体机上安装一个会议软件，通过即时通信软件发送会议号给重残儿童，重残儿童通过手机或平板电脑打开相应的软件平台直接进入会议即可进行学习。这是目前较为常用、易用的线上教学直播系统。

● 推荐软件：腾讯会议、钉钉

（二）多功能交互系统

多功能交互系统能满足基于云课堂的混合学习需求，除了具有简易交互系统的优点外，还可以采用多元的交互方式。第一，网络教室配置一体机一台。教师在"云课堂"中运行"云课件"。重残儿童可实时观看课件，也可与在校生同时通过此屏幕进行操作。学生座位设置一台电视机，运行视频会议主控系统，显示送教上门学生的即时状态，教师和在校生可与其进行实时视频沟通。摄像设备可使用视频会议系统自带摄像头拍摄教室内全景，通过网络进行实时直播传输。第二，送教上门学生家庭需要台式电脑、平板电脑或手机等信息接收终端一台，通过教师发送的"云课堂"账号参与课堂学习。送教上门学生可以观看课件（文字、图片、声音、视频等），也可以在终端上进行操作，进行板演、游戏、作业展示等活动。信息接收终端可同时运行视频会议系统，投屏到电视机进入会议模式（也可配置两台接收终端，分别运行"云课堂"和视频会议系统），学生通过电视大屏（缓解视觉疲劳）观看教室内教师的讲解和同学的发言，可使用麦克风与主会场进行语音互动。摄像设备可通过台式电脑、平板电脑或手机等的自带摄像头拍摄学生的学习环境全景，传回远程教室学生座位上的电视机屏幕。

● 多功能交互系统示意图：

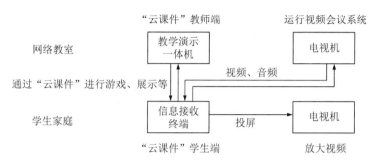

● 推荐设备：天翼云

四、远程课堂教学的常用策略

将重残儿童远程编班进入特殊教育学校或普通学校随班就读后，要根据设备设施的特点和优势，采用多元交互、灵活有效的教学策略激发远程编入班级的重残儿童参与课堂的兴趣。

（一）营造融合氛围，帮助重残儿童建立身份认同感

特殊儿童身份认同是指特殊儿童对其所属群体有较积极的认知，并且能体验到积极的情感。重残儿童因为各种生理缺陷和环境限制，与同龄孩子缺乏交往，缺少学校集体学习生活相关规则的约束。因此，需要对重残儿童进行一定的心理建设，使之明确自己的学生身份，并习得相关的集体生活交往规则。比如，在重残儿童编入班级之前，班主任组织一个比较正式的迎新生班会活动，通过"云课堂"系统让教室内的学生与重残儿童互相介绍、表演才艺，让重残儿童了解学校、班级的文化、制度，充分融入班集体，建立起班级成员的身份认同感。同时，这也可以消除班级内的学生对重残儿童的神秘感、突兀感和陌生感，把重残儿童视作班级的一分子，减少课堂学习时不必要的影响与干扰。

（二）关注实时状态，保持重残儿童对课堂教学的注意力

虽然重残儿童与在校生能够通过互联网进入同一学习空间，但物理上的客观距离感、心理上的固有隔阂感及现实环境的影响会让重残儿童的注意力不时地游离于课堂之外。教师要从放置于学生座位的电视屏幕上随时关注重残儿童的状态，用语言、表情、动作和其他形式激励重残儿童，提高重残儿童参与课堂的兴趣。

（三）展示学习成果，提高重残儿童参与度

多功能会议视频系统和交互"云课件"的加持，能让重残儿童实时参与课堂的多种交互活动，进一步提高重残儿童的学习兴趣。

（四）开展游戏互动，增加班级向心力

互动游戏是在一定规则约束下由两个以上的参与者开展的游戏活动，且互动行为伴随着游戏活动贯穿整个学习过程。重残儿童长期没有小伙伴的陪伴，大多喜欢独自游戏，在游戏过程中难以享受互动的乐趣。在远程云课堂中，可以设计一些互动游戏活

动，让重残儿童与在校生进行操作交流。

（五）定制个性菜单，实现学生发展的差异化

在课堂教学中，针对学生的个体差异，教师要努力实施分层差异教学，为学生制定合适的有差异的教学目标，设计并组织各种灵活多样的、富有弹性的、差异化的教学活动，对学生的学业表现实施差异化评价。

五、教师远程课堂教学注意事项

（一）准备充分

熟练掌握设备操作办法，避免出现中途断线、离屏取物等现象。

（二）文明守时

教师上课前调试设备，并做好应急预案。按照日常教学时间开展重残儿童远程教学指导，不拖堂；要有明确的课堂开始和结束语，向学生问好和道别。

（三）教态良好

线上教学期间，教师要态度认真，精神饱满，注意力集中。不做与教学无关之事，自始至终保持良好的教态，给学生做好表率。

（四）语言清晰

讲解时语言亲切，吐字清晰，语速适中，充满自信。手势运用，大方得体，语言文明，避免明显的口头禅。

（五）内容科学

聚焦重残儿童的学习需求，把握好教学内容和重难点，学科知识讲授无错误。做到教学方法合理，教育观点正确，积极传递社会正能量。

（六）方法创新

运用现代教育技术，积极创新远程教学方法，以学生为中心，力求远程教学方式生动活泼、富有成效。

（七）服务热情

耐心细致地答复重残儿童家长的询问和疑问，积极做好线上教学辅导答疑和心理疏导工作，尽量满足家长和学生的教育教学合理需求。

六、学生远程学习注意事项

（一）课前准备要做好

选择相对安静、采光通风良好的房间观看。提前10分钟打开电脑、平板电脑等设备，确保设备可用、线路畅通。提前准备好文具、水杯等。

（二）学习态度要端正

按照课表准时上课，不迟到、不旷课、不早退、专心听讲，积极思考和回答问题，按时完成作业，认真复习。

（三）认真听课很重要

线上学习时暂时屏蔽无关页面，在学习过程中不做与学习无关的事情，确保精力集中、高效学习。

（四）课前课后多请教

要及时整理汇总学习过程中的疑点和困惑，课前课后向老师或同学多请教。

（五）作业完成要及时

　　培养独立完成作业的好习惯，在家长指导下，认真完成课后作业并按时上交，对老师批改后的作业进行及时修改。

（六）视力保护很重要

　　远程学习期间，合理使用电子产品，注意上网时间，劳逸结合，保护视力。

七、服务说明

1. 学生在远程学习如遇问题，可以与班主任或任课教师联系。

2. 教师在使用远程教育平台遇到问题，可拨打咨询电话咨询。

附录五　重残儿童送教上门评价手册

一、学生评价表

学校名称：_____　　学生姓名：_____
教师姓名：_____　　评价时间：_____

领域	项目	内容	评价结果				教学目标
			0	1	2	3	
感知觉能力	视觉	1. 对视觉刺激有反应					
		2. 能注视周围的人、事、物					
		3. 会转头看左右两边的东西					
		4. 会追视移动的东西					
		5. 能正确配对实物与图片					
		6. 能从图案背景中找出主体					
		7. 会分类					
		8. 只看到部分，就能猜到整个东西					
		9. 会照示范组合玩具造型					
	听觉	参考"沟通能力"中"理解"项目的1—4条					
	嗅觉	10. 有嗅觉反应					
		11. 能用嗅觉分辨味道					
	痛温觉	12. 有痛觉反应					
		13. 对冷热有反应					
	触觉	14. 能接受各种触觉刺激					
		15. 能吃不同硬度的食物					
	本体觉	16. 闭眼时，能感觉到肢体的位置					
		17. 闭眼时，能分辨物体的轻重					
	前庭本体整合	18. 不排斥或过度要求被摇晃或旋转					
		19. 被抱着移动或闭眼时，能维持头和身体的稳定					
		20. 被推拉时，能维持身体的稳定					
		21. 在摇晃的平面上，能维持身体的稳定					
		22. 悬吊时，能稳住身体或自行拉起身体					
		23. 在高的地方站着或移动，不害怕					
		24. 趴着和仰卧时，能做出头、腿同时抬起的姿势					
	动作计划	25. 会模仿做连续的动作					
		26. 能平顺地做连续动作					
		27. 手脚能做出有节奏的动作					

续表

领域	项目	内容	评价结果				教学目标
			0	1	2	3	
粗大动作能力	头部控制	1. 躺着或抱坐时，能控制头部					
	肢体基本动作	2. 趴着时，手脚会做出屈伸动作					
		3. 躺着时，手脚会有动作					
		4. 趴着时，能支撑上半身					
	翻身	5. 会翻身					
	坐	6. 能自己坐					
		7. 能由躺而坐起					
	爬	8. 趴着时，会肚子贴地转动身体					
		9. 会爬行					
	站	10. 会自己站					
		11. 能以双脚脚尖站					
		12. 能由坐或蹲而站起					
		13. 能站着进行活动					
	走	14. 被人牵扶着，会移步走					
		15. 会扶着东西走					
		16. 会自己走					
		17. 会用脚尖和脚后跟往前走					
		18. 会倒退走					
		19. 能一边走，一边做事					
		20. 会横着走					
	上下楼梯	21. 会爬着上下楼梯					
		22. 会扶着栏杆上下楼梯					
		23. 会不扶栏杆上下楼梯					
	跑	24. 能跑步					
		25. 会一边跑，一边捡物					
	跳	26. 会原地跳					
		27. 会连续跳					
		28. 双脚会往不同方向跳					
		29. 能从高处跳下					
		30. 会跳远					

续表

领域	项目	内容	评价结果				教学目标
			0	1	2	3	
粗大动作能力	平衡	31. 会走直线或沿着圆圈走					
		32. 会用脚跟、脚趾相接走直线					
		33. 会单脚站					
		34. 会站和走在平衡木上					
		35. 会坐着和站着丢接球					
	体能活动	36. 会前滚翻					
		37. 会屈膝仰卧起坐					
		38. 会做跳舞动作					
		39. 能连续走跑一段时间					
		40. 会踢球					
		41. 会吊单杠					
		42. 会骑三轮车					
		43. 会玩游乐设施					
		44. 会跳绳					
精细动作能力	手部基本动作	1. 会基本的手部动作					
		2. 会伸手取物					
		3. 会手握住东西玩					
		4. 会自主地放开手里握住的东西					
		5. 会用手指拿起手掌大的东西					
		6. 会用手指拿起小东西					
		7. 能一手同时捡起两个小东西					
		8. 会用双手拿大东西					
		9. 会把东西从一只手换拿到另一只手上					
		10. 会拍手或敲两手中的东西					
		11. 能用双手拔开和接合两物					
		12. 会一手扶东西，另一只手做动作					
	手指灵活	13. 会翻书					
		14. 大拇指能和其他手指互碰					
		15. 会做弹指的动作					
		16. 会用手指把橡皮筋套在东西上					
		17. 能单手捡物并移到掌心					
		18. 会把手掌内东西移到手指处放掉					

续表

领域	项目	内容	评价结果 0	1	2	3	教学目标
精细动作能力	操作物体	19. 会把东西放入容器或孔洞里					
		20. 会把插棒插到洞板里					
		21. 会敲槌					
		22. 会搭积木					
		23. 会串珠					
		24. 会剥或拆开东西					
		25. 会把东西包裹或捆绑起来					
		26. 会玩纸牌					
	运笔	27. 会涂鸦					
		28. 会正确握笔					
		29. 能描画					
		30. 会连点成线或图形					
	居家手操作	31. 会开关容器					
		32. 会舀东西					
		33. 会扭挤东西					
		34. 会转开门把或用钥匙开门					
	美劳活动	35. 会玩黏土					
		36. 会撕纸					
		37. 会折纸					
		38. 会用剪刀剪东西					
		39. 会贴贴纸					
		40. 会用糨糊粘贴					
		41. 会着色					
认知能力	专注力	1. 能专心地看着眼前或周围的人、事、物					
		2. 能专心地听声音或听别人说话					
		3. 能专心玩玩具					
		4. 能专心听故事					
		5. 能专心看故事书					

续表

领域	项目	内容	评价结果				教学目标
			0	1	2	3	
认知能力	记忆	6. 会寻找在眼前消失的东西					
		7. 会指认人物和找东西					
		8. 听完故事后，能说出故事内容					
		9. 能背出儿歌或童谣					
		10. 会讲述发生过的事					
	推理思考	11. 会用不同方法玩玩具					
		12. 能玩组合玩具					
		13. 知道东西之间的关系					
		14. 能指出或说出错误或不合理处					
		15. 能依照发生的事情的关系推断可能的结果					
		16. 会玩"扮家家酒"游戏					
		17. 会解决生活上的问题					
	概念	18. 认识自己					
		19. 认识身体部位					
		20. 有性别概念					
		21. 认识常用物品					
		22. 会拼图					
		23. 会分辨大小					
		24. 会分辨形状					
		25. 会分辨颜色					
		26. 有长度概念（长短、高低、深浅、厚薄、远近）					
		27. 会分辨空间方向（里外、上下、左右、中间）					
		28. 有量的概念（多少、轻重、空满、一半或整个）					
		29. 会分辨冷热					
		30. 会分辨质地的软硬粗滑					
		31. 有时间概念					
		32. 会分辨速度的快慢					
	阅读	33. 能认读数字					
		34. 能认读简单的常用字					
		35. 能阅读简单的故事书					

续表

领域	项目	内容	评价结果				教学目标
			0	1	2	3	
认知能力	数学	36. 会唱数					
		37. 会数数					
		38. 有数概念					
		39. 有顺序的概念					
		40. 会简单的加减					
		41. 会分辨钱币					
	书写	42. 会画线条或几何形状					
		43. 会画画					
沟通能力	理解	1. 对声音有反应					
		2. 能转头寻找或注视声源					
		3. 能分辨环境中的声音					
		4. 能分辨语音					
		5. 能辨识表情动作					
		6. 听得懂简单的生活语汇					
		7. 听得懂指令					
		8. 听得懂简单句					
		9. 听得懂复杂句					
		10. 听得懂简单的说话与故事内容					
	表达	11. 会张合嘴巴					
		12. 会做嘴部动作					
		13. 会模仿做舌部和唇齿的动作					
		14. 会用表情、声音或操作表达意思					
		15. 会模仿发声					
		16. 会模仿发音					
		17. 发音正确					
		18. 说话的声调适当					
		19. 会说简单的生活语汇					
		20. 会说短句					
		21. 会说简单句					
		22. 会说复杂句					
		23. 会和人对话					
		24. 会描述生活经验或说故事					
		25. 能针对不同情境、主题、对象，适当调整说话内容					

续表

领域	项目	内容	评价结果				教学目标
			0	1	2	3	
社会情绪能力	人际互动	1. 大人逗时，有反应					
		2. 会吸引成人的注意					
		3. 会主动接近成人					
		4. 会和成人玩游戏					
		5. 会主动帮成人做事					
		6. 会察言观色					
		7. 其他孩子靠近和他说话、打招呼或玩时，会友善回应					
		8. 会主动和其他孩子互动					
		9. 会和其他孩子一起玩					
		10. 和其他孩子在一起时，会互相帮助					
		11. 和人对话时，会看着对方					
		12. 能主动参与活动					
		13. 能分享					
		14. 会交流					
		15. 能和别人合作完成工作					
	责任	16. 知道家人的情形					
		17. 会收拾东西					
		18. 能独立完成工作					
		19. 会维护自己和他人的东西					
		20. 犯错时，愿意认错或道歉					
	遵守规范	21. 能保持安静					
		22. 能守规矩					
	环境调试	23. 能和亲人分开一段时间					
		24. 能适应新环境，尝试新东西或新活动					
		25. 对不熟悉的人，能适当地应对					
		26. 能忍受挫折					
		27. 和别人有冲突时，会设法解决					
	情绪	28. 会表达情绪					
		29. 会控制情绪，不乱发脾气					

续表

领域	项目	内容	评价结果				教学目标
			0	1	2	3	
自理及居家生活能力	饮食	1. 能吞咽					
		2. 能咀嚼食物					
		3. 有喝奶意愿					
		4. 会握奶瓶喝奶					
		5. 别人喂他喝水时，能握杯并喝下					
		6. 用汤匙喂他吃饭时，能配合地吃					
		7. 会用杯子喝水					
		8. 会用杯子慢慢喝水					
		9. 会倒水					
		10. 会用吸管喝水或喝饮料					
		11. 会用饮水机接水喝					
		12. 会用舌头舔东西吃					
		13. 会用手抓食物吃					
		14. 会正确地握汤匙					
		15. 会用汤匙吃东西					
		16. 会用叉子吃东西					
		17. 会用筷子吃东西					
		18. 会用手端汤碗，不会泼洒出来					
		19. 饭前有洗手和帮忙的习惯					
		20. 有好的用餐习惯					
		21. 饭后会清理					
		22. 不挑食					
	穿衣	23. 会脱戴帽子					
		24. 会穿脱鞋子					
		25. 会穿脱袜子					
		26. 会穿脱裤子					
		27. 会解开和扣上纽扣					
		28. 会解开和拉上拉链					
		29. 会穿脱衣服					
		30. 衣服不会里外穿反					
		31. 能把要洗的脏衣服放在固定的地方					
		32. 能把脱下来的衣服翻成正面、放好或用衣架挂好					

续表

领域	项目	内容	评价结果				教学目标
			0	1	2	3	
自理及居家生活能力	如厕	33. 有如厕意愿					
		34. 会表达想大小便					
		35. 会自己大小便					
		36. 有好的如厕习惯					
		37. 午睡及晚上睡觉时，不会尿床					
		38. 会分辨男女厕所					
	清洁卫生	39. 会表达要擦鼻涕					
		40. 愿意别人给他洗脸					
		41. 愿意让别人给他洗头发					
		42. 愿意让别人给他梳理头发					
		43. 会擤鼻涕					
		44. 打喷嚏时，会用手、纸巾或手帕掩住嘴巴					
		45. 流口水时，会用纸巾擦拭干净					
		46. 会擦鼻涕					
		47. 会把手、脸擦干净					
		48. 会洗手					
		49. 会洗脸					
		50. 会漱口					
		51. 会刷牙					
		52. 会洗澡					
		53. 会洗头					
		54. 会梳头发					
	安全	55. 会避开危险物或危险区域					
		56. 有危险时，会告诉大人					
		57. 会应对陌生环境或陌生人					
		58. 外出行走时，会注意安全					
	居家活动	59. 会折叠衣物					
		60. 会清理垃圾					

备注："评价结果"一栏用等级0、1、2、3代替。0表示学生不会做，完全缺乏能力；1表示经过教学及康复训练，具备些微能力，小部分或偶尔能通过；2表示经过教育教学及康复训练，具备较多能力，大部分或经常通过，但未达到需要的能力；3表示经过教育教学及康复训练，达到需要的能力水平，全部通过。

二、家长评价表

学校名称：_____ 学生姓名：_____
教师姓名：_____ 评价时间：_____

领域	项目	内容	在相应的栏目内打"√"
特殊儿童家长基本情况	年龄	1. 30 岁及以下	
		2. 31—40 岁	
		3. 41—50 岁	
		4. 51 岁及以上	
	学历	5. 小学及以下	
		6. 初中	
		7. 高中	
		8. 大专	
		9. 本科及以上	
	职业	10. 无业	
		11. 农民	
		12. 工人	
		13. 商人	
		14. 事业机关工作人员等	
	经济情况	15. 月收入 2 000 元及以下	
		16. 月收入 2 001—5 000 元	
		17. 月收入 5 001—10 000 元	
		18. 月收入 10 000 元以上	
特殊儿童家长送教上门环境创设	家长对特殊儿童的心态调整	1. 有赎罪心态，溺爱孩子，过分关注，包办代替	
		2. 急于求成，有很高期望值，目标不切合实际	
		3. 消极退缩，沮丧失望，悲观自责	
		4. 积极、主动、客观，通过多种途径进行康复	
	家长的康复知识、技能储备	5. 掌握特殊儿童发展的特点和一般规律	
		6. 掌握特殊儿童发展评估的内容和方法	
		7. 掌握特殊儿童常用的康复训练方法	
		8. 了解同龄普通儿童发育和发展的规律与特点	
	家长对送教上门的态度和认识	9. 完全不认同送教上门活动	
		10. 对送教上门活动持中立态度，认为可能有作用	
		11. 认同并接受送教上门活动	
		12. 认同、接受并参与送教上门活动	

续表

领域	项目	内容	在相应的栏目内打"√"
特殊儿童家长送教上门环境创设	家庭送教上门心理环境创设	13. 家庭成员关系差，家庭价值观和家长的品德修养差，特殊儿童家长和孩子关系差	
		14. 家庭成员关系紧张，家庭价值观和家长的品德修养水平不高，特殊儿童家长和孩子关系紧张，对孩子严苛、忽视等	
		15. 家庭成员关系一般，家庭价值观和家长的品德修养一般，特殊儿童家长和孩子关系一般，对孩子溺爱、放纵	
		16. 家庭成员关系良好，家庭价值观和家长的品德修养良好，特殊儿童家长和孩子关系良好，民主、理智	
	家庭送教上门物理环境创设	17. 家居凌乱，不安全、不整洁	
		18. 家居环境整洁干净	
		19. 家居陈设协调，用品整齐	
		20. 家居康复环境安全，生活舒适愉快	
	家长送教上门康复支持时间	21. 没有时间给孩子做训练	
		22. 每天坚持对孩子进行0.5小时及以下的训练	
		23. 每天坚持对孩子进行0.5小时以上、1小时以下的训练	
		24. 每天坚持对孩子进行1小时以上、2小时以下的训练	
	家长对残疾人政策的了解	25. 不了解残疾人有关政策	
		26. 对残疾人有关政策了解一般	
		27. 熟知残疾人有关政策	
		28. 熟知残疾人有关政策，能积极争取政策照顾	
	家长对特殊儿童送教上门的支持	29. 提供衣食住行基本照顾	
		30. 陪伴玩耍与游戏	
		31. 使孩子学习文化和掌握技能	
		32. 根据残疾类型配置辅具等	
特殊儿童家长家庭康复实施	家长参与送教上门训练内容	1. 粗大运动能力	
		2. 精细运动能力	
		3. 感知能力	
		4. 认知能力	
		5. 语言交往能力	
		6. 社会适应能力	
		7. 生活自理能力	

续表

领域	项目	内容	在相应的栏目内打"√"
特殊儿童家长家庭康复实施	家长制订送教个别化训练计划	8. 家长参与孩子的个别化教育计划制订	
		9. 家长和老师等共同讨论落实个别化家庭支持计划	
		10. 家长坚持实施个别化教育计划和家庭支持计划	
		11. 家长在与孩子的互动中形成家庭教育目标	
	家长实施个别化教育训练活动	12. 个别训练内容拟定	
		13. 个别训练目标分析	
		14. 个别训练游戏娱乐环境创设	
		15. 个别训练教具、辅具支持	
		16. 情景训练计划安排	
		17. 情景训练目标引导	
		18. 情景训练休闲娱乐活动设计	
		19. 情景训练户外活动参与	
		20. 情景训练人际交往互动	

三、教师评价表

学校名称：_____ 学生姓名：_____

教师姓名：_____ 评价时间：_____

领域	项目	内容	评价结果				教学目标
			0	1	2	3	
师德师风	职业道德	1. 自觉遵守国家法律法规和学校规章制度，依法送教					
		2. 文明理性，认真履行送教岗位职责，不马虎、敷衍塞责					
		3. 关心爱护送教上门学生，尊重学生人格和主体地位，维护学生合法权益，民主送教，对送教上门学生高度负责、热情关怀、严格要求、耐心教导					
		4. 自觉加强送教理论修养，尊重教育规律，改进送教方法和手段，努力提高送教上门服务水平					
		5. 尊重送教团队成员，团结协作，维护集体利益，珍惜学校荣誉					
		6. 尊重送教上门学生家长，正确处理家校关系，耐心听取家长建议和意见，改进送教上门工作，争取家长和社会的理解、支持与配合					
		7. 模范遵守社会公德，送教举止文明有礼，作风正派，衣着言行得体，加强人格修养，塑造高尚人格					
		8. 自觉遵守廉洁纪律，遵守法律法规和职业道德，不以任何名义向送教上门学生和家长乱收费与索要钱财					

续表

领域	项目	内容	评价结果				教学目标
			0	1	2	3	
送教活动	送教目标	9. 关注学生能力发展水平，送教目标切合学生的"最近发展区"					
		10. 送教目标符合学生实际生活需要，实用性强					
		11. 送教目标符合不同学生的差异化学习需要					
		12. 送教目标关注学生的知识技能、情感态度、过程方法培养					
		13. 送教目标符合特殊教育学科特色，学科目标与相关目标有所侧重					
	送教内容	14. 送教内容符合学生的实际生活情境					
		15. 送教内容符合学生的年龄特点					
		16. 送教内容选择有助于突破送教重难点					
	送教方法	17. 能根据学生的特殊需要选择合适的送教策略和方法，有助于学生对新知识的理解					
		18. 关注不同障碍类别学生的认知特点，科学选择合适的学习方法					
		19. 强化知识技能的实际应用，送教方法的选择有助于学生的实践操作					
	送教过程	20. 送教环节清晰完整，能根据学生的心理与生理特征、已有知识经验和康复学习规律开展活动					
		21. 送教过程有层次感，体现知识的逻辑性					
		22. 设计科学合理，强化措施符合不同送教学生的特质					
		23. 有效预估送教过程中可能出现的突发情况，有合理的应急预案					
送教技术支持	教学用具	24. 根据送教活动实际需要，合理使用教具、学具辅助教学					
		25. 送教用具的选择有助于突出送教活动重点，突破送教活动难点					
		26. 送教用具的使用有助于学生观察学习，激发其学习兴趣					
		27. 学具安全稳定，便于学生学习和实践操作					
	送教课件	28. 根据送教内容和目标，合理运用课件辅助送教活动					
		29. 课件内容组成有助于突破送教重难点					
		30. 课件内容和呈现方式导航清晰、层次分明，符合学生的理解能力，有适当互动设计，有助于学生操作学习					

备注："评价结果"一栏用等级0、1、2、3代替，0表示非常不满意，1表示基本满意，2表示满意，3表示非常满意。

附录六 重残儿童送教上门个别化教育手册

一、学生基本信息表

<table>
<tr><td rowspan="9">学生基本信息</td><td>姓名</td><td colspan="2"></td><td>性别</td><td></td><td>出生年月</td><td></td></tr>
<tr><td rowspan="3">身份证号码</td><td colspan="4" rowspan="3"></td><td>身高</td><td></td></tr>
<tr><td>体重</td><td></td></tr>
<tr><td colspan="2"></td></tr>
<tr><td>家庭住址</td><td colspan="4"></td><td>联系电话</td><td></td></tr>
<tr><td>障碍类型</td><td colspan="6">(以残疾证为准)</td></tr>
<tr><td>伴随障碍</td><td colspan="6">(　) 孤独症　(　) 唐氏综合征　(　) 脑瘫　(　) 癫痫
(　) 狂躁等精神疾病　(　) 其他　(本项可多选)</td></tr>
<tr><td>障碍发生原因</td><td colspan="6">(　) 先天发育不良　(　) 产程意外导致　(　) 突发意外事件</td></tr>
<tr><td>接受教育状况</td><td colspan="6">(　) 没有　(　) 有，教育机构名称：(　　　　　)
接受教育总时间 (　　　　)</td></tr>
<tr><td>接受专业康复</td><td colspan="6">(　) 没有　(　) 有，康复机构名称：(　　　　　)
接受康复总时间 (　　　　)</td></tr>
<tr><td rowspan="7">家庭基本情况</td><td rowspan="2">父母姓名</td><td colspan="3">父亲姓名</td><td colspan="2">工作单位</td><td></td></tr>
<tr><td colspan="3">母亲姓名</td><td colspan="2">工作单位</td><td></td></tr>
<tr><td>父亲文化程度</td><td colspan="6">(　) 小学及以下　(　) 初中　(　) 高中或专科　(　) 本科及以上</td></tr>
<tr><td>母亲文化程度</td><td colspan="6">(　) 小学及以下　(　) 初中　(　) 高中或专科　(　) 本科及以上</td></tr>
<tr><td>经济状况</td><td colspan="6">(　) 富裕　(　) 小康　(　) 普通　(　) 贫寒</td></tr>
<tr><td>主要照顾者</td><td colspan="6">(　) 父亲　(　) 母亲　(　) 祖父　(　) 祖母　(　) 外祖父
(　) 外祖母　(　) 其他</td></tr>
<tr><td>家庭病史</td><td colspan="6">家中成员是否有其他特殊个案：(　) 无　(　) 有
(说明：　　　　　　　　　　　　　　　　　　　　)</td></tr>
</table>

二、康复评估记录表

（一）粗大动作能力评估记录

说明：符合打"√"，不符合打"×"，不确定不填。

序号	描述范围		项目	情况记录	备注
1	姿势	坐姿	坐姿双手离地，转动躯干		
2			扶桌子由站转至坐地		
3			坐矮凳上弯腰捡拾地上的玩具		
4		站姿	独自站立 5 秒		
5			站立时能弯腰捡拾地上的物品		
6			单脚站 5 秒		
7			单脚轮流站 10 秒左右		
8			用脚尖站 8 秒		
9	移动	爬	灵活爬行		
10			爬上楼梯		
11			爬下楼梯		
12		坐	臀部移动		
13			坐位转圈		
14		站立	坐姿站起		
15			由蹲站起		
16			站姿动作模仿		
17			往前跌时做出向前踏步反应		
18			单脚站		
19		行走	扶着他人的一只手走		
20			独自行走		
21			双手抱大玩具向前行走		
22			侧向行走		
23			走直线		
24			扶物上楼梯		
25			扶物下楼梯		
26		跳跃	手扶物品弹跳		
27			原地跳		
28			向前跳		
29			站在楼梯或台阶上往下跳		
30			向上跳		

续表

序号	描述范围		项目	情况记录	备注
31	移动	跑	来回跑		
32		推	站立推球		
33			桌上推球		
34		端	单手端半杯水步行		
35			双手端盛物托盘步行		
36		抛	单手——手过肩向前抛球		
37			双手——手过肩向前抛球		
38			双手向下抛球		
39			单手向下抛球		
40		击	垂直挥拍击中吊球		
41			横向挥拍击中吊球		
42			用球拍向前发球		
43		踢	向前踢球		
44			踢球至目标		
45			跑向球，踢固定球		
46		接	双手接抛来的球		
47			扔球后接弹起的球		
48		拍	双手连续向下拍球		
49			单手连续拍球		
50			左右手轮流向上拍气球		

（二）精细动作能力评估记录

说明：符合打"√"，不符合打"×"，不确定不填。

序号	描述范围	项目	情况记录	备注
1	摆弄物品	用掌心抓握物品		
2		用拇指、食指和中指抓握物品		
3		用拇指和食指捡拾物品		
4		把物品放入大容器中		
5		把小物件放入小瓶中		

续表

序号	描述范围	项目	情况记录	备注
6	基本操作能力	摇晃玩具		
7		推动玩具车		
8		拉绳		
9		伸手入容器中取物		
10		从瓶中取小粒食物		
11		用食指按动玩具开关		
12		打开盖子		
13		一只手拿2块积木		
14		把形状块插入形状板		
15		在标准位置敲打物品		
16		逐页翻书		
17		扭动玩具发条		
18	双手配合	用双手把玩物品		
19		积木互击		
20		双手拆玩具		
21		双手拼装玩具		
22		双手拼装较紧、较小玩具		
23		套圈		
24		拧开瓶盖		
25		穿洞板		
26	手眼协调	叠起2块积木		
27		叠起7块积木		
28		叠起10块积木		
29		穿中号的珠子		
30		穿小号的珠子		
31		穿微型的珠子		
32		穿鞋带		
33		从洞板中拿出小珠子		
34		将小珠子放进小瓶里		
35		解扣子		
36		系扣子		
37		折纸		

续表

序号	描述范围	项目	情况记录	备注
38	握笔写画	用掌心握笔		
39		用拇指、食指和中指握笔		
40		自己握笔在纸上涂鸦		
41		仿画竖线		
42		仿画横线		
43		仿画圆形		
44		仿画十字		
45		仿画正方形		
46		连线		
47		在指定范围内画直线		
48		在指定范围内画曲线		
49		描画曲线		
50		线内涂色		
51		抄写文字		
52	工具使用	用刀切开橡皮泥		
53		把橡皮泥搓成条状		
54		拉开或套上笔套		
55		用胶棒贴配对图形		
56		盖印章画		
57		剪纸		
58		剪断纸条		
59		沿直线剪纸		
60		剪圆形		
61		剪正方形		
62		剪复杂图形		
63		用橡皮擦掉格子内文字		
64		把纸张放进文件袋内		
65		用直尺画10厘米长的线		

（三）语言与沟通能力评估记录

说明：符合打"√"，不符合打"×"，不确定不填。

序号	描述范围		项目	情况记录	备注
1	非语言沟通能力		目光接触		
2			脸部动作		
3			手部动作		
4			迎合的头部与身体动作		
5			抗拒的头部与身体动作		
6	语言与沟通前能力	分辨声音	对声音的位置、音量、音调做出反应		
7			分辨人的声音与其他声音		
8		模仿叠音词	模仿发"爸爸""妈妈"的音		
9			模仿发出"嘟嘟"声		
10		模仿表示物品的词	模仿"猫""狗""鸭""鹅"的发音		
11			模仿"大""好"的发音		
12			模仿发音1—10		
13		模仿动词	模仿"跑""爬""打"的发音		
14			模仿动物的叫声与动作		
15		模仿方位词	模仿"上""下""左""右""里""外"的发音		
16	语言理解	名称指令	对自己的名字有反应		
17			理解常见物品的名称		
18			理解"你、我、他"		
19		指认	指认身体部位		
20			指认食物		
21			指认家具		
22			指认餐具		
23			指认家庭成员		
24			指认自己		
25			指认动物		
26			理解上午、下午、晚上		
27		动作指令	理解肯定的动作指令		
28			理解否定的动作指令		
29			理解"拉车""推车"，并做动作		
30			理解"先……然后……"指令		

续表

序号	描述范围	项目	情况记录	备注
31	语言理解	理解大小		
32		理解多少		
33		理解长短		
34		理解高矮		
35		理解相同与不同		
36		理解"最"		
37		理解整体与部分的关系		
38		理解所属关系		
39		理解条件关系		
40		理解因果关系		
41		理解转折关系		
42	语言表达	表达照顾者称呼		
43		表达"你、我、他"		
44		表达常见物品		
45		表达身体部位		
46		表达水果		
47		表达"不"		
48		表达干净、热、冷		
49		表达大小		
50		表达多少		
51		表达"最"		
52		表达长短		
53		表达高矮		
54		表达胖瘦		
55		表达粗细		
56		表达相同与不同		
57	说短语	表达数量短语，如"两只狗"		
58		表达颜色短语，如"红气球"		
59	说句子	表达描述自己活动的主谓句子，如"我睡觉"		
60		表达描述他人活动的主谓宾句子，如"妈妈抱我"		
61		表达有时间修饰的句子，如"早上妈妈抱我"		

续表

序号	描述范围	项目	情况记录	备注
62	主动提问	主动表达允许或请求		
63		主动表达特殊问句,如"这是饼干吗?我能吃吗?"		
64	语言表达	主动表达询问原因的问句,如"为什么?"		
65	复述	复述一至两个句子		
66		复述完整的故事		
67	主动描述	描述正在发生的事情		
68		描述已经发生的事情		

(四) 认知能力评估记录

说明:符合打"√",不符合打"×",不确定不填。

序号	描述范围	项目	情况记录	备注
1	经验与表征	按照指令交出物件		
2		在口头命令下,指出自己的身体部位		
3		示范使用物品		
4		辨认物品		
5		指认男孩和女孩		
6		说出物品名称		
7	简单推理	知道动作引起的直接后果		
8		明白物品之间的关系		
9	因果关系	示意求助		
10	分类	将物品分类		
11	配对	将物品配对		
12	排序	知道顺序中的第几		
13		将物品按某种顺序排序		
14	时间概念	说出一周包含哪些天		
15	概念	分辨早上、晚上		
16		说出四季名称		
17		认识钟表		

续表

序号	描述范围		项目	情况记录	备注
18	概念	空间概念	将物件放进容器		
19			找寻隐藏的物体		
20			伸手抓握视线内的物体		
21			从容器中取出物品		
22			知道物品的固有摆放方式		
23			按要求放置物品（上面、下面）		
24			按要求摆放物品（里、外）		
25			按要求取物品（前面、后面）		
26		颜色概念	将基本颜色分类		
27			说出颜色的名称		
28			说出常见物体的颜色		
29		形状概念	将基本形状分类		
30			说出形状的名称		
31			按要求自行画出常见形状		
32		数前概念	辨认大小		
33			辨认多少		
34			辨认长短		
35			区别物体的轻重		
36			辨认一半和整体		
37		数概念	重复2—3个数字		
38			按指示拿一定数目（1—5个）的物品		
39			唱数		
40			认读数字（1—10）		
41			重复4—5个数字		
42			进行简单加法运算		
43			进行简单减法运算		

（五）社会交往能力评估记录

说明：符合打"✓"，不符合打"×"，不确定不填。

序号	描述范围		项目	情况记录	备注
1	社交前基本能力	社交中非口语能力	目光注视社交对象		
2			与熟悉人在3米内进行身体接触		
3			与陌生人在3米内进行身体接触		
4			熟悉人能够走近儿童的身体		
5			陌生人能够走近儿童的身体		
6			安坐		
7		认识自己	认识镜子中的自己		
8			认识自己的衣服		
9			知道与回答自己的年龄		
10			知道与回答父母的名字		
11		评价自己	评价自己的某个行为		
12		控制自己	执行"不准"指令		
13	社交技巧	与照顾者的互动	用微笑回应照顾者		
14			用微笑或发出声音引发照顾者的反应		
15			用微笑或伸开手臂拥抱表达对照顾者的喜爱之情		
16			请求照顾者帮助拿自己想要的东西		
17		与陌生人互动	对陌生环境或陌生人有反应		
18			与陌生人简单交谈		
19			维持谈话		
20			分享		
21	社交礼仪	近距离打招呼	回应别人的问候，如"你好"（将回应方式填到"备注"一栏）		
22		远距离打招呼	用适当方式与远距离的人打招呼		
23		自我介绍	被动介绍，回答别人对自己名字的提问		
24			主动进行自我介绍		
25		近距离告别	妈妈离开时，儿童有反应（若有反应填到"备注"一栏）		
26		电话告别	妈妈与儿童电话告别时，儿童有反应（若有反应填到"备注"一栏）		
27		表示感谢	在适当情况下表示感谢（备注表达方式）		
28		表示抱歉	在适当情况下表示道歉（备注表达方式）		
29		表示称赞	当别人做事做得好时，口头称赞别人或通过动作称赞别人		

（六）生活自理能力评估记录

说明：符合打"✓"，不符合打"×"，不确定不填。

序号	描述范围		项目	情况记录	备注
1	进食	吸吮	吸吮奶瓶内的液体		
2		合唇	吃汤匙里的食物		
3		喝	喝汤匙里的水或饮料		
4			用吸管喝饮料		
5			自己用杯子喝水		
6		咀嚼	咀嚼软的固体食物		
7			咀嚼硬的固体食物		
8		进食方式	用手指把食物放进口中		
9			用汤匙进食		
10			用叉子取食物		
11			把食物扒入口中		
12			用刀切软的食物		
13			将饮料从小水壶里倒出来		
14			用筷子夹食物		
15			撕开食物的包装袋		
16	如厕	表示如厕需要	如厕前用手势、沟通图或声音表示有如厕需要		
17			主动说出有如厕的需要		
18			主动到厕所里排尿、排便		
19		如厕技能	坐便盆如厕		
20			如厕前自己拉下裤子及内裤		
21			如厕后自己拉上裤子及内裤		
22			如厕后自己洗手		
23			分辨男女厕所的符号		
24			大便后，撕下所需的卷装厕纸，折叠好，准备清洁		
25			大便后用厕纸清洁干净		
26	穿衣	脱	将脱到脚掌部的袜子完全脱掉		
27			脱鞋子		
28			脱拉袜子		
29			脱下长裤		
30			脱外套或衬衫		
31			拉开拉链		
32			解开大纽扣		
33			脱T恤		

续表

序号	描述范围		项目	情况记录	备注
34	穿衣	穿	穿鞋子		
35			穿长裤		
36			穿外套或衬衫		
37			扣合大纽扣		
38			穿T恤		
39			穿有脚后跟的袜子		
40			拉合拉链		
41	梳洗	擦	用毛巾擦嘴		
42			用毛巾擦手		
43			洗手后会擦干手		
44			用毛巾仔细擦脸		
45		刷	用牙刷粗略地刷牙		
46			用清水漱口		
47			用挤有牙膏的牙刷刷牙		
48		洗	用肥皂洗手		
49			拧湿毛巾		
50			洗毛巾		
51			洗脸		
52			洗澡		
53		梳头发	用梳子将头发梳理整齐		
54	睡眠		睡觉规律		
55			安静入睡		
56			睡觉安稳		
57			睡觉不尿床		
58	其他日常自理能力（家居）	物品归位	将自己的玩具放在固定位置		
59			将鞋、袜放在平时的指定位置		
60			将自己的物品挂在指定位置		
61			将外套挂在衣架上		
62		收拾餐具	将门关上		
63			开关电灯		
64			扭动门把手开门		
65		物品归位	饭前摆放餐具		
66			饭后收拾碗筷，将碗、碟分别放好		
67			洗碗		

(七) 情绪与行为能力评估记录

说明：符合打"√"，不符合打"×"，不确定不填。

序号	描述范围		项目	情况记录	备注
1	依附情绪行为	回应行为反应	对成人的行为做出反应		
2		依恋情绪行为	与照顾者分离时做出反应		
3	情绪理解	情绪识别	分辨成人的语气		
4			理解成人的表情		
5		回应他人	安慰和帮助别人		
6			分享别人的快乐		
7	情绪表达与调节	表达情绪	用行动表达正面情绪		
8			用行动表达负面情绪		
9			用语言表达正面情绪		
10			用语言表达负面情绪		
11		调节情绪	调节正面情绪		
12			调节负面情绪		
13			忍受挫折，寻求帮助		
14			要求得不到满足时忍耐		
15	特殊行为	特殊反应	不会过分活跃或过分安静		
16			不会情绪不稳，波动很大		
17			不会对自己、别人或物品做出伤害或攻击行为		
18			没有不服从或不合作行为		
19		特殊习惯	没有固执或重复的行为		
20			不会进行一些没有明显意义的古怪行为或动作		
21			不会对某些话题或事物有狭隘或过分强烈的兴趣		
22			不会鹦鹉学舌地说话		

三、康复评估结果分析表

描述范围		分析结果
粗大动作	姿势	
	移动	

续表

描述范围		分析结果
精细动作	摆弄物品	
	基本操作能力	
	双手配合	
	手眼协调	
	握笔写画	
	工具使用	
语言与沟通	语言与沟通前能力	
	语言理解	
	语言表达	
认知水平	经验与表征	
	因果关系	
	概念	
社会交往	社交前基本能力	
	社交技巧	
	社交礼仪	
生活自理	进食	
	如厕	
	梳洗	
	穿衣	
	睡眠	
	其他日常自理能力（家居）	
情绪与行为	依附情绪行为	
	情绪理解	
	情绪表达与调节	
	特殊行为	

四、个别化教学计划表

学生现状分析（身体状况、言语状况等）			
学期个别化教育与服务目标		第一学期	
周具体安排	周次		内容安排
	第一周		
	第二周		
	第三周		
	第四周		
	第五周		
	第六周		
	第七周		
	第八周		
	第九周		
	第十周		
	第十一周		
	第十二周		
	第十三周		
	第十四周		
	第十五周		
	第十六周		
	第十七周		
	第十八周		
	第十九周		
	第二十周		

备注：每月必须上门送教 2 次，其余可进行电话、网络辅导。

五、教学、训练服务记录表

日期		送教上门教师	
送教目标			
送教记录			
学生达成情况			
家庭训练内容及要求			
家庭训练情况记录			
家长意见			签名：

六、　　一　　学年度第　　学期发展评价表

训练项目	发展情况
生活自理	
言语发展	
动作操作	
认知水平	
教师寄语	